Kurt Drawert

Was gewesen sein wird

Essays 2004 bis 2014

C.H.BECK

Verlag C.H.Beck oHG, München 2015
Umschlaggestaltung: Kempker Kommunikationsdesign
Gesetzt aus der Schrift Caslon bei
a.visus, Michael Hempel, München
Druck und Bindung: CPI – Ebner & Spiegel, Ulm
Gedruckt auf säurefreiem, alterungsbeständigem Papier
(hergestellt aus chlorfrei gebleichtem Zellstoff)
Printed in Germany
ISBN 978 3 406 67488 4

www.beck.de

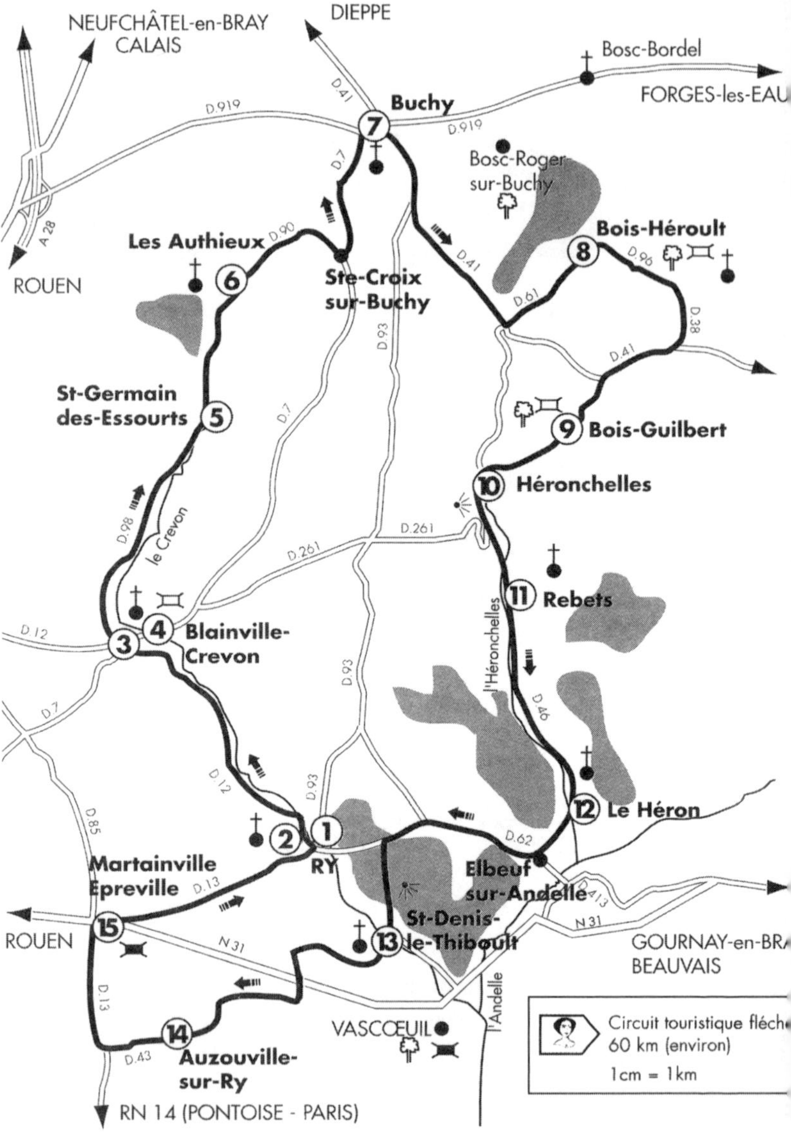
NEUFCHÂTEL-en-BRAY
CALAIS
DIEPPE
Bosc-Bordel
FORGES-les-EAU
D.41
D.919
Buchy
7
D.7
Bosc-Roger-sur-Buchy
A 28
ROUEN
Les Authieux
D.90
6
Ste-Croix sur-Buchy
D.41
Bois-Héroult
8
D.96
D.61
D.38
D.93
D.41
St-Germain des-Essourts
5
D.7
9
Bois-Guilbert
10
Héronchelles
D.98
le Crevon
D.261
D.261
4
Blainville-Crevon
3
D.12
11
Rebets
l'Héronchelles
D.93
D.7
D.46
D.12
D.93
D.85
2
1
RY
12
Le Héron
D.62
Martainville Epreville
D.13
Elbeuf sur-Andelle
D.413
15
ROUEN
N 31
13
St-Denis-le-Thiboult
N 31
GOURNAY-en-BR
BEAUVAIS
D.13
l'Andelle
14
VASCOEUIL
D.43
Auzouville-sur-Ry
RN 14 (PONTOISE - PARIS)
Circuit touristique fléch
60 km (environ)
1cm = 1km

EINS :

RY

Emma. Ein Weg
Über Flaubert

Étapes 1 et 2: Ry

Yonville-l'Abbaye (so genannt nach einer ehemaligen Kapuzinerabtei, von der nicht einmal mehr die Ruinen existieren) ist ein Marktflecken, acht Meilen von Rouen entfernt, zwischen den Landstraßen nach Abbeville und Beauvais, in einem Tal, das die Riedle bewässert, ein kleiner Nebenfluss der Andelle, der kurz vor seiner Mündung, wo es ein paar Forellen gibt, die die Burschen sonntags zu ihrem Vergnügen angeln, drei Mühlen antreibt. Man verlässt die Landstraße nach La Boissière und geht weiter querfeldein bis auf den Hügel von Leux, von wo aus man das Tal entdeckt. Der Fluss, der es durchquert, teilt es gleichsam in zwei Regionen mit bestimmten Gepräge. Alles, was links liegt, ist grasbewachsen, alles, was rechts liegt, ist bestellt.

Zu dieser Beschreibung am Anfang des zweiten Teils in «Madame Bovary» gehört der kleine Ort Ry, den sich Flaubert als Vorlage für seinen Roman ausgesucht hat und in dem die Geschichte der Emma ihr tragisches Ende findet. Das Haus, in dem die Bovarys gelebt haben sollen, ist heute eine Apotheke mit vielen bunten Bildchen im Schaufenster, einer dunklen Metallüberdachung, auf der in grüner Leuchtschrift PHARMACIEN zu lesen ist, und einer hellen Fassade mit vier großen Fenstern im oberen Stockwerk. Aus der Apotheke des Monsieur Homais auf der gegenüberliegenden Seite ist eine Reinigung mit angrenzendem Trödelladen geworden, ein in Abstufungen graues, eher verfallen wirkendes Haus, dessen Aufschrift REVE RY in hellem Rosa das einzige Neue an ihm ist und wohl sagen soll, dass die Wäsche hier trotzdem sauber wird. Mit Blick auf den Eingang ist links neben dem schmucklosen Schaufenster ein bronzefarbenes Schild angebracht, auf dem der Name Maître Guillaumine eingraviert ist und das auf eine Kanzlei im nebenstehenden Gebäude hinweist. Einen Notar gleichen Namens kennen wir aus der Szene, in der Emma kurz vor ihrem Ruin und in größter Verzweiflung Maître Guillaumine um ein Darlehen bittet:

Seine fade Stimme murmelte wie ein fließender Bach; durch die spiegelnden Brillengläser hindurch sprühte ein Funke aus seinen Augen, und seine Hände drangen in Emmas Ärmel, um ihr den Arm zu betasten. Dieser Mann war ihr entsetzlich zuwider. Sie sprang mit einem Satz auf und sagte zu ihm: «Monsieur, ich warte!» «Worauf denn?», entgegnete der Notar, der plötzlich außerordentlich bleich wurde. «Dieses Geld.» «Aber ...» Dann gab er dem Ausbruch einer zu starken Begierde nach. «Nun also, ja! ...» Er rutschte auf den Knien zu ihr hin, ohne auf seinen Schlafrock zu achten. «Um Himmels willen, bleiben Sie! Ich liebe Sie.» Er umfaßte ihre Taille. Eine purpurrote Welle schoß Madame Bovary ins Gesicht. Mit schrecklicher Miene wich sie zurück und rief: «Sie nutzen auf unverschämte Weise meine Notlage aus, Monsieur! Ich bin zu beklagen, aber nicht zu verkaufen!» Und sie ging.

Nur wenige Seiten später allerdings, als auch die letzte Hoffnung dahin ist, die von ihr verlangte Geldsumme doch noch aufzubringen, bereut sie, den Maître abgewiesen zu haben. Denn es gibt keine Würde jenseits des Geldes – das zumindest will uns Flaubert damit sagen, der vor nichts eine größere Angst hatte als vor Armut. Dieser Notar oder Anwalt im Obergeschoß neben der Reinigungsbude: Hat er keine Bedenken, mit jenem dubiosen Kollegen im Himmelreich der Literatur gelegentlich verwechselt zu werden? Würde ich etwa, wäre ich ein Landfranzose mit einer gerade noch bis Gustave Flaubert reichenden Bücherbildung aus einem Dorf zwei Ecken weiter, ausgerechnet einen Maître Guillaumine aufsuchen? Mit dieser zugegeben etwas seltsamen Frage im Kopf, drehe ich mich unwillkürlich wieder und wieder von dem einen zum anderen Haus um, von den Homais' zu den Bovarys und von den Bovarys zu den Homais', als führten diese, sich mit den Frontseiten gegenüberstehenden Häuser, ein Dauergespräch. Homais verherrlicht die Technik und die Wissenschaften und Charles sein simples Leben zum Tode. Emma aber, hinter der Gardine am oberen Fenster stehend, träumt in die Luft, die indessen, laut des Apothekers Studien zum Wetter in Yonville und Umgebung, voller gesundheitsschädlicher Miasmen ist. Nein, das Klima der nördlichen Normandie ist nicht unbedingt das Beste. Auch nicht für den jungen Flaubert, der in einem Brief an Ernst Chevalier schreibt: «Es kotzt mich an, in ein beschissenes Land zurückgekehrt zu sein, in dem man nicht mehr Sonne am Himmel sieht als Diamanten am Hintern der Säue. Scheiße auf die Normandie und das schöne Frankreich!»*

* Rouen, 14. Nov. 1840

Aber dieses oft finstere, wolkenverhangene Land mit seinen Flüssen, sanften Hügelketten und weiten tiefgrünen Wiesen ist von einer in sich selbst ruhenden Schönheit, besonders in den Stunden der Dämmerung, in der das vielfach gebrochene Licht zu einem Vexierspiel zwischen Helligkeit und Dunkel, Klarheit und Rätsel wird und ein leichter, sich in Wellen über den Boden bewegender Nebel die Formen der Dinge von einer Einbildung ununterscheidbar werden lässt, dass es nur noch den genauen beschreibenden Blick braucht, um die Welt hinter der Welt zu entdecken und auf Figuren und ihre Geschichten zu kommen. Und wer, wenn nicht Flaubert, der nichts erfinden, aber alles mit idiosynkratischer Schärfe wahrnehmen und wiedergeben konnte, hätte nicht gerade davon profitiert:

Die Wiesenlandschaft erstreckt sich unter einer Reihe niedriger Hügel und schließt sich von hinten an die Weiden des Pays de Bray an, während nach Osten die sanft ansteigende Ebene breiter wird und, so weit das Auge reicht, ihre goldgelben Kornfelder dehnt. Das Wasser, das am Rande des Grases dahinläuft, trennt mit einer weißen Bahn die Farbe der Wiesen und der Ackerfurchen, und so ähnelt das Land einem ausgebreiteten großen Mantel, der einen mit Silberborte eingefassten Samtkragen hat.

In diesem Land aber, in dem ich bis zur Beschreibung markanter Bäume alles so vorfinden werde, wie es «im Buche steht», als wäre dieser Ausschnitt der Welt eine Erschaffung nach dem Vorbild der Prosa, bin ich noch nicht unterwegs, einem Weg folgend, der «Promenade au pays d'Emma Bovary» heißt und alle wichtigen topographischen Punkte

PHARMACIEN

REVE RY
VETEMENTS CHAUSSURES
FUEL COMBUSTIBLES

des Romans miteinander verbindet. Nein, ich stehe auf der einzigen großen Straße dieses mit Literaturgeschichte beladenen wie durch sie touristisch verkitschten Ortes, zwischen den Häusern Bovary und Homais, dem imaginären Zentrum gewissermaßen. Ein paar hundert Meter weiter Richtung Ortsausgang, an einem «Emma»-Laden rechts und einer Videothek «Bovary» links vorbei, komme ich zu einem kleinen, sehr hübschen Platz mit Flüsschen und plätscherndem Wasserrad, Infozentrum und Postamt, der verständlicherweise «Place Gustave Flaubert» heißt, indessen von Baugerätschaft derart verstellt ist, dass der dem Dichter gewidmete Gedenkstein kaum mehr zu sehen ist. Am beeindruckendsten aber ist der mit Abfall überquellende Müllkübel in gerader Linie unterhalb des Schildes mit dem Namen Flaubert, den ein paar geistesabwesende Reinigungskräfte dort hingestellt haben, ohne zu wissen, wie symbolisch bedeutend gerade dieses Arrangement ist. Der so Geehrte, könnte er es sehen, würde seine Genugtuung haben, denn: «Wohin soll man sich wenden, um noch etwas Sauberes zu finden? Nach welcher Seite man auch die Füße setzt, man tritt immer in Scheiße. Wir werden noch lange weiter in die Latrine hinabsteigen.»* Dieser Abstieg in die Negationen des Fortschritts, von denen Flauberts Gesamtwerk durchdrungen ist wie altes Holz von seinen Würmern, währt nun gute einhundertundfünfzig Jahre und ist noch immer nicht zu Ende. Hier jedenfalls scheint das Einstiegsloch zu sein, vor der Touristenzentrale und gegenüber eines Bovarymuseums mit Spielautomaten, der die traurig schöne Geschichte noch einmal in farbigen Lackbilderserien vor

* An Louise Colet, Croisset, 29./30. Jan. 1853

Bar
Tabac
Le Flaubert
Presse
Papeterie
PRESSE
LOTO
Keno
20 MILLIONS

Etude de
Maitre
Guillaumin

das voyeuristisch lüsterne Auge treten lässt. Soviel banale Textverwertung einem Mann gegenüber, der «ein Buch über nichts» schreiben wollte, «ein Buch ohne äußere Bindung, das sich selbst durch die innere Kraft seines Stils trägt, so wie die Erde sich in der Luft hält, ohne gestützt zu werden»*, und der allein in der Form die Wahrheit des Gedankens sah, ist gewiss eine Art von nachgeholter Bestrafung. Gerade Flaubert, der selbst mit Sprache und in der Beschreibung wahre Gemälde hinterließ, ist mit jeder seinem Werk zugefügten Illustration schwer beschädigt, und er hat nichts mehr verabscheut als alles, was seine Bilder durch Bilder zerstörte. Oder man stelle sich einmal vor, was aus der grandiosen Beschreibung der Mütze werden würde, die Charles Bovary auf dem Kopf trägt, als er das erste Mal seine neue Klasse betritt, würde ihr eine irgendwie aquarellierte oder in Holz geschnittene Abbildung folgen:

Es war eine Mischung aus den verschiedenen Kopfbedeckungen, in der man wesentliche Bestandteile der Pelzmütze, der Tschapka, des Filzhutes, der Fischotterkappe und der Zipfelmütze wiederfand, kurz, eines jener armseligen Dinger, deren stumme Scheußlichkeit Ausdruckstiefen hat wie das Gesicht eines Blödsinnigen. Sie war eiförmig und durch Fischbeinstäbe aufgebauscht: erst kamen drei ringförmige Wülste, dann, durch eine rote Borte voneinander getrennt, abwechselnd rautenförmige Flicken aus Samt und Kaninchenfell, darauf eine Art Beutel, der in einem mit verzwickter Litzenstickerei bedeckten Vieleck aus Pappe endete, und daran hing an einer zu dünnen Kordel eine eichelförmige Quaste aus Goldfäden herab.

* An Louise Colet, Croisset, 20. Sept. 1851

Gleichviel, die hübschen Attrappen müssen sein wie die Mozartkugeln in Salzburg, weil sie die letzte große Heimholung der Phantasie auf den Boden einer praktischen Nutzanwendung sind, damit auch die schlichteren Bevölkerungsgruppen etwas haben von der jähen Unverständlichkeit eines in sich selbst versunkenen Geistes. Ich aber kehre um und gehe zum Ortseingang zurück, zum Tabakladen mit Barbetrieb «Le Flaubert» gegenüber dem Restaurant «Le Bovary», von dem eine leicht ansteigende Seitenstraße zur im 12. Jahrhundert erbauten Kirche hinaufführt, die ein Vierungsturm mit Gesims und Konsolen überragt und in deren Basilika ein offener Dachstuhl und ein Antependium mit Holzschnitzerei im Renaissancestil zu sehen sind. Auf dem angrenzenden Friedhof finde ich das Grab der Delphine Delamare, geborene Couturier, ein verwitterter, von grünem Moosbelag feucht überzogener und am Fußende gebrochener Stein, daneben ein kleiner, ebenfalls an einer Ecke angeschlagener und mit verwaschener Inschrift versehener Obelisk, und etwas abseits eine flach auf der Erde liegende Steintafel, die nun gut leserlich auf Emma Bovary hinweist, jener berühmten Romanfigur, der die reale Person ihre über die Zeit gerettete Bedeutung verdankt. Denn das Leben ist nichts, und die Kunst ist alles, jedenfalls für Flaubert.

Étapes 3 et 4: Blainville-Crevon

Geboren am 13. Dezember 1821 in Rouen als Sohn des bekannten Chirurgen Achille-Cléopas Flaubert und seiner Frau Caroline, geborene Fleuriot, die ebenfalls aus einer Arztfamilie stammt, ist Gustave nach Achille das zweite am Leben bleibende Kind. Da drei Söhne kurz nach der Geburt starben, kauft der Vater auf dem «Cimetière monumental» eine Familienstätte und lässt für Gustave vorsorglich ein kleines Grab ausheben. – Das, vielleicht, ist die Beschriftung der Seele, die schon stattgefunden hat, ehe sie selbst zur Schrift werden konnte; und das ist dann der Text hinter allen anderen Texten, das «Fatum», an dem er zeitlebens leidet: von der Zukunft auf die Gegenwart wie vom Tod auf das Leben zu blicken; und ausgerechnet Charles Bovary wird es am Ende des Romans bedeutungsvoll auszusprechen haben: «C'est la faute de la fatalité!» Doch Gustave, zierlich zwar und krankheitsanfällig, überlebt. Die Mutter, die sich eine Tochter gewünscht hat, da auf ihren Söhnen ein Fluch zu lasten schien, ist nun überfürsorglich um seine Gesundheit bemüht. Aber es bleibt bei einer kalten Pflege des Leibes, den es allein in seiner physischen Beschaffenheit zu beobachten und funktionell zu erhalten gilt. Die Liebe der Mutter ist in dieser ersten bedeutenden Szene also eine Leerstelle geblieben und die des Vaters bereits an den Erstgeborenen vergeben, durch den das Bedürfnis auf Nachkommenschaft bereits eingelöst ist. Achille ist der Erbe des

Vaters, er hat eine Bestimmung, der zweifach abgewiesene Gustave aber hat gar nichts außer die Pflicht, sich irgendwie gesund über die Zeit zu bringen, und vielleicht will er später auch deshalb nichts werden, weil er von Anfang an nichts werden konnte. Er ist schwerfällig, kaut stundenlang an seinen Fingernägeln herum und wirkt seltsam verstört; er ist das, was man den Konflikt der Familie nennen kann, der nicht lösbar ist und zu einer Person wird, die ihn negativ auslebt. Seine Schwester Caroline wird zwei Jahre später geboren und mit zweiundzwanzig Jahren infolge einer komplizierten Entbindung sterben – im gleichen Jahr wie der Vater unter den Händen seines ihn operierenden Sohnes Achille. Mit ihr spielt er im Garten des Hôtel-Dieu, dem Hospital von Rouen, in dem die Familie einen Seitenflügel bewohnt. Rückblickend schreibt er: «Der Sektionssaal des Krankenhauses lag nach unserem Garten zu. Wie oft sind meine Schwester und ich an dem Spalier hochgeklettert und haben, zwischen den Weinreben hängend, neugierig die zur Schau gestellten Leichen betrachtet! Die Sonne beschien sie. Die gleichen Fliegen, die uns und die Blumen umkreisten, ließen sich dort nieder, kamen zurück und summten um uns herum! … Ich sehe noch meinen Vater, wie er beim Sezieren den Kopf hebt und uns befiehlt, uns wegzuscheren. Auch er jetzt eine Leiche.» Während des Abendessens hört er den minutiösen Berichten des Vaters zu, wie er operierte und obduzierte, um das Leben kämpfte und dem Tod ins Gesicht sah, und da Achille-Cléophas Flaubert ein leidenschaftlicher Arzt ist, kann man es ihm auch schwer verdenken, wenn er gelegentlich den Eingang zur Leichenhalle mit der Tür zum Esszimmer seiner Familie verwechselt. – Mein Vater, der, als ich Kind war, im Fernstudium forensische Medizin studierte und tagsüber als Kriminalbeamter sogenannte unnatürliche Todesfälle aufzuklären hatte, ließ alle mir zur Ansicht wenig geeigneten Fachbücher auf seinem Schreibtisch und auf dem Boden neben dem Schreibtisch aufgeschlagen liegen, sodass ich immer, wenn ich zu ihm trat oder treten musste, die schrecklichsten Abbildungen zerschnittener, erstickter oder ertrunkener, erhängter oder erwürgter Menschen zu sehen bekam, und er erzählte auch von seinen Erlebnissen und Entdeckungen, Funden und Fällen, ungeachtet, ob ich nun dabei war und zuhörte oder nicht. Die Wirkung nicht mitzudenken ist der blinde Fleck der Erzählung, und es gibt wenig Grund, dem Erzähler daraus einen Vorwurf zu machen, zumal die emotionale Neutralität eine Bedingung dieser schwierigen Arbeit ist, ob nun am toten oder am lebenden Körper. Aber es hat mich geprägt und meine Entwicklung beeinflusst; ich dachte unwillkürlich, wenn ich die künstlichen Schönheiten auf dem Wandzeitungsbrett meiner Pioniergruppe sah, all diese Fortschritts- und Unsterblichkeitsphantasien in der Weise steil nach oben gezirkelter Kurven, die Rückseiten mit, die Hinfälligkeiten und Gefährdungen, die Krankheiten und den Tod; ich ahnte, dass es in den Rhetoriken der Erwachsenenwelt eine Bruchstelle gibt, die auf das Gegenteil des Gesagten verweist, und es war mir zu einer seltsamen Neigung geworden, die vielleicht schon ein Zwang war, genau diese Stelle zu suchen und sie als Kern einer Aussage zu verstehen, als nicht mehr gesagten, aber eigentlichen Inhalt. – So auch erfährt Gustave, dass das Leben reine Materie und dass die Materie nichts ist. Dem szientistischen Weltbild des Vaters steht nun der religiös-romantische Einfluss der Mutter entgegen, und damit überlagern

THOMSON
LE BOVARY

sich in ihm die herrschenden und gegeneinander konkurrierenden Ideologien seiner Zeit. Gustaves ambivalente Konstitution ist gesellschaftlich geprägt, und was er subjektiv austrägt, ist immer auch objektiv. Das nun ist sein Glück im Unglück und verhindert, dass seine existenziell wie poetologisch zwingend werdenden Fragen und Probleme inkommensurabel bleiben; es ist der Boden seiner Erfolge, die von Niederlagen und Enttäuschungen noch überschattet genug sind. In einem Brief an Ernst Chevalier fallen diese beiden Positionen, die Leben und Werk elementar grundieren, sichtbar zusammen: «Denn die schönste Frau ist kaum mehr schön, wenn sie auf dem Seziertisch liegt, mit den Gedärmen auf der Nase, einem aufgeschlitzten Bein und dem erloschenen Stummel einer Zigarre auf ihrem Fuß.» Und nur zwei Sätze weiter: «Oh, wieviel mehr liebe ich die reine Poesie, die Schreie der Seele, die plötzlichen Aufschwünge und dann die tiefen Seufzer, die Stimmen der Seele, die Gedanken des Herzens.»* Aber zunächst einmal muss er Lesen und Schreiben lernen, und es ihm beizubringen, gibt sich die Mutter überaus viel Mühe. Doch es geht ihm wie Charles Bovary während des Studiums der Medizin:

... lauter Namen, deren Herkunft ihm unbekannt war und die ihm wie ebenso viele Pforten von Heiligtümern voller majestätischer Finsternis vorkamen. Er wurde nicht schlau daraus; er mochte zuhören, soviel er wollte, er begriff nicht. Dennoch arbeitete er und hatte gebundene Hefte. Er besuchte alle Vorlesungen, versäumte nicht eine einzige Visite. Sein kleines Tagespensum erledigte er wie ein Reitbahngaul, der sich mit

* Rouen, 24. Juni 1837

PLACE
GUSTAVE FLAUBERT
MUSEE D'AUTOMATES

verbundenen Augen auf der Stelle dreht, ohne zu wissen, bei welcher Arbeit er sich eigentlich abrackert.

Die frühe Abwehr der Sprache kann vieles bedeuten, und Sartres Vermutung, dass sie eine erste Strategie der Verweigerung ist, in die Welt der praktischen Vernunft einzutreten, liegt nahe. Aber ist es auch relevant, wenn uns an Flaubert heute nicht das interessiert, was seine Störung war, sondern was aus seiner Störung hervorging? Die Sprache als Überschreitung eines Konflikts mit der Sprache ist der Gegenstand, um den wir uns bewegen; «Madame Bovary» ist der Grund, einen Werdegang zu beobachten und nicht eine Aphrasie oder Legasthenie in der Kindheit. Die ästhetische Komplexität eines Werkes, auch wenn es seine Entstehungsgeschichte im Leben des Autors hat, ist nicht rückübersetzbar in eine Folge psychodynamisch wirkender Kräfte, und es ist immer, sofern es tatsächlich strukturell autonom ist, eine Antwort auf den Konflikt und nicht der Konflikt selbst. Ich mache mich also gefasst darauf, notorisch über meine eigenen Füße zu stolpern, wenn ich einerseits psychologisch argumentiere, um mir etwas verständlich zu machen, und andererseits die Psychologie, deren Grenze der Text ist, wieder loswerden muss. – Ja, ich rede auch von mir, ich rede davon, wie mich mein Unvermögen zu sprechen, richtig und deutlich zu sprechen und nicht vor jedem Wort wie vor einem Geheimnis zu erstarren und mit und in ihm steckenzubleiben, wenn ich es aussprechen sollte, um schließlich vor dem ein oder anderen nicht mehr sprechbaren Wort ganz und gar zu verstummen, zum Schreiben gebracht hat, kompensatorisch zunächst, dann aber als eine von ihrem Motivhintergrund losgelöste

RY ET SES AMIS
A
GUSTAVE FLAUBERT
1821 1880
MADAME BOVARY
LA TENTATION DE S^T ANTOINE
L'EDUCATION SENTIMENTALE
BOUVARD ET PECUCHET
SALAMMBO
......

Form der Erkenntnis, der wahrgenommenen Wahrnehmung, der Antwort; ich rede davon, wie mir die Sprache erschienen ist: als ein Instrument der Disziplinierung und der Vereinnahmung, mit ihr und durch sie hindurch eine Ordnung, auf die ich keinen Einfluss mehr hatte, nicht nur anzuerkennen, sondern sprechend auch zu bestätigen und neu zu begründen, den Status der Welt, wie ich sie als gegeben vorzufinden hatte und wie sie sich über meinen Vater familiär auf mich übertrug, zu bestätigen und neu zu begründen, und diese Sprache zu verlassen war eine Entscheidung des Körpers, ehe es zu meinem Denken wurde, es war, hilflos genug, Rebellion; und wie ein Delinquent nahm ich die Züchtigungsrituale entgegen, die immer gut gemeint waren, im Namen der Liebe. Heute weiß ich, dass die Problematisierung der Sprache, durch was auch immer sie ausgelöst wird, eine Bedingung des Schreibens an und für sich ist, weil es eben eine Unselbstverständlichkeit bleibt, dass sich die Worte zu einem Sinn fügen lassen, der den Sprechenden einschließt, und weil dieser Einschluss des Sprechenden im Gesprochenen nur schreibend, das heißt suchend erreicht werden kann. Der Schriftsteller ist demnach jemand, der der Sprache unterliegt und der sich nur deshalb einen überdurchschnittlich großen Wortschatz aneignet, weil er permanent auswählen, gegenüberstellen, streichen und einfügen muss, um den Unbrauchbarkeiten der Sprache so gut es geht zu entkommen. Und so geht es Gustave: sofort, als er zu lesen und zu schreiben beginnt, dichtet er und verfasst kleine Stücke, die er mit seiner Schwester Caroline im Wohnzimmer der Eltern zur Aufführung bringt. Die Aktualisierung der Sprache im Akt eines subjektiven Sprechens ist ihm eine Voraussetzung, Sprache als eine gesellschaftliche Übereinkunft überhaupt anzuerkennen, sie also gleich für sich zu benutzen und damit zu dekonstruieren eine Bedingung. Nun kann aber die Sprache nie reines Sprechen sein, weil dann die Verständigung zusammenbrechen würde, und dieser objektive, nicht mehr angreifbare Kern der Sprache wird immer das Problem des Autors sein, wenn er seine Texte in sich selbst dadurch als entfremdet vorfindet. Sein bis zur Hysterie reichender Streich- und Überschreibungszwang ist die praktische Folge dieses Begehrens, Sprache zu vernichten, und jede Wiederholung, jede Tautologie oder Phrase ist ihm bis zum körperlichen Schmerz tief zuwider. Wie leidet er, als er «Madame Bovary» schreibt, weil der Stoff ihn zwingt, gewöhnliche Dialoge zu verfassen und die Sprache bei sich selbst zu belassen: «Wie sehr ich meine *Bovary* satt habe! Dabei fange ich an, mich ein wenig darin zurechtzufinden. Ich habe nie in meinem Leben etwas Schwierigeres geschrieben als das, was ich jetzt schreibe, einen trivialen Dialog!»* Andererseits konstituiert sich gerade daraus seine Literatur, dass er die Sprache mit Sprache entblößt und seinen Sprechakt auf die Beschreibung, also auf den Hintergrund einer Handlung verlegt; und um das zu erreichen, hatte er ja auch die geniale Idee, Erzähler und Beobachter in einem zu sein und die Figur immer auch zum Zuschauer der eigenen Rolle zu machen. Dieser theatralische Gestus der Prosa entspricht ganz dem Verlangen, sich selbst in Szene zu setzen, dies aber so, dass er nicht erkannt wird dabei und hinter einer Maske verschwindet. Allein deshalb schreibt er zunächst Stücke, weil er im Inneren seines Wesens Schauspieler ist.

* An Louise Colet, Croisset, 19. Sept. 1852

Das Dorf im Crevon-Tal, das ich jetzt verlassen habe, ist nicht nur ihrer von Jean d'Estouteville gegründeten Stiftskirche halber bekannt, sondern auch dadurch, Geburtsort Marcel Duchamps zu sein, dem grandiosen Surrealisten und Mitbegründer der New Yorker Schule. Auf Duchamp aber habe ich keinen Hinweis gefunden, was durchaus daran liegen kann, ihn nicht gesucht zu haben. Was aber suche ich, äußerlich ein touristisches Gespenst und in Gedanken in einem fernen Jahrhundert und dennoch, nehme ich an, ganz in der Gegenwart und bei mir selbst?

Étape 5: Saint-Germain-des-Essourts

1832 kommt er nach Rouen ins Gymnasium, und man kann sich diesen Eintritt in die Klasse etwa so vorstellen, wie ihn Charles Bovary am Anfang des Romans erleidet:

Wir waren beim Lernen, als der Direktor hereinkam, hinter ihm ein Neuer, noch ohne Internatskleidung, und ein Schuldiener, der ein großes Pult trug. … «Steh auf!», sagte der Lehrer. Er stand auf: Seine Mütze fiel herunter. Die ganze Klasse fing an zu lachen. Er bückte sich, um die Mütze aufzuheben. Ein Nachbar stieß sie mit dem Ellbogen wieder hinunter; er hob sie noch einmal auf. «Nun trenn dich doch schon von deinem Helm!», sagte der Lehrer, der ein geistreicher Mann war. Das schallende Lachen der Schüler brachte den armen Jungen so aus der Fassung, dass er nicht wusste, ob er die Mütze in der Hand behalten, sie auf dem Fußboden liegenlassen oder sich auf den Kopf stülpen sollte. Er setzte sich wieder und legte sie auf die Knie.

Tatsächlich hatte Gustave eine solche Szene erlebt, die ihn dermaßen gekränkt haben muss, dass er sie hier schreibend loswerden wollte. Aber er kann die Kränkung nicht zugeben, weil die Scham darüber, ein Opfer zu sein, seinen Stolz attackiert, und so versteckt er sich in der Masse des Schülerkollektivs und sanktioniert das Geschehen; er ist jenes kollektive Wir im ersten Satz, der dafür seine Berühmtheit erlangt hat, dass er den Erzähler einmalig zeigt, auch wenn diese Nähe ein Verstoß gegen die ästhetische Regel ist. Die Zeit auf dem Gymnasium wird für Gustave ein einziges Martyrium, das er natürlich auch selbst produziert, da er weit über das Niveau seines Alters hinaus denkt und sich, ohne es zu wissen und zu wollen, unansprechbar damit macht. Den frühen Stücken folgen längere Prosatexte, die eine Mischung aus romantischer Verklärung und Weltekel sind und ausschließlich autobiographische Anlässe haben. In ihnen lacht er über die, die über ihn lachen, sie sind seine Reaktion eines Schmerzes darüber, für scheinbar nichts bestimmt zu sein und nirgendwo hinzugehören. «Wenn ich jedoch jemals einen aktiven Anteil an der Welt nehmen werde, dann als Denker und Demoralisator. Ich werde nur die Wahrheit sagen, doch wird sie furchtbar sein, grausam und nackt»*, schreibt er, achtzehnjährig, an Ernst Chevalier. Er liest Shakespeare und Walter Scott, Racine, Calderón und Lope de Vega, Voltaire und Montaigne, vor allem aber Rabelais und Byron: «die beiden einzigen, die in der Absicht geschrieben haben, der Menschheit zu schaden und ihr ins Gesicht zu lachen.»** Er beendet die seinem Freund Alfred le Poittevin gewidmeten «Mémoires d'un fou» und beginnt das Theaterstück «Smarh», einer im Leeren des Universums kreisenden und über die Welt räsonierenden Figur des Lachens, zu der ihn Rabelais' Pantagruel inspiriert hat, bei ihm allerdings mit der Schwere des Hochmuts und der Verachtung beladen. – Zu dieser Zeit steht bereits fest: Er will *Schriftsteller* werden.

* Rouen, 24. Feb. 1839
** An Ernst Chevalier, Rouen, 26. Dez. 1838

Wie aber kommt einer dazu, Schriftsteller werden zu wollen, das und nichts anderes, da diese Bezeichnung doch quasi für nichts steht und so verloren wie eine Münze auf einer Roulettnummer liegt? Ist es die fahrlässige Vorstellung vom leichteren Leben, ent-entfremdet gewissermaßen und mit einer Reihe von Freiheiten begleitet, von denen der Büroangestellte nicht einmal träumt? Ist es die Naivität, in einer gott- oder naturgegebenen Begabung, die eine fixe Annahme ist, schon die Bedingung erfüllt zu sehen, um den schwierigen, alle soziale Beziehungen verändernden und bürgerliche Sicherheiten zerstörenden Begleitumständen auf Dauer gewachsen zu sein? Und was, wenn die Begabung eine Täuschung war oder wenn sie keine Täuschung war, aber im Kontakt mit der lesenden und bewertenden Öffentlichkeit unentdeckt bleibt oder auch nicht unentdeckt bleibt, aber in ihrer Bedeutung inflationiert oder auch nicht inflationiert, aber durch einen jäh einsetzenden Verlust an kreativer Energie erlischt? Wie alt ist er dann gerade, der sich entschieden hat, diesen Weg zu verfolgen, und wie lange muss er noch leben und wofür und vor allem: wovon? Und wenn nun auch noch die sehr frühe und eigentlich heilsame Erfahrung hinzukommt: «Meine Gedanken sind wirr, ich kann keine Arbeit der Einbildungskraft unternehmen, alles, was ich hervorbringe, ist trocken, mühsam, gezwungen, unter Schmerzen abgerungen»*, warum, um alles in der Welt, schreibt er dann und hält daran fest, im Schreiben eine Option zu entdecken? Diese pragmatische Fragestellung gehört gewiss nicht in eine Zeit, in der es den Geniebegriff sowie die Vorstellung von der Bestimmung zur

* An Ernst Chevalier, Rouen, 24. Dez. 1839

Bestimmung gibt; ich stelle diese Frage, und ich stelle sie mir, weil, wie Flaubert sagt: «der Künstler nach meiner Auffassung eine Ungeheuerlichkeit, etwas Widernatürliches ist»*. Wenn es also je einen Schriftsteller gab, dem der Schreibtisch zur Streckbank und das Schreiben zur Folter wurde, dann ihn, der die Sätze auf Klang und Rhythmus, auf Kakophonien und Wiederholungen abhört wie ein Arzt den Körper seines Patienten, und der ganze Tage mit einem Wort oder Komma verbringt, immer auf der Suche nach der absoluten Bezeichnung für eine Sache.

Dieses quälende Misstrauen in die Kompetenzen der Sprache, das ein von Kindheit an gestörtes Verhältnis zur Sprache und zum Sprechen erneuert, wird zugleich, neben der singulären neurotischen Note, zu einem Wesensmerkmal der beginnenden Moderne: die Worte als leere Hüllen zu empfinden, als reine Morpheme, die sich auf das Urwort gelegt haben wie eine Fettschicht auf das Original eines Bildes und die zu gebrauchen heißt, mehr zu tönen als zu sprechen und einen Sinn permanent zu verfehlen. «Doch habe ich Angst», schreibt er an Louise Colet, «dass ich vor lauter gutem Geschmack noch dahin komme, überhaupt nicht mehr schreiben zu können. Alle Wörter scheinen mir jetzt neben das Denken zu treffen, und alle Sätze scheinen mir misstönend.»** Diese am Subjekt haftende Versagensvorstellung hat nun gewiss auch einen objektiven, historischen Konnex: die plötzliche Ausschüttung an Signifikanten infolge einer beschleunigten Industrialisierung. Ständig wird etwas Neues entdeckt und erfunden, produziert und konsu-

* An seine Mutter, Konstantinopel, 15. Dezember 1850
** Croisset, 29./30. Januar 1853

miert, was die Koinzidenzen zwischen erlebter und kommunizierter Realität angreift und zu einer Verschiebung der Beziehungen im Inneren der Sprachordnung führt. Zum einen müssen die Begriffe sich aufspalten und in ihren Bedeutungsverweisen vervielfältigen, um auch das in der Sprache zu halten, das schon existent, aber noch unbenannt ist, zum anderen kommen neue Begriffe hinzu und entwerten die konventionellen oder verdrängen sie ganz. Sprachkrisen sind immer auch Strukturkrisen einer Gesellschaft, und ihr Symptom ist die Beendung der Selbstverständlichkeit zu sprechen. Die ästhetischen Probleme, vor denen Flaubert steht, gewissermaßen den Text im Text freizulegen und mit einem entleerten oder doch zumindest von Leere durchdrungenen Zeichenvorrat Bedeutungen zu schaffen, sind eben auch die seiner und einer späteren Autorengeneration zwischen Nachromantik und Naturalismus, also allgemeine und besondere zugleich. Allein die Aufdringlichkeit der Metapher, ob im erzählerischen Werk oder in Briefen, gegen die er sich zwar sehr bewusst, aber lange erfolglos wehrt, ist eine Folge des Zweifels, die Sprache für brauchbar zu halten. Eine Bildfigur benötigt immer noch die Referenz einer zweiten oder gar dritten, die die erste bestätigen soll, bis hin zu abgespalteten Metaphernketten, in denen sich der Sprechanlass in seinem Ursprung verliert. Aber diese Schwierigkeiten gehören bereits zum tastenden Unterwegssein nach einem neuen poetologischen Konzept, und sie dem Autor als Schwäche anzulasten, wie es die Kritik hinlänglich tat, unterschlägt das noch ungelöste Problem, das Flaubert vor allen anderen formuliert und mit der «Bovary»-Prosa zum ersten Mal löst.

Zunächst aber scheint ihm die Praxis des Schreibens noch einen direkten Zugriff auf jene Erregungen und Leidenschaften, Glücksaugenblicke und Verzweiflungszustände zu bieten, die das Leben aus sich selbst heraus produziert und mit sich selbst auch verschließt; es findet keine Übersetzung aus der Welt der Dinge in die ihrer Sprache statt mit den daraus resultierenden Verschiebungen und veränderten Konstitutionen; es bleibt reine Evokation des Erlebten und allein dadurch auch Material einer Neurose. Und da Neurosen immer auch Kommunikationsstörungen sind, kann der Text nicht nichtneurotisch sein und adäquat kommunizieren; er ist, wenigstens passager, für den Schreibenden eine Lösung, aber er löst den Konflikt nicht, sondern schleift ihn nur weiter; er ist ein Ablassventil für Affekte und hält das Textsubjekt unfrei, eine souveräne Instanz der Betrachtung zu sein. Er ist das, was der gereifte Flaubert, dessen frühe Werke genau daran kranken, seiner Geliebten Louise Colet einmal vorwerfen wird: «Du hast aus der Kunst einen Ausguss für leidenschaftliche Gefühle gemacht, eine Art Nachttopf, in den etwas, ich weiß nicht was, überläuft.»* Denn: «Der Künstler muss in seinem Werk wie Gott in der Schöpfung sein, unsichtbar und allmächtig; man soll ihn überall spüren, ihn aber nirgends sehen. Außerdem muss sich die Kunst über die persönlichen Neigungen und Empfindlichkeiten erheben! Es ist an der Zeit, ihr durch eine unerbittliche Methode die Präzision der physikalischen Wissenschaften zu geben!»** Nun bin ich von Saint-Germain-des-Essourts weggefahren und auf dem Weg nach Les Authieux, meiner laut Routenskizze nächsten Station,

* Croisset, 10. Jan. 1854
** An Mademoiselle Leroyer de Chantepie, Paris, 18. März 1857

VIDEO
BOVARY
Kodak

habe mich aber wohl verfahren, denn ich bin an einen Knoten gelangt, den ich hier nicht auftrennen kann, in einen Kreisverkehr ohne Hinweis auf einen Ausgang: Wie wurde aus dem wütend besessenen Schreiber, der die Texte um die Spirale seiner Befindlichkeit dreht und sie damit an sich und seine Privatwelt bindet, der Künstler, der seine Stoffe so weit von sich fernhalten kann, dass er als Person dahinter verschwindet und etwas besonderes Allgemeines erschafft, eine Textur, die nur noch aus reiner, sich selbst bedeutender Handlung besteht und damit zum Spiegel der Zeit und ihrer Zustände wird? Der Apfel fiel schon immer vom Ast auf den Boden, aber erst Newton erkennt darin die Gesetze der Schwerkraft. Und Flaubert, der schutzlos und wild darauf hinschreibt, der Welt zu zeigen, dass sie nichtig und umgeben von nichts ist, spürt nun den Widerstand der Sprache und die Uneigentlichkeit seines Sprechens und verliert damit auch eine Anfängerunschuld. Nichts anderes schließlich bedeutet die quälende Suche nach dem passenden Stil: eine Erregung im Wort nicht mehr konditioniert vorzufinden, sondern allenthalben im Resonanzraum syntaktisch und semantisch aufeinander reagierender Wörter, was bedeutet, das Gewebe des Textes als Ganzes im Blick haben zu müssen und deren Leerstellen und Unterschlagungen, Schatten und Brüche für eine Aussage nutzbar zu machen; denn es gilt, die Leere in der Substanz zu beweisen, und dafür muss das Nichtsprachliche sprechend, das heißt an Teile des Sprachlichen gebunden sein. Das gelingt über den Stil, der allerdings keine feste Gegebenheit mehr ist, sondern immer aufs Neue gefunden werden muss; er ist die Art und Weise, wie ein Subjekt auf seinen Gegenstand zugeht; er ist die Architektur eines Verhältnisses. «Jedes zu schaffende Werk hat seine Poetik in sich»,* das ist die Erkenntnis, die ihn von einer nervösen Begabung zum Schriftsteller macht, und das ist der zweite Knoten: Was ist im Inneren der Person geschehen, dass es zu einer so grundlegenden Verschiebung der sich dazu korrelativ verhaltenden ästhetischen Positionen kommt? Welche Bedingungen bringen ihn zur Erfindung des abwesend anwesenden Blicks eines auktorialen, von Meinung aber freien und den Geschehnissen gegenüber toten Erzählers? In den Korrespondenzen gibt es eine Linie von sukzessiver Selbstabtötung, die ahnen lässt, dass Emmas Selbstmord nicht nur der Abschluss einer tragischen Handlung war, sondern auch die Metapher für die symbolische Selbsttötung ihres Verfassers: «Die Martern, die ich in der psychologischen Manege erlitten habe, kennt Gott allein, doch jetzt verzichte ich darauf. Es ist der Weg des Todes, und ich möchte noch drei oder vier Bücher lang leben; daher bin ich kristallisiert und erstarrt.»** Und jetzt fahre ich irgendwo raus und geradeaus weiter.

Auf den Zweigen der kahlen Apfelbäume saßen Vögel, ohne sich zu rühren, und plusterten ihre Federchen in dem kalten Morgenwind. So weit das Auge sah, dehnte sich flaches Land, und die Baumgruppen rings um die Gehöfte bildeten in weiten Abständen blauschwarze Flecken auf dieser großen Oberfläche, die sich am Horizont in der düsteren Tönung des Himmels verlor.

Ja, so kann ich es, wenn ich es will, sehen.

* An Louise Colet, Croisset, 29. Januar 1854
** An Louise Colet, Croisset, 13. Januar 1854

Étape 6: Les Authieux

Er will also Schriftsteller werden, weil er darin eine Möglichkeit sieht, vor der Welt im Verborgenen zu sein *und* eine Rolle in ihr zu spielen. Ausgegrenzt will er sein, weil ihm die Welt und das gewöhnliche Leben in ihr nur Abscheu bereitet: «Ich habe schon in früher Jugend ein vollständiges Vorgefühl vom Leben gehabt. Es war wie ein ekelerregender Küchengeruch, der aus einer Lüftungsklappe aufsteigt. Man braucht von dem Gekochten nichts gegessen zu haben, um zu wissen, dass man davon wird kotzen müssen»*, und einbezogen will er sein, weil er eine Position braucht, um sich dafür zu rächen: «Ich empfinde gegen die Dummheit meiner Epoche Hassfluten, die mich ersticken. Es steigt mir Scheiße in den Mund wie bei einem verklemmten Bruch. Aber ich will sie behalten, sie eindicken und daraus einen Brei machen, mit dem ich das neunzehnte Jahrhundert beschmieren werde, wie man die indischen Pagoden mit Kuhfladen vergoldet.»** Und in gewisser Weise folgt sein ganzes Schriftstellerleben diesem Plan einer Vergeltung dafür, geboren worden zu sein und leben zu müssen: «Ich hasse das Leben. Der Satz ist geschrieben, soll er auch stehen bleiben! Ja, das Leben und alles, was mich daran erinnert, dass man es ertragen muss. Es ist für mich eine Qual zu essen, mich anzuziehen, auf zu sein.»*** Nein, ich fahre jetzt

* An Maxime Du Camp, 7. April 1846
** An Louis Bouilhet, Croisset, 30. September 1855
*** An Maxime Du Camp, Croisset, 21. Okt. 1851

nicht im Rückwärtsgang weiter, weil es diese bereits erwähnten Urszenen in Rouen gab – Gustaves frühe Begegnung mit dem geöffneten, geheimnislosen Körper auf dem Seziertisch des Vaters, seine unglückliche Stellung innerhalb der Familie und sein für ihn schon vorsorglich ausgehobenes Grab auf dem «Cimetière monumental» –, die gewiss auch Erklärungen für seinen Überdruss liefern: «Unter meiner jugendlichen Hülle ruht ein seltsames Altsein. Was hat mich wohl beim Verlassen der Wiege so alt gemacht und so überdrüssig des Glücks, noch bevor ich davon getrunken habe?»* Ich bleibe auf seinem Weg, Schriftsteller zu werden, der insofern geebnet ist, als er im Januar 1844 auf einer Fahrt von Pont-l'Évêque nach Rouen einen schweren Nervenanfall erleidet und, als löste sich der geheime Sinn dieser Erkrankung damit auch ein, sein verhasstes Jurastudium mit legalisierten Gründen abbrechen kann. Endlich ist er – wie Emma Bovary – frei; aber nicht frei *für nichts*, sondern frei, nichts anderes mehr tun zu müssen als zu schreiben. Und mit einer Dauerrente, die der besorgte Vater Achille-Cléophas Flaubert für ihn aussetzt, geht das ja auch.

Was nun fehlt, ist Anerkennung, aber außer einer frühen Erzählung im Magazin «Le Colibri» hat er noch nichts publiziert. Verständlich, dass seine Anspannung groß ist, als er, hart auf die Dreißig gehend, im September 1849 «La Tentation de Saint Antoine» beendet. Er lädt sich also seine engsten Vertrauten Louis Bouilhet und Maxime Du Camp in sein Haus nach Croisset ein und liest ihnen das gesamte Manuskript vor. Die Tortur dauert vier Tage mit einem

* An Louise Colet, Croisset, Oktober 1847

Lesepensum von täglich acht Stunden. Während Bouilhet und Du Camp vor Erschöpfung kaum noch zuhören können, liest, oder besser, schreit er seinen Text bis zum letzten Wort mit ungebrochener Stimme heraus, berauscht von sich selbst und seinen Sätzen. Jetzt erst dürfen die genervten Freunde, die verpflichtet wurden, bis zum Ende der Lesung zu schweigen, sich äußern. Ihr Urteil ist ebenso einhellig wie vernichtend: unbrauchbar, ein Fall für den Ofen. Er fühlt sich am Boden zerschmettert. Bouilhet und Du Camp sind bestürzt von der Wirkung ihrer Kritik und versuchen, den Schaden, der genau genommen eine Rettung war, in Grenzen zu halten. Du Camp, dem Neidverhalten und Intriganz Flaubert gegenüber nachgesagt wird, der aber ein sicheres Gefühl für dessen Fähigkeiten hatte, rät, es mit einem anderen Gegenstand neu zu versuchen, einem Stoff, der realistischer sei und ihn, Gustave, zwingen würde, auch realistischer zu erzählen, anstatt in Emphase zu geraten und philosophische Konstrukte zu liefern. Bouilhet schließlich erzählt ihm die Geschichte der Delamares, die sich ganz in der Nähe ereignet hatte und eine Zeitlang die Öffentlichkeit bewegte. Delamare war Internist bei Flauberts Vater am Hôtel-Dieu in Rouen, ehe er sich als Arzt auf dem Land niederließ. Dort nahm sich seine Frau kurze Zeit später auf dramatische Weise das Leben mit Gift, nachdem sie einige Affären hinter sich hatte und an einer schließlich zugrunde ging. Das, kann man sagen, war Emmas Geburt.

Ausgestattet mit einem Auftrag des Landwirtschaftsministeriums treten nur wenige Wochen nach diesem Fiasko in Croisset Gustave Flaubert und Maxime Du Camp ihre geplante Orientreise an, erreichen am 26. November Kairo

A LA MEMOIRE DE
DELPHINE DELAMARE
NEE COUTURIER
MADAME BOVARY
1822 – 1848

und am 6. März 1850 Esneh, wo Flaubert eine Nacht bei der berühmten Kurtisane Ruschiuk Hanem verbringt und sich möglicherweise dort mit einer Syphilis ansteckt, die ihn, zusätzlich zu seinem unheilbar gewordenen Nervenleiden, zeitlebens schwächen wird. Kurz darauf beschließt er, seine Helden der Delamare-Geschichte Bovary zu nennen. Auf diesen Namen kommt er in Abwandlung des Namens einer Zufallsbekanntschaft, die er während seiner Reise nach Esneh machte. Nach Erscheinen des Romans werden die kühnsten Gerüchte kursieren, wer sich leibhaftig hinter Madame Bovary verbergen könnte, und es wird sogar zu einer Auseinandersetzung mit der Kaiserin kommen, der gegenüber George Sand eine wohl etwas dunkle Andeutung gemacht haben muss. In einem Brief an Madame Hortense Cornu verteidigt er sich: «Die Leute der Gesellschaft, ich wiederhole es Ihnen, sehen Anspielungen, wo es gar keine gibt. Als ich *Madame Bovary* geschrieben hatte, hat man mich mehrfach gefragt: ‹Haben Sie Frau … darstellen wollen?› Ich habe Briefe von vollkommen unbekannten Leuten bekommen, darunter einen von einem Herrn aus Reims, der sich bedankte, dass ich *ihn gerächt hätte* (an einer Treulosen). Alle Apotheker des Departements Seine-Inférieure, die sich in Homais wiedererkannten, wollten mir Ohrfeigen verabreichen; aber das Schönste ist (ich habe es fünf Jahre später entdeckt), dass es damals in Afrika die Frau eines Militärarztes gab, die Frau Bovaries hieß und *Madame Bovary* ähnelte, ein Name, den ich erfunden habe, indem ich den Namen Bouvaret deformierte …».* Diese notorische Verwechslungskomödie von Literatur und Leben mit ihren wil-

* Paris, 20. März 1870

den Unterstellungsphantasien und irritierten Rechenschaftsberichten war also auch früher schon die Strafe dafür, parallel zur Gegenwart zu schreiben und sich um aktuelle Probleme zu kümmern; und das allein deshalb, weil es lose und durchaus transparente Verknüpfungen gibt zwischen Realität und Fiktion, die vergessen machen, dass das eine autonom vor dem anderen bleibt. So soll ihm als Vorbild für Emma eine Louise Pradier gedient haben, die die Frau eines Bildhauers war und die Du Camp in den «Souvenirs littéraires» folgendermaßen beschreibt: «Sie war klein, hatte stumpfgelbes Haar und ein sommersprossenübersätes Gesicht. Sie war eingebildet und verachtete ihren Mann, den sie für einen Dummkopf hielt. Sie war rund und weiß, mit feinen Knochen, die nirgends vorsprangen, und in ihrem Gang und in ihrer Haltung lag etwas von den wendigen, welligen Bewegungen einer Natter. Ihre Stimme, entehrt durch den Akzent der unteren Normandie, war voller Schmeicheltöne, und ihre Augen von nicht bestimmbarer Farbe, je nach Beleuchtung grün, grau oder blau, hatten immer einen flehenden Ausdruck.» Bei Flaubert wird Louise als Emma eine wahre Schönheit:

Ihr Profil war so ruhig, dass man nichts von ihm ablas. Es hob sich im vollen Licht ab, in dem Oval ihres Kapotthutes, der schilfblattähnliche blasse Bänder hatte. Ihre Augen mit den langen, gebogenen Wimpern schauten vor sich hin und schienen, obgleich weit geöffnet, ein wenig verengt durch die Backenknochen, wegen des Blutes, das unter ihrer zarten Haut sanft pulsierte. Ein rosa Farbton drang durch die Nasenwand. Sie neigte den Kopf auf die Schulter, und zwischen ihren Lippen sah man die perlmuttähnlichen Spitzen ihrer weißen Zähne.

Nur die Augen wechseln beständig ihre Farbe, sind einmal braun, dann schwarz und dann wieder unbestimmt dunkel. Aber auch Léon, ihr Liebhaber Nummer zwei, hat einmal blondes, ein anderes Mal kastanienbraunes Haar, was nur einmal mehr beweist, wie abgelöst schließlich die Figuren von der Realität gewesen sind und wie selbständig sie zur Vorstellungswelt des Autors gehörten, der sich in seiner Detailbesessenheit am Ende wohl selbst nicht mehr durchfand. Soviel aber ist klar: Der Schöpfer ist in seine Schöpfung verliebt und das über alle Maßen:

Sie war so traurig und so still, zugleich so sanft und zurückhaltend, dass man sich in ihrer Nähe von einem eisigen Zauber ergriffen fühlte, so wie man in den Kirchen unter dem mit der Kälte des Marmors gemischten Duft der Blumen erschauert.

Seine Zuneigungen zu Emma gehen soweit, dass er im Schreibprozess geradezu physisch auf Szenen reagiert, in denen ihr Leid widerfährt: «Als ich vorhin um sechs das Wort Nervenanfall schrieb, war ich so mitgerissen, brüllte ich so laut und spürte ich so tief, was meine kleine Frau empfand, dass ich fürchtete, selber einen zu bekommen.»* Und an Hippolyte Taine: «Als ich Madame Bovarys Vergiftungstod schilderte, hatte ich einen so starken Arsengeschmack im Mund, dass ich mich zweimal nacheinander übergeben musste.»** Das sind mehr als Somatisierungen einer unabgegrenzten Phantasie, sondern deutliche Hinweise darauf, dass Emma das Kind im Körper des Autors ist. In einem Brief an Mademoiselle Leroyer de Chantepie aber

* An Louise Colet, Croisset, 23. Dez. 1853
** Croisset, Nov. 1866

lässt er sie fallen wie Dreck: «Und vergleichen Sie sich nicht mit der Bovary. Sie ähneln ihr kaum! Sie war weniger wert als Sie, sowohl was den Kopf als auch, was das Herz betrifft; denn sie ist eine etwas perverse Natur, eine Frau der falschen Poesie und der falschen Gefühle.»* Warum? Weil er die Spuren dieser quasi inzestuösen Beziehung verwischen will, denn er muss in sich unterdrückt halten, woran Emma leidet und wofür sie schließlich auch stirbt: die romantische Leidenschaft. – «Doch ich bitte Sie trotzdem, mich nicht danach zu beurteilen. Die *Bovary* ist für mich eine Sache eines vorgefassten Entschlusses, eine Aufgabe gewesen. Nichts von dem, was ich liebe, steckt darin.»** Nun ist es wohl so, dass Emma einige Unerträglichkeiten veräußert und, zumindest oberflächlich betrachtet, nicht gerade das Wesen der Reinheit und der Unschuld ist, und allein deshalb besteht er ja auch mit diesem Nachdruck darauf, mit ihr nicht verwechselt zu werden. Andererseits ist sie moralisch gar nicht zu fassen, weil sie über keine Evidenz verfügt, durch die sie haftbar wäre, und weil ihr zudem kein relevanter Raum für Entscheidungen gegeben ist. Sie ist ein Medium, das ihre Zeit und ihre Umstände verdeutlicht, eine Schablone ihrer Gesellschaft und darin eine phänomenologische Studie.

Also was nun, ja oder nein? Ist der schriftlich leider nirgendwo zu findende Satz «Madame Bovary, c'est moi», den er gesagt haben soll, eine Provokation und damit eine Maske, die auf die Maske gesetzt wird, oder ein Bekenntnis, durch das die Maske für den Augenblick verrutscht? Beides,

* Paris, 30. März 1857
** An Madame des Genettes, Croisset, Okt. 1856

weil Flaubert ebenso der Bürger ist, der alle Werte seiner Klasse verinnerlicht hat, wie der Antibürger, der diese Werte in der Schrift sabotiert, indem er sie scheinbar unbewegt und mit dem Tod seiner Protagonisten endend vorführt. Dieser Riss, der durch seine Person geht und sie zweiteilt in einen pfeifchenrauchenden Philister bei der Lektüre der Morgenpost und einen Anarchisten auf dem Papier, der nur an eines wirklich glaubt: an die Unbedingtheit des Seins zum Tode, dieser Riss, oder besser, diese ambivalente Konstitution grundiert auch seine gleichermaßen zugewandte wie abgeneigte Haltung zu seinen Figuren, die, da sie aus gleich großen Kräften besteht, neutralisiert, das heißt *objektiv* erscheint; und sie formt auch den Stil: das zu Erzählende vom Erzähler auf Abstand zu halten, damit er es beschreiben kann, um es dann als Beschreibung, die ja immer auch Obduktionsbericht ist, zu lieben. «Mir scheint es das Beste, die Dinge, die einen aufregen, ganz einfach darzustellen. Sezieren ist eine Rache.»* – Eine «Rache» freilich, die auch von einer nekrophilen Verfallenheit zeugt und von einer im ganzen Sinn des Wortes «fatalistischen» Lust am Zerschneiden und Zerlegen, die er schon als junger Mann seinem Freund Ernst Chevalier bekennt: «Ich seziere unaufhörlich; das macht mir Spaß, und wenn ich endlich die Korruptheit in einer Sache entdeckt habe, die man für rein hielt, den Krebs an den schönen Stellen, hebe ich den Kopf und lache.»** Die bekannte Karikatur von Lernot, die Gustave Flaubert mit dem Sezierbesteck zeigt, in der rechten Hand eine Lupe und in der linken das auf ein Messer gespießte Herz seiner tot neben ihm liegenden Emma, trifft

* An George Sand, Croisset, 18. Dez. 1867
** Rouen, 26. Dez. 1838

DELAMARE
De profundis

es im Kern: Er ist ein Pathologe der Literatur und löst damit indirekt ein, was er praktisch nicht werden konnte, weil diese Position seinem älteren Bruder gehört.

Aber noch einmal zu meiner anfangs aufgestellten Gleichung zurück, wonach die Figur der Emma für ihn ebenso narzisstisch besetzt ist, wie sie andererseits in ihrer Demontage und schließlichen Zerstörung einem Akt von partieller Selbstauslöschung entspricht:

Emma verstrickte sich ein wenig in ihren Berechnungen, und die Ohren klangen ihr, als klirrten Goldstücke, die aus ihren aufgeschlitzten Säcken polterten, rings um sie auf dem Parkett.

«Ein Leben der übermütigen Liebschaften, der Gläschen mit Kirschwasser, ein ausschweifendes, phantastisches Leben voller Bewegung, das tanzt und springt, ein Leben, das sich selbst raucht, das sich berauscht, Maskenbälle, Restaurants, Champagner, Freudenmädchen, dicke Tabakwolken!»*

Im Grunde ihrer Seele jedoch wartete sie auf ein Ereignis. Wie die Matrosen in höchster Not, ließ sie verzweifelte Blicke über die Einsamkeit ihres Lebens schweifen und suchte in der Ferne ein weißes Segel in den Nebeln am Horizont.

«Oh, wieviel mehr liebe ich die reine Poesie, die Schreie der Seele, die plötzlichen Aufschwünge und dann die tiefen Seufzer, die Stimmen der Seele, die Gedanken des Herzens.»**

* An Ernst Chevalier, Rouen, 24. Feb. 1839
** An Ernst Chevalier, Rouen, 24. Juni 1837

Die Kongruenz dieser Satzfiguren beweist die Gleichheit der Charaktere; ihre Nervenattacken sind seine Neurose, ihre Affären ohne jede Aussicht auf Realisierbarkeit seine Vorliebe für verheiratete Frauen und so weiter. Und dann der Schnitt: Er verleugnet Emma, so wie er sich selbst gerade dort verleugnet, wo ein romantisches Transzendenzbedürfnis nicht mehr unter Kontrolle zu haltende Gefühle hervorbringt, die eine zweckrational geformte Gesellschaft instinktiv abstößt. Seine Poetik des «Alles kommt aus dem Kopf»* ist die Rückseite dieser in gewisser Weise präsuizidalen Entsagung: «Man muss mit größter Kühle schreiben. Misstrauen wir der Erhitzung, die man Inspiration nennt und die oft mehr nervöse Erregung als Muskelkraft enthält.»** Das klingt nicht nach souveränem Kalkül, sondern nach Züchtigung; es klingt wie Liebe zu einer Maschine, weil sie arbeiten kann, ohne zu schwitzen; und es klingt auch nach Homais. Flaubert blickt auf Emma wie dieser auf seinen Apothekenschrank, in dem für alles die passende Tinktur steht; er zieht sie in den Abgrund ihres blinden Begehrens, wirft sie mehrmals hart nieder und gibt ihr den Gnadentod; allein er weiß von Anfang an, was Emma unreflektiert und schmerzvoll durchlebt. Aber er will sie langsam und vor allem vor dem Hintergrund ihrer Sehnsüchte töten, immer wieder unterbrochen von Momenten des Glücks und der berechtigten Hoffnung; er legt die Fallhöhe zwischen Ideal und Wirklichkeit für sie fest, gibt den Szenarien der Erniedrigung immer neue Pointen, hebt sie auf und lässt sie nur um so tiefer wieder fallen, kurz: Das Fleisch wird lange und auf niedriger Flamme gequält, damit es noch seinen

* An Louise Colet, Croisset, 1. Juni 1853

** An Louise Colet, Croisset, 27./28. Feb. 1853

Namen sagen und den Urteilsspruch anhören kann. Diese sadistische Energie, deren Nebenprodukt eine radikale Kritik des utilitären Kapitalismus ist, hat nur einen Zweck: Gustave nimmt Abschied von Gustave, um Flaubert zu werden, und damit wird Emmas Schicksal zur reinen Selbstbestrafung. Louise Colet, mit der er liiert ist zu gerade jener Zeit, in der die «Bovary» entsteht, wird mit diesen inneren Vorgängen sehr direkt konfrontiert: «Vergiss mich, wenn Du kannst, reiß Dein Herz mit beiden Händen aus und tritt darauf, um den Abdruck zu löschen, den ich dort hinterlassen habe.»* Das klingt ebenso pathetisch verkitscht, wie es ihn andererseits noch einmal ganz bei sich selbst zeigt, das heißt bei sich selbst als der, der er *war* und nicht mehr *sein will.* Wenn man sich jetzt das Kind in der Ambivalenzfalle zwischen romantisch-religiösem und aufgeklärt-szientistischem Weltbild hinzudenkt, kann man sagen, dass er sich zumindest geistig auf die Seite des Vaters – die, in ihrer perversen Verzerrung, auch die Seite Homais' ist – gegen die Mutter gestellt hat. Aber seine Liebe gehört seiner Mutter, das ist das Problem, und darum leidet er, als er Emmas Vergiftungstod schreibt.

* Croisset, 9. Aug. 1846

Étape 7: Buchy

Im September 1851, gleich nach seiner Rückkehr aus dem Orient und einer kurzen Reise zur Weltausstellung nach London, beginnt er mit der Arbeit an «Madame Bovary»: «Ich habe gestern Abend meinen Roman angefangen. Ich sehe jetzt Schwierigkeiten des Stils voraus, die mich in Schrecken versetzen. Es ist keine Kleinigkeit, einfach zu sein.»* Um welche Schwierigkeiten es sich im Einzelnen handeln wird, wissen wir bereits: banale Dialoge schreiben zu müssen und die Sprache mit Sprache verschüttet zu sehen. Allerdings entgeht ihm, dass auch das Klischee seine Wahrheit hat und die Phrase nicht zwangsläufig einen Sinn verfehlt, sondern selbst eine Sinnfigur ist, und wenn Charles' Reden «so platt wie ein Bürgersteig» sind, dann sind sie kein Nebel der Sprache, der das Gemeinte vor dem Mitgeteilten verbirgt, sondern die Offenbarung, dass Charles eben nichts anderes denken kann. Der Autor, der zwanghaft auf der Suche ist, den Worten ihren Ort einer wahren Bestimmung zurückzugeben, kann die Sprache nicht wörtlich nehmen, und so bleibt sie ihm immer auch intransparent und bedrohlich. Aber die Personen seiner Erzählung, die sich auf der Oberfläche des Lebens ruinieren, kennen dieses Problem überhaupt nicht und lassen damit sein Leiden um den passenden Stil zu einer privaten Angelegenheit werden. Sein

* An Louise Colet, Croisset, 20. Sept. 1851

Vermögen allein war, diese Strapaze ausgehalten und nur sparsam eingegriffen zu haben, nie in den Dialogen, aber immer in der Beschreibung, in der er subjektiv auftreten, das heißt literarisch sprechen kann. Und um beschreiben zu können, braucht er wie kaum jemand sonst die Recherche: «Heute Morgen war ich auf einer Landwirtschaftsausstellung, von der ich hundemüde und zu Tode gelangweilt zurückgekommen bin. Ich musste mir für den zweiten Teil meiner *Bovary* eine solche alberne ländliche Zeremonie ansehen.»* Ich lasse es jetzt bei der Bemerkung bewenden, dass jenes achte Kapitel im zweiten Teil, in dem das Treffen der landwirtschaftlichen Vereine auf dem Marktplatz von Yonville und gleichzeitig Rodolphes emphatisches Werben um Emma auf dem Balkon des Rathauses geschildert wird, zu den Glanzleistungen des Romans gehört, um etwas anderes zu sagen: Flauberts Imaginationsbegabung ist fotografischer, das heißt reproduzierender anstatt entwerfender Natur; er muss alles gesehen, gerochen, geschmeckt oder gefühlt haben, er muss *berührt* haben, was er erzählen will. Die Fähigkeit, sich eine Szene oder ein Bild zu vergegenwärtigen, vor dem inneren Auge zu sehen, was beschrieben werden soll, ist eine Grundbedingung dafür, dass die Szene oder das Bild im Leser wiedererscheinen kann. Aller Schreibkitsch entsteht auch oder hauptsächlich aus einem Mangel an Vorstellungskraft: Der Verfasser sieht und hört nicht, was er schreibt, sondern er schreibt, was er denkt. Literatur entsteht aber nicht aus Gedanken, sondern aus der Art und Weise, wie sie dargestellt werden und wie genau die Welt ihrer Bilder ist, weil die Glaubwürdigkeit des Ganzen

* An Louise Colet, Croisset, 18. Juli 1852

D 96
LA CHAPELLE
-St OUEN
4
Circuit
BOVARY

die Genauigkeit seiner Teile voraussetzt. Flaubert nun verfügt über ein so grandioses fotografisches Gedächtnis, dass es scheint, er stehe augenblicklich vor all diesen Dingen, die er beschreibend heraufbeschwört. Aber wie der Fotograf keine Fotografien machen kann, ohne dass er die Schauplätze seiner Motive aufsucht, so muss er alles recherchieren; und er recherchiert gewiss nicht nur Objekte und Fakten, sondern ebenso Seelenzustände: «Wenn Du wüsstest, was ich alles streiche und was für ein Brei meine Manuskripte sind! Einhundertzwanzig Seiten sind jetzt fertig, aber ich habe mindestens fünfhundert geschrieben. Weißt Du, womit ich vorgestern den ganzen Nachmittag verbracht habe? Damit, die Landschaft durch farbige Gläser zu betrachten; ich brauchte das für eine Seite meiner *Bovary*, die, glaube ich, keine der schlechtesten sein wird.»* Doch die Recherche, die für Flaubert ein wesentlicher Bestandteil seiner Schreibarbeit ist und die ihn zu seinen stilistischen Ereignissen führt, bringt auch Schwierigkeiten mit sich, dort nämlich, wo die beschriebene von der dargestellten Realität wie abgespaltet und nicht organisch in sie übergehend wirkt, und das ist kein geringeres Problem als jenes, das aus dem Konflikt zwischen Sprache und Sprechen hervorgeht. Die Recherche führt zur Genauigkeit, aber es ist eine Genauigkeit der Objektwelt, deren desavouierender Charakter allein ihm nicht auszureichen scheint, um die Bilder immer weiter in seinen Sprechakt hineinzutreiben und von dem Hintergrund ihrer Handlung zu isolieren; es sind gewissermaßen Fotografien der Fotografien, die er verfertigt, sich selbst induzierende Metaphernketten, deren

* An Louise Colet, Croisset, 15./16. Mai 1852

Grund, darüber sprach ich bereits, seine Sprachskepsis ist. Aber er durchschaut das auch: «Ich glaube, dass meine *Bovary* vorangeht; allerdings stört mich der Hang zum Metaphorischen, der mich zu sehr beherrscht. Ich werde von Vergleichen zerfressen wie von Läusen, und ich verbringe meine Zeit damit, sie zu zerquetschen; meine Sätze wimmeln davon.»* Dennoch, bei aller Selbstdisziplin, ganz vertilgen kann er sie nicht, und auch das ist ihm durchaus bewusst: «Trotzdem glaube ich, dass das Buch einen großen Fehler haben wird, nämlich den Mangel an stofflicher Proportioniertheit.»** Dass es diese Brüche im Text und etwas kantigen Übergänge vom Erzählen zum Beschreiben gibt, lastet er, was auch sonst bleibt ihm übrig, der Gewöhnlichkeit seines Sujets an, das ihm sozusagen die Flügel in Blei gießt: «Die *Bovary*, die für mich eine ausgezeichnete Übung gewesen sein wird, kann mir später wegen der Reaktion vielleicht verderblich sein, denn ich habe durch sie (das ist schwach und dumm) einen außerordentlichen Ekel vor Themen mit einem gewöhnlichen Milieu bekommen. Deshalb habe ich solche Mühe, dieses Buch zu schreiben. Ich muss große Anstrengungen unternehmen, um mir meine Personen vorzustellen und sie sprechen zu lassen, denn sie sind mir zutiefst zuwider.»*** Emma und Charles also sind schuld, wenn er sich quält, als wären sie nicht Repräsentanten seiner heimlichen Begierden und vereitelten Schwächen, und wenn er hier arrogant über sie herfällt, dann unterschlägt er, dass er ihnen die Freiheit verdankt, konzentriert und diszipliniert schreiben zu müssen, anstatt in

* An Louise Colet, Croisset, 27. Dez. 1852
** An Louise Colet, Croisset, 25./26. Juni 1853
*** An Louise Colet, Croisset, 26. Aug. 1853

pathetisch hochfahrender Romantik zu schwelgen. Jetzt hat er Rodolphe, der ihm fast gleichlautende Sätze abnimmt, die vorher noch Louise Colet von ihm persönlich bekam: «Überlassen wir uns dem Wind unseres Herzens, solange er das Segel bläht, möge er uns treiben, wie es ihm gefällt, und was die Klippen angeht … sei's drum! Wir werden sehen.»* Er kann also nicht mehr ungebrochen bei sich und seinen Empfindungen sein, das und nichts sonst macht ihm zu schaffen, die Transformation seines Selbst in die Körper der anderen ist, was ihm schwerfällt. Im Grunde ist es das Problem, das Lyriker mit Prosa haben: ihr Subjekt zumindest temporär aufgeben zu müssen; und Flaubert ist Lyriker, wenngleich er nie ein Gedicht oder jedenfalls kein brauchbares schrieb. Sein langsames Vorankommen beim Schreiben, obgleich er andererseits viel und eigentlich immer schreibt, ist der schleppende Gang eines Dichters, der an der Schwerkraft der Sprache leidet und Hunderte von Anläufe braucht, um einmal auf für ihn gültige Weise sprechen zu können: «Mein gottverdammter Roman verursacht mir kalte Schweißausbrüche. Weißt Du, wieviel ich in fünf Monaten, seit Ende August, geschrieben habe? Fünfundsechzig Seiten.»** Und: «Was das Ende der *Bovary* angeht, so habe ich mir schon so viele Termine gesetzt und mich so oft getäuscht, dass ich nicht nur darauf verzichte, davon zu sprechen, sondern auch, daran zu denken.»*** Und: «Weißt Du, wieviel Seiten ich diese Woche geschrieben habe? Eine! und ich behaupte noch nicht, dass sie gut ist.»**** Und:

* Croisset, 4. Aug. 1846
** An Louise Colet, Croisset, 29./30. Jan. 1853
*** An Louise Colet, Croisset, 2. Jan. 1854
**** An Louise Colet, Croisset, 29. Jan. 1854

i
Promenade
au pays d'Emma Bovary

«Ich habe soeben alles ins Reine geschrieben, was ich seit Neujahr geschrieben habe, oder genauer seit Mitte Februar, da ich nach meiner Rückkehr aus Paris alles verbrannt habe. Das macht dreizehn Seiten, nicht mehr und nicht weniger; dreizehn Seiten in sieben Wochen. Immerhin sind sie fertig, glaube ich, und so vollkommen geschrieben, wie es mir möglich war. Ich brauche nur noch zwei oder drei Wiederholungen des gleichen Wortes zu beseitigen und zwei einander zu ähnliche Zäsuren zu zerbrechen. Endlich ist etwas fertig.»* Und so weiter.

Am 30. April 1856 schließt er die Arbeit an der «Bovary» ab. Dem Roman von 400 Seiten liegen etwa zehntausend Seiten Vorarbeit zugrunde, die nun gewiss nicht darauf schließen lassen, dass er an Schreibblockaden und längeren Krisen litt, zumal diesem Textvolumen noch das seiner überaus regen Korrespondenz hinzuzurechnen ist. Aber das Signum der Moderne, am Rande des Verstummens zu schreiben, bleibt für ihn dennoch höchst aktuell, eben weil in der manischen Schreiblust ein Filter von Kritik implantiert ist und der Eloquenz ein zermürbender Akt der Bestätigung folgt; er braucht diese Sprachmasse, um ein kleines anerkanntes Teilchen zu finden; er braucht viele Seiten für einen Satz und viele Sätze, um auf das passende Wort zu kommen. Seine Manuskriptblätter sind voll von Streichungen und Überschreibungen, am Rand mit Pfeilen und Zuordnungszahlen vermerkten Einschüben und in Klammern gesetzten Umstellungen, sie sind wüste Zeichenlandschaften, die in Reinschrift zu übertragen philologische

* An Louise Colet, Croisset, 7. April 1854

Kleinarbeit ist. Ein Computer, der jede Satz- und Denkbewegung spielerisch löscht und durch eine andere ersetzen lässt, wäre ihm zu einem Instrument der Folter geworden, obgleich er sich andererseits nichts sehnlicher gewünscht haben kann. Ich stelle mir vor, wie er immer wieder zurückgelesen und sich in vorangegangenen Passagen hypotaktisch verbissen hätte, um dann auch alle kausalen Bezüge neu organisieren und Folgesätze auf Wiederholungen hin überprüfen zu müssen, bis zum schrecklichen Wahnsinn. Aber wenn der Schreibprozess mit so vielen Martern, Fallen und Zerwürfnissen begleitet ist und der tiefe Blick in die Sprache schließlich noch den Blick in die Welt verstellt, die sich durch Sprache öffnet oder öffnen sollte, kann man dann eigentlich noch von «Begabung» sprechen? Genau das fragt er sich in aller schonungslosen Offenheit auch: «Mich selbst hat der Anblick meines Werkes in gedrucktem Zustand noch restlos verblödet. Es kommt mir vollkommen platt vor. Ich begreife überhaupt nichts davon. Das ist wörtlich zu nehmen. Ich habe mich gründlich getäuscht, und der Erfolg müsste schon gewaltig sein, um die Stimme meines Gewissens zu übertönen, die mir zuruft: *Verfehlt!*» … «Das Buch zeugt viel stärker von Geduld als von Genie, viel mehr von Arbeit als von Talent.»* – Und so oder so ähnlich sind auch die Fragen, die ich mir selber oft stelle, wenn ich Stunde um Stunde an wenigen Sätzen herumlaboriere, die am Ende wirken mögen, wie in einem Atemzug entstanden; und so oder so ähnlich gilt mir selbst der Verdacht, mit enormer Mühe ersetzen zu müssen, was anderen vielleicht spielerisch leicht von der Hand geht. Dann aber finde ich die Frage

* An Louis Bouilhet, Croisset, 5. Okt. 1856

auch wieder falsch gestellt, weil nicht der Prozess, sondern das Ergebnis entscheidet und weil die Entstehungsgeschichte eines jeden Werkes so grundverschieden ist wie jeder Autor von einem anderen. Sicher hatte Flaubert nicht die Genialität eines Dostojewski, der «Schuld und Sühne» in einem Fluss schrieb, ohne je sich umzusehen; aber Dostojewski war *Romancier* und nicht *Lyriker*, er war handlungs- und nicht sprachorientiert. Diese Frage also, die auch Sartre aufwirft, wenn er Gustave Flaubert an Victor Hugo gemessen für schlichtweg unbegabt hält, ist in sich selbst des Nachfragens würdig, ob sie denn überhaupt von Interesse sein kann. Müssen wir einen Begabungskoeffizienten vergeben, um von einem Buch überwältigt und beeindruckt zu sein? Und sind Mühe und Theorie die schlechteren Garanten als jene etwas metaphysisch geraunten Inspirationsrituale, denen Flaubert übrigens aufs Äußerste misstraut? Gewiss sind Intuition und Imagination die Energiequellen des literarischen Textes, die darüber entscheiden, ob er etwas über sich Hinausweisendes mitproduziert – aber sie sind nur der Motor, der etwas anwirft, und noch lange nicht die komplette Maschine. So jedenfalls tröste ich mich.

Étape 8: Bois-Héroult

Am 31. Mai schickt er sein Bovary-Manuskript zur Veröffentlichung an Maxime Du Camp, Mitherausgeber der zweimal monatlich erscheinenden Literaturzeitschrift «Revue de Paris». Aber schon die ersten Folgen erregen ein so großes Aufsehen, dass sich die Redaktion, juristische Schwierigkeiten voraussehend, zu Kürzungen entschließt. Geopfert wird im letzten Moment vor Erscheinen auch das Ende des ersten Kapitels im dritten Teil, also die Kutschenszene, in der Léon mit Emma durch Rouen fährt, ohne dass irgendetwas von dem zu sehen und zu wissen ist, was im Inneren des mit Gardinen verhangenen Fiakers passiert:

«Wohin fährt Monsieur?», fragte der Kutscher. «Wohin Sie wollen!», sagte Léon und schob Emma in den Wagen. Das schwerfällige Gefährt setzte sich in Bewegung. Es rollte die Rue Grand-Pont hinunter, überquerte die Place des Arts, den Quai Napoléon, den Pont Neuf und hielt vor dem Standbild Pierre Corneilles kurz an. «Weiter!», rief eine Stimme, die von drinnen kam. Der Wagen fuhr wieder an, und da er von der Kreuzung La Fayette an frei bergab rollte, fuhr er in gestrecktem Galopp zum Bahnhof der Eisenbahn. … «So fahren Sie doch!», rief die Stimme noch wütender. Und sogleich nahm er seine Fahrt wieder auf und fuhr über Saint-Sever, über den Quai des Curandiers, über den Quai aux Meules, noch einmal über die Brücke, über die Place du Champ-de-Mars und hinter den

Gärten des Krankenhauses vorbei, wo Greise in schwarzen Röcken auf einer ganz mit Efeu bewachsenen Terrasse in der Sonne spazierengehen. Er fuhr wieder den Boulevard Bouvreuil hinauf, rollte den Boulevard Cauchoise entlang, dann am ganzen Mont-Riboudet vorbei bis zur Anhöhe von Deville. Er kehrte zurück; und nun fuhr er, wie es der Zufall wollte, ziellos und planlos umher. Man sah ihn in Saint-Pol, in Lescure, am Mont Gargan, an der Rouge-Mare und der Place du Gaillardbois; Rue Maladrerie, Rue Dinanderie, vor Saint-Romain, Saint-Vivien, Saint-Maclou, Saint-Nicaise – vor dem Zollamt, an der Basse-Vieille-Tour, den Trois-Pipes und dem Monumental-Friedhof. … Gegen sechs Uhr hielt dann der Wagen in einem Gässchen des Quartiers Beauvoisine an, und eine Frau stieg aus, die mit herabgelassenem Schleier davonging, ohne den Kopf zu wenden.

Gerade diese Streichung aber, die erst der Anfang einer Reihe weiterer Eingriffe ist und die kenntlich zu machen der empörte Autor verlangt, erweckt das inquisitorische Interesse der Staatsanwaltschaft, die dann auch prompt ein Verfahren wegen Sittenwidrigkeit und Verleumdung der Kirche eröffnet. Das Bemerkenswerte nun ist, dass hier eine Passage zensuriert wurde, die selbst als Text schon eine Zensur ist, da sie auf intime Details vollständig verzichtet und nicht mehr sagt, als dass eine Kutsche quer durch Rouen fährt.* Die Auslassung im Abdruck der Zeitschrift, die eine im Moralkodex der Zeit anstößige Handlung impliziert, entspricht nun ganz und gar der Auslassung, die textimma-

* Siehe hierzu auch: Hans-Jost Frey: Die Autorität der Sprache, Edition Howeg, Lana-Wien-Zürich 1999. Darin: Inszenierte Rhetorik bei Flaubert

nent ist, sodass auch die freigegebene Phantasie der Kulturaufsichtsbehörde dieselbe ist, wie sie der Leser entwickelt. So hat Flaubert natürlich vollkommen recht, wenn er dem Verleger der Zeitschrift Léon Laurent-Pichat schreibt: «Durch die Streichung der Passage in der Kutsche haben Sie nichts von dem beseitigt, was Anstoß erregt, und wenn Sie in der sechsten Nummer noch streichen, worum Sie mich bitten, werden Sie abermals nichts davon beseitigen.»* Richtig, denn der Gegenstand, über den hier gestritten wird, ist abwesend. Aber dennoch ist er vorhanden, weil es hinreichende Signale dafür gibt, dass diese Leerstelle einen bestimmten und direkten Sinn hat: die verhangenen Scheiben, die nackte Hand, die kurz «unter den kleinen Vorhängen aus gelbem Leinen» hervorkommt und kleine Papierschnitzel aus dem Fenster wirft, und vor allem der ziellose, keinen Haltepunkt suchende Weg, den die Kutsche, im Rhythmus eines Geschlechtsaktes einmal schneller, einmal langsamer fahrend, einmal schlingernd und einmal holpernd nimmt, womit schon sehr klar wird, dass aus einem Verkehrsmittel ein Liebesnest wurde, wie man es, so sagt es Léon, eben auch «in Paris macht». Diese Deutlichkeit, die durch ein sorgfältiges Zeichennetzwerk im sich selbst verhindernden Text gegeben ist, ohne jedoch auch transparent und verhandelbar zu sein, war ja schließlich auch der Grund für Du Camp, auf diese Stelle zu verzichten. Die Staatsanwaltschaft hätte also ebenso zu reagieren gehabt, wäre diese Szene erschienen, wie sie reagierte, weil sie nicht erschienen ist und den Verdacht auf Pornographie provozierte. Dass Texte nun gerade dadurch sprechen, dass sie verschweigen, ist eine

* Croisset, 15. Dez. 1856

GUSTAVE FLAUBERT

Erfahrung, wie man sie vor allem in paranoid konditionierten Gesellschaften macht, und diese Episode um die Kutschenszene bei Flaubert erinnert mich aufs Genaueste daran, wie im Osten die Zensur genau das Gegenteil ihrer Absicht bewirkte, wenn sie nämlich den zu verdrängenden Inhalt im Akt der Verdrängung erst bedeutend und damit sichtbar gemacht hat. Für die Kunst ist die Zensur ja immer auch ein Privileg, weil sie durch sie in den Stand kommt, eine Kritik zu sein, wovon schließlich auch die Kunst profitiert, der Kritik nur aus Angst vor Kritik unterstellt wird. Die zweite Ohnmacht der Zensur ist, dass sie Strategien mitproduziert, durch die sie zu hintergehen ist, sodass sie immer nur gerade noch das eliminieren kann, was die jeweiligen Verfahren zur Erzeugung nichtausgesagter Mitteilungen an ihren Rändern für sie übrig gelassen haben, ihre semantischen Abfälle nämlich. Tatsächlich endet die Freiheit der Kunst erst dort, wo sie vollständig frei ist, weil sie dann über keine Signifikate, sondern nur noch über Signifikanten verfügt. Das freilich heißt nicht, dass die Zensur positiv zu beschreiben wäre, zumal auch die Differenzen von Zensur noch einmal mitentscheiden, wie ungewollt produktiv oder absolut zerstörerisch sie wirkt; aber es heißt, dass ein Klima der zwanghaften Verdächtigung den Resonanzraum des Gesagten um die Dimension des Sagbaren erweitert; das Sagbare kann so also immer auch erscheinen dank der Sanktion, die über es verhängt ist, und es verlischt im Gesagten, wenn diese aufgehoben wird. Und genau das ist der Effekt, den Flaubert nicht nur mit seiner Kutschenszene, sondern mit der Technik seiner Prosa überhaupt erreicht: durch eine Suspendierung des Erzählerstandpunkts das Erzählte selbst zum Maßstab seiner Werte zu machen und

Moral gerade noch dadurch zu vertreten, dass das Erzählte bis zum physischen Ende, das der Tod ist, erzählt wird. Der Autor, der natürlich allwissend ist und die Wirkung seiner Sätze nicht um ein falsch gesetztes Komma je aus dem Auge verliert, täuscht nicht nur vor, ahnungslos zu sein, sondern zelebriert es geradezu mit Genuss, wenn er plötzlich noch den Leser fragt, was hier eigentlich oben und was unten ist:

«Werden Sie hingehen?», fragte sie. «Wenn ich kann», antwortete er. Hatten sie sich nichts anderes zu sagen? Oder: – *Tat sie das, um den einen wie den anderen besser zu hintergehen? Oder wollte sie aus einer Art wollüstigem Stoizismus heraus die Bitternis der Dinge, die sie bald aufgeben würde, noch tiefer empfinden?*

Die Position des Erzählens ist also nicht nur ein kalter, teilnahmsloser Spiegel, der die Dinge und die Personen radikal auf sich selber zurückwirft und sie nur das bedeuten lässt, was sie im Akt ihrer Handlungen sind, sondern er hat auch noch blinde und das Bild nicht mehr reflektierende Flecken, durch die etwas Anwesendes immer gerade nicht gesehen wird. Wie die Kutschenszene das Eigentliche im Uneigentlichen zeigt, spielt der ganze Roman die sichtbare Welt gegen jene aus, die neben oder hinter ihr passiert, wie auch die Subjekte zu Bestandteilen der Dinge werden, mit denen sie hantieren, und die Dinge im Status von Subjekten auftauchen. Alles ist ungesichert, abgründig und von seinem Gegenteil durchdrungen. Ein Strom von nichts zieht unterirdisch hinweg und lässt den Boden aufreißen, auf den die Gesellschaft nach dem Kommando des Ingenieur-Apothekers Homais ihre Maschinen gestellt hat. Und kein anderer als der Blinde ist die Person, die dieses Nichts praktisch verkörpert und Emma laut aufschreien lässt, als sie deren singende Stimme am Fenster hört, weil sie weiß, dass sie jetzt sterben wird. Unrecht hat Flaubert, wenn er nun schreibt: «Das Gute an der *Bovary* ist, dass sie eine harte Gymnastik für mich gewesen sein wird. Ich werde geschriebene Wirklichkeit vollbracht haben, was selten ist. Aber ich werde mich rächen. Wenn ich ein Thema finde, das *mir liegt*, werde ich es weit voranbringen!»* Nein, das und kein anderes *war* sein Thema: das Alltägliche am Alltäglichen und das Banale am Banalen zu zeigen und vor allem, die Moral mit sich selbst dadurch zu konfrontieren, dass ihr schlichtweg die Instanz entzogen wird, die ihr sagt, wann sie es ist und wann nicht. Das war der Angriff, und das ist die Erschütterung, die geschehen ist und sich in hilflose Rhetoriken der Erschütterten flüchtet.

* An Louise Colet, Croisset, 7./8. Juli 1853

Étape 9: Bois-Guilbert

Am 29. Januar 1857 findet vor der sechsten Strafkammer im Pariser Justizpalast der Prozess gegen ihn, die Herausgeber der «Revue de Paris» und sogar gegen den Drucker Auguste-Alexis Pillet statt, und er endet am 7. Februar mit einem Freispruch. Der politische Hintergrund für dieses Immoralitätsverfahren ist die von Napoléon III, der 1852 die Republik beendete und sich zum Kaiser ausrief, wieder abgeschaffte Pressefreiheit und verlangte «harte» Zensur, was natürlich auch die Machtkompetenz der Konservativen erweitert. Die Anklage vertritt Ernest Pinard, selbst Verfasser pikanter Gedichte, der seine Argumente zur Begründung der Sittenwidrigkeit und Blasphemie vor allem aus der im Druck zensurierten Kutschenszene, aus der Verführung Emmas durch Rodolphe sowie aus Emmas Sterbeszene bezieht, in der sie «mit ihrer ganzen erlöschenden Kraft den größten Liebeskuss, den sie je gewährt hatte … auf den Leib Jesu Christi gab». Pinard legt dar, dass die Ehe herabgewürdigt, der Ehebruch verherrlicht und die Bibel lächerlich gemacht wird. Als besonders verwerflich bezeichnet er die Vermischung von sexueller Begierde und Religiosität, wie sie zweifellos und auch sehr realistisch dargestellt ist. Zwar räumt er ein, dass Emma ihre Ausschweifungen mit dem Leben bezahlt, aber an keiner Stelle des Romans lasse sich eine moralische Verurteilung ihrer Handlungen durch den Autor noch eine Reue ihrerseits finden. Das, meint Pinard, sei geradezu eine Einladung zur Unsittlichkeit, und so fordert er eine Strafe vor allem für den Verfasser, während er für die Mitangeklagten um Milde plädiert. Ein Gedanke allerdings beschäftigt mich länger: dass Pinard selbstverständlich davon ausgeht, dass Literatur den Lesenden verändert und eine direkte praktische Wirkung hat. Gehört, frage ich mich, diese Annahme nun zum ausschließlichen Komplex einer Überschätzung, die geschieht, weil die Verbote um ihre Einhaltung fürchten, oder ist die Gesellschaft tatsächlich in einer so produktiven Verfassung von Reizbarkeit, dass Erkenntnisangebote als ein Wert zirkulieren? Dann fiele unser modernes Kulturbewusstsein, dessen Merkmal es ist, zwar annähernd alles zu absorbieren, dies aber um den Preis, die Substanz zu verschleißen und die entleerte Hülle im Gebrauchswert einer Ware zurückzulassen, weit hinter das Niveau der Vergangenheit zurück. Die akute Unansprechbarkeit, in der wir leben und deren Grund eine pluralistische und oft nicht mehr zu ordnende Ausschüttung in sich selbst verschlossen bleibender Meinungen ist, muss zwangsläufig auch eine Abweisung der Literatur sein, die explizit Wirklichkeit zu beeinflussen versucht. Aber wann ist was und warum verloren gegangen? Denn natürlich, ob es nun aktiv unterstützt oder mit poststrukturalistischer Immunität abgewehrt wird, *wirkt* Literatur, einmal kausal auf der Oberfläche ihrer Handlungsaufrufe, wenn es dafür eine kollektiv verstandene und politisch bewirkte Notwendigkeit gibt, und dann wieder in ihrer gewiss subalternen Eigenschaft, sich in die Systeme einer Gesellschaft wie eines Einzelnen abzulagern und über ihre rationale Zugänglichkeit hinaus diese eben auch strukturell zu verändern. Und Flaubert, der den reinen Stil und die reine Kunst um ihrer selbst willen

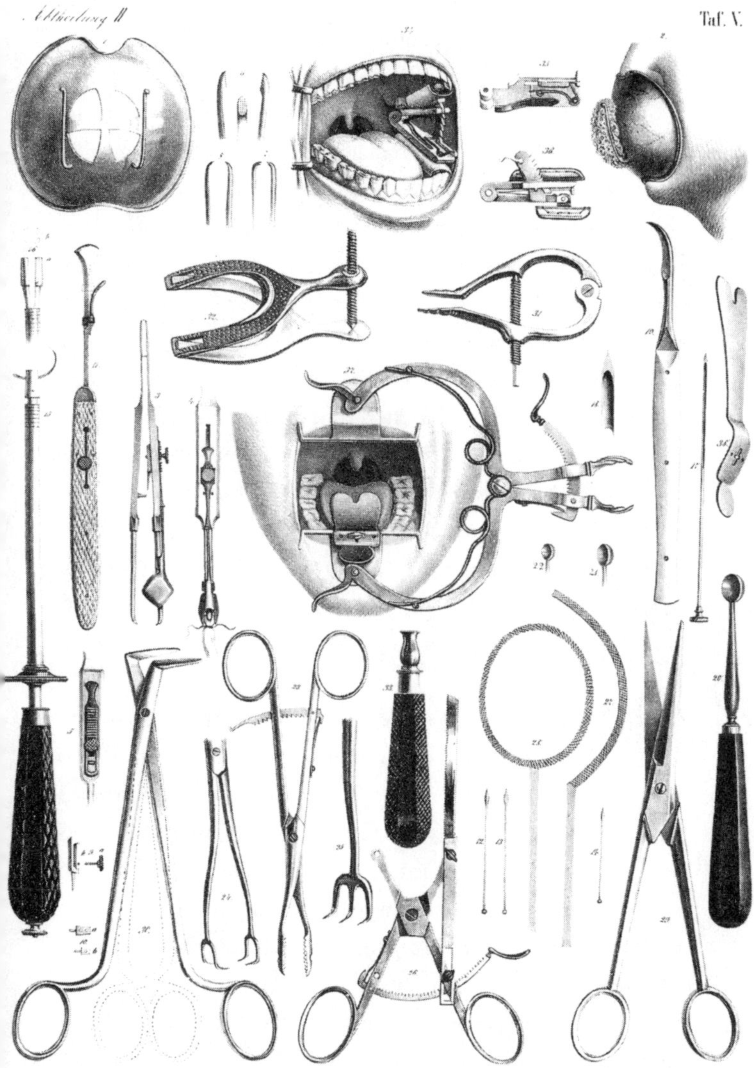

schreibt, er entwirft uns eine kleine Wirkungsgeschichte des Lesens, wenn er vorführt, wie Emmas Realitätsverlust damit einhergeht, realitätsverlustige Bücher zu lesen. Was er selbst über die Absichten seines Romans sagt: Er habe beschreiben wollen, wie sich die grüne Farbschicht einer Pissoirwand von Salpeter zerfressen ganz langsam abhebt, und so sei er auf seine Geschichte gekommen, kann man als eine charmante Koketterie getrost zur Seite legen. Denn geschrieben hat er gewiss etwas anderes und äußerst Modernes: die Geschichte der Zerstörung von Menschen durch die Wirkung der verschieden auf ihnen lastenden Texte, die Illusion und Wahrheit, Traum und Wirklichkeit, Erwartetes und Erlebtes zur Indifferenz verwischen und falsche, in scheiterndes Handeln mündende Schlüsse ergeben; denn wir sind die Summe der Sprache der anderen, und wir werden erst selbst, wenn wir dieser Summe etwas hinzuzufügen haben. Und nichts anderes meint auch das in den gehobenen Sprachschatz eingegangene Wort vom «Bovaryismus», das sagen soll, dass Lesen natürlich auch blind und blöd machen kann.

Trotz der gerade herrschenden Zensurhysterie hat Flauberts Verteidiger Senard, der ein renommierter Jurist aus Rouen und alter Freund der Familie ist, nun kein so ganz schweres Spiel, wie es auf den ersten Blick scheinen mag. In seiner strategisch klug aufgebauten Rede, die über vier Stunden dauert, führt er zunächst seines Mandanten respektable bürgerliche Herkunft an, die schon für sich sprechend niedere Motive von vornherein ausschließe. Aber dann schlägt er rhetorisch auch gleich einen gewaltigen Haken: Er sanktioniert den durch Pinard vertretenen Moralkodex und konzentriert sich allein darauf, die Argumente der Anklage zu entkräften, indem er sie zugunsten des Autors interpretiert, anstatt sie inhaltlich anzugreifen und in ihrer Borniertheit zu überführen. Das nun läuft für den Angeklagten insofern auf eine Kränkung hinaus, als dieser seinen Freispruch doch bewirken will, weil er im Sinne einer höhergestellten als der praktizierten Moral unschuldig ist, und nicht, weil er als moralischer Schänder dank des eloquenten Vermögens seines Verteidigers nur nicht überführt werden kann. Und zudem hat diese Perspektive auch eine die literarische Leistung aberkennende Konsequenz: Sie trivialisiert das Werk, indem sie dessen erst in der Form komplex werdenden Sinn auf die Oberfläche überschaubarer und damit juristisch bewertbarer Handlungen zwingt, und sie unterschlägt genau das, worum es ihm bis an die Grenze seiner Kräfte ging: dass nicht die Geschichte an und für sich, sondern dass die Art und Weise, *wie* sie erzählt wird, die eigentliche subversive Kraft und Botschaft ist. Allein deshalb sah er ja auch sein Konzept durch die zensurierenden Eingriffe gefährdet, weil die Auslassungen die Auslassung einer Meinung verschweigen. Und während er nun im Falle des verstümmelten Abdrucks aufs Äußerste scharf reagierte, stimmt er jetzt Senard, der das Werk perspektivisch nicht anders behandelt als etwa Du Camp, voll und ganz zu. Nun muss ich einräumen, dass die Androhung einer Freiheitsstrafe keine Lappalie und Diplomatie gewiss ratsamer als eine dummkühne Kampfansage ist; aber Flaubert ist in seinem Einverständnis mit Senard ganz bestimmt nicht diplomatisch, was er schon allein seinem Naturell folgend gar nicht sein kann, sondern *konform*, und es ist die gleiche Konformität, die ihn noch dazu bringen wird, Emma zu verraten und sie mit Abscheu zu behandeln, wo ihr, wir sahen es, doch seine Liebe und sein Mitgefühl gehören. Hier reagiert der Bürger auf den Künstler in einer Person wie die Staatsanwaltschaft auf seinen Roman, und hier findet eine Abwendung von sich selbst statt, deren tieferes Motiv die Zerstörung der Romantik mit den Instrumentarien eines szientistischen Bewusstseins ist. Senard nun vereitelt Pinards Anklagepunkte, indem er dessen Schlüsse in ihr Gegenteil wendet: Emmas elender Tod sei zugleich ihre Strafe und verhindere auch die Nachahmung ihres Verhaltens; die inkriminierten Stellen seien irrelevant, da sie erstens kaum mehr mitteilten, als dass eine Handlung geschieht, und da sie zweitens, verglichen mit Passagen anderer Werke und Autoren wie etwa des berühmten Saint-Beuve, die strafrechtlich nicht verfolgt wurden, keine neue Qualität einleiten; die Sterbeszene entspreche in ihrem Aufbau einem anerkannten Katechismus der katholischen Kirche, und die Kutschenszene, die der Verteidiger vollständig vorliest, beweise ja nun in ihrer dramaturgischen Diskretion eindeutig des Autors Respekt vor den sittlichen Gefühlen des Lesers. Schließlich bringt er noch den hoch angesehenen Dichter Lamartine ins Gespräch, der die «Bovary» ausdrücklich lobte und Emmas Ende sogar als zu grausam empfand. Das heute Komische an diesem Prozess ist, dass er von keiner Seite als komisch angesehen und als Farce behandelt wurde, sondern die ernsthafte Verstrickung aller Beteiligten in die herrschende Vorstellung vom Sittlichen zeigt, die sich nur einmal positiv und einmal negativ ausdrückt. Senard trennt von Pinard nichts anderes als eine liberalere Auslegungsweise, und selbst Flaubert bleibt als Person weit hinter dem zurück, der er als Schriftsteller ohne Kompromissbereitschaft zweifellos ist. Denn das Werk, nicht der Fall, ist die Überschreitung des Stoffes, und allein

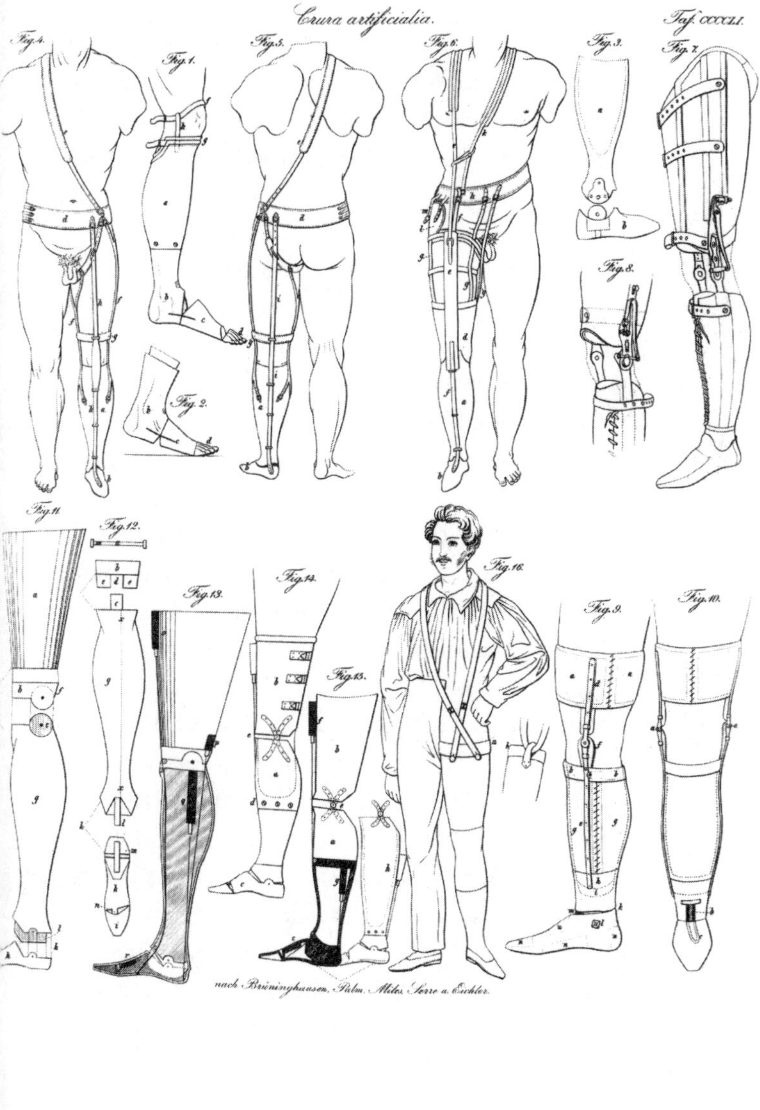
Crura artificialia.
Taf. CCCCLI.
Fig. 4.
Fig. 1.
Fig. 5.
Fig. 6.
Fig. 3.
Fig. 7.
Fig. 2.
Fig. 8.
Fig. 11.
Fig. 12.
Fig. 13.
Fig. 14.
Fig. 15.
Fig. 16.
Fig. 9.
Fig. 10.
nach Brüninghausen, Palm, Miles, Serre u. Eichler.

in ihm ist eine Bedingungslosigkeit angelegt, zu der selbst ihr Verfasser nicht uneingeschränkten Zugang hat.

Ende April 1857 erscheint der Roman in Buchform. Die Kritik reagiert, wie stets bei Flaubert, äußerst gespalten. Aber ihr Einfluss auf den Verkauf ist durch den schon infolge des Vorabdrucks erzeugten Skandal, der eine ideale Werbung war, faktisch gleich null. Dieser kommerzielle Erfolg wäre völlig undenkbar gewesen, hätte es nicht diese Aufmerksamkeit erregenden Begleitumstände gegeben, in denen der Zensor zum Agenten des Zensierten wurde. Andererseits zeigt er, wie das Ereignishafte im Konnex eines Autors und seines Werkes bereits vor das Ereignis selbst tritt und damit eine Urform unserer Rezeptionsweisen bildet. Die enorme Expansion des Buchmarktes durch technische Vervollkommnung der Produktionsmittel sorgte schon zu dieser Zeit dafür, Literatur zu verschütten und für sie eine zweite, außerhalb ihrer selbst liegende Aussage zu brauchen, die sie verdeutlicht. Erst einmal aus den blinden Winkeln der Wahrnehmung auf die Oberfläche der Betrachtung gezogen, wachsen die Bedeutungsschichten dem Gegenstand dann wie von selbst zu, und dies allein schon deshalb, weil das Kulturpublikum seine intelligible Passion und nicht die ordinäre Lust am Skandal reflektiert haben will. Das, scheint mir, ist der Index zur Erfolgsgeschichte des Werkes, und nicht die in eine gewiss interessante Theorie mündende Ansicht, dass in diesem Roman eine subjektive und eine objektive Neurose zur gegenseitigen Bestätigung kommen. Ich glaube einfach nicht, dass der gewöhnliche Leser, dessen Bedürfnis zunächst einmal das nach einer unterhaltenden und ihn über die Ränder seines überschaubaren Lebens hinaustragenden Geschichte ist, irgendetwas von der komplizierten literarischen Architektur verstanden hat, die das Erzählte erst eindringlich und radikal macht. Im Gegenteil herrschen die Meinungen vor, dass es doch recht langweilig sei, über viele Seiten den minutiösen Beschreibungen und redundanten Dialogen zu folgen, ohne dass etwas tatsächlich Neues und die Handlung Vorantreibendes passiert. Dass gerade die standbildhafte Unbewegtheit der sich ereignenden Welt und das Herabsinken der Personen auf das Niveau ihrer äußersten Unwissenheit keine Talentschwäche, sondern genaueste Reproduktionen einer Totalbeschriftung des Lebens durch die Grammatiken einer Gesellschaft sind, deren Dramatik sich allein in den Bewegungen der Sprache konstituiert, blieb, von einem guten Dutzend elitärer Kritiker und Kollegen einmal abgesehen, allgemein verborgen. Nun mag es ein kollektives Unbewusstes geben, das mit dem Unbewussten des Textes korrespondiert, aber das kann sich dann auch nicht aussagen und folglich kein diskursiver Gegenstand sein. Vielmehr greift ein noch anderes Phänomen in die Erfolgsgeschichte ein, deren Basis sicher die Skandalisierung bleibt: die positive Verkettung von Missverständnissen, die deshalb zu einem erfolgreichen Kommunikationsakt werden können, da jedes Verständnis den Kontext der anderen Verständnisse ausschließt und auf sich selbst bezogen bleibt. A spricht über B und C über D, aber D bedeutet in der Meinung von C dasselbe, was B für A bedeutet, sodass sich A und C einigen können, was vielleicht nicht möglich wäre, müssten A und C über B eine Aussage geben und so weiter. Dieses Muster einer falschen, aber als intakt erlebten und auch funktionierenden Ordnung ist die dramaturgische

Grundsituation aller Komödien, die bekanntlich damit enden, dass die Ordnung zusammenbricht, weil ein Teil seine Wahrheit findet. So ist der Erfolg der «Bovary» durchaus auch komisch, weil die Intentionen des Autors mit der Intentionalität des Erzählten ebenso wenig zu tun haben wie das Erzählte mit dem Erzählten im Verständnis des Lesers: Flaubert will sich am Leben rächen, indem er gleichsam zu Gott wird und seine Kreaturen mit dem Abgrund, das heißt mit dem Nichts konfrontiert, aber er bewirkt eine Kritik an den tragenden Säulen der Ideologie und wird reglementiert, als hätte er aktiven Anteil genommen an einem Leben in den Handlungsspiralen einer Selbsterhaltung; er will mit Emma die Romantik zerstören, aber er provoziert die Auferstehung der Romantik durch eine zu Herzen gehende Tragödie des romantischen Helden; er will Charles lächerlich machen, um das einen blinden Mehrwert produzierende Bürgertum zu denunzieren, aber dann gesteht er ihm eine Empfindungsstärke zu, die ihn zum großen Liebenden der Geschichte überhaupt macht; er verachtet Homais und stellt ihn als einen Homunkulus der Aufklärung dar, nutzt aber dessen instrumentelle Vernunft für eine wirkungskalkulierte Poetik und zerschneidet den Gesellschaftskörper ebenso, wie Dr. Canivet auf Empfehlung Homais' am Ende den armen Charles obduziert: «Er öffnete ihn und fand nichts»; er will das große ontologische Fatum aufdecken, und dafür erfindet er ein System, das die Dinge von dem her beschreibt, was sie werden, aber dadurch souveränisiert er sie auch, weil sie nun selbst darum werben, mehr zu sein als sie sind; kurz: Der Text der Schrift ist mit dem Text der Lesung überhaupt nicht identisch, und Emma, vor allem sie, ist eine andere.

Étapes 10 et 11: Héronchelles et Rebets

Mit der Treue eines Touristen zu seinem Reiseführer fahre ich dem Emmaschild nach, als suchte ich die Orte ihrer Geschichte und nicht die Geschichte von Verblendung und Leidenschaft selbst. Aber was ich genau von dieser mir merkwürdig real gewordenen Person will, ist mir ebenso verborgen wie der Grund, diesen Roman so oft wie keinen zweiten gelesen zu haben. Natürlich ist er eine Art Lexikon der Stilkunde und vereint wie kaum ein anderes Werk sämtliche modernen Techniken des Erzählens, was ihn zu einem Fundament der literarischen Avantgarde vor allem in Frankreich gemacht hat. Das aber wäre kein Anlass zur wiederholten Lektüre, und auch die Handlung selbst ist so überschaubar und im Grunde auch simpel, dass sie zunächst einmal kein Geheimnis behält, durch das sich eine Ergriffenheit wiederholt herstellen ließe: Unglückliche Ehefrau stürzt sich in ihrer Sehnsucht nach Liebe in verhängnisvolle Affären, stopp, verstrickt sich in Lügen und stürzt in finanzielle Verschuldung, stopp, findet den Ausgang nicht und tötet sich im Affekt. Diese Allerweltsvorlage wäre nun durchaus auch geeignet zur Blümchentapete, und es gehört schon einiges dazu, diesen von Klischees überlagerten Stoff auf die Höhe einer einzigartigen Aussage zu bringen und in das Sammelsurium der Banalitäten Chiffren einer höheren Ordnung zu schmuggeln. Aber wodurch gelingt es? Es muss an der Erzählperspektive liegen, an dem kühlen Blick des

Erzählers, der seine Figuren auf Abstand hält und es dem Leser überlässt, ihnen ihre Bedeutungen zuzuerkennen. Ich weiß nicht, ob je untersucht worden ist, in wieweit die Erfindung der Fotografie einen Einfluss auf Flauberts Poetologie gehabt hat, denn sein Erzähler gleicht einem Fotografen und das Erzählte einer Fotografie, die das Detail seinem Kontext entreißt und es damit wahr ohne Wahrheit sein lässt. Allein der Betrachter hat die Entscheidung zu treffen, was er wie sehen will, und das wiederum hängt davon ab, in welchen Zusammenhang er sich das Dargestellte imaginiert. Auf die Literatur übertragen, sind wir also vollkommen frei, unsere jeweilige Gegenwart auf die historische Folie zu legen und ihr anzuvertrauen, was unsere Fragen und Konflikte sind; und das auch ist die unbedingte Aktualität, die aus den agierenden Personen und ihren im Handlungsverlauf zwar festen, im Sinn der Handlung allerdings labilen und damit austauschbaren Rollen hervorgeht. Ich also bin es, der seine Veränderung erfährt, wenn ich die Figuren wie durch ein Kaleidoskop gesehen immer wieder verändert vorfinde.

Nein, ich mochte Emma nicht, als ich ihr das erste Mal vor vielleicht zwanzig Jahren begegnet bin. Ihre Großsucht, ihre Exaltiertheit und Hysterie stießen mich ab. Kaum, dass ihr Landarztgatte das Pferd vom Pflock gebunden hatte und zu seinen Patienten ritt, flirtete sie sich die Augen wund, und kaum, dass sie von ihren amourösen Ausflügen enttäuscht und geschlagen zurückkam, verfiel sie in Depressionen und stürzte dem hintergangenen Charles, den sie bis eben noch mit Verachtung strafte, ohnmächtig in die Arme, um sich von ihm wieder gesund pflegen zu lassen. Und was tat sie?

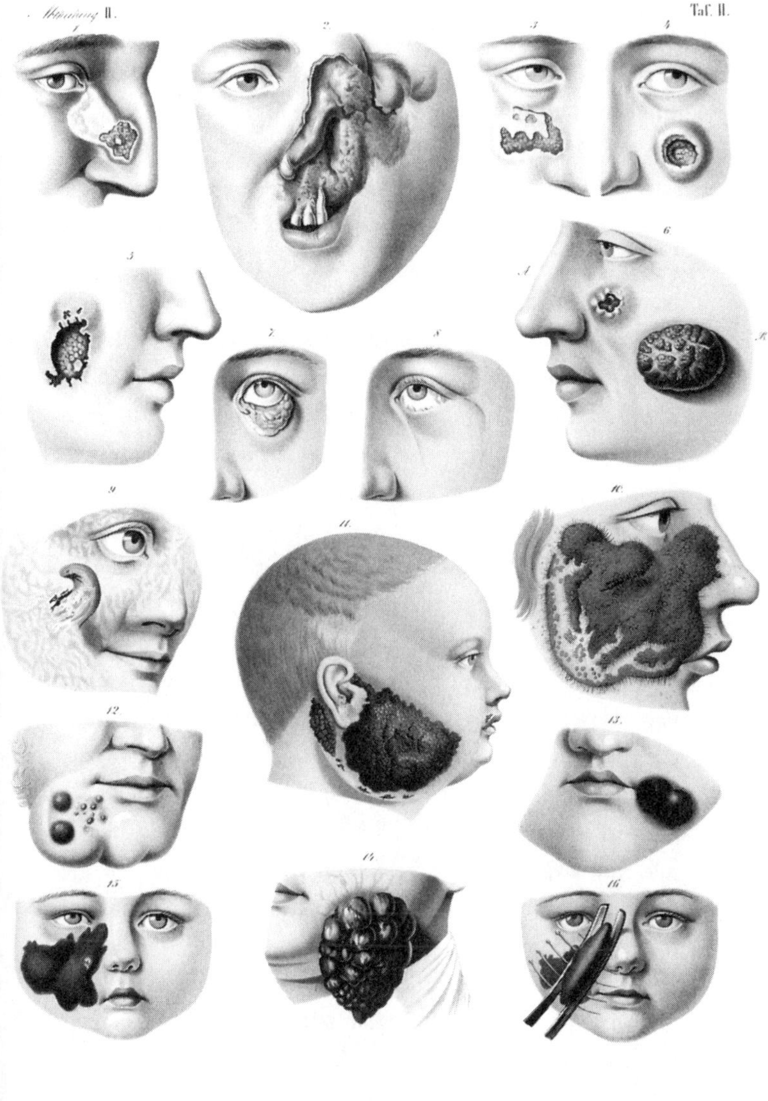
Taf. II.

Nichts Besseres, als auf originelle Weise die Servietten zu falten, während Charles unermüdlich arbeitete, um seiner geliebten Emma etwas Luxus zu bieten. Am scheußlichsten fand ich den Moment, als Charles die Klumpfußoperation an Hippolyte geglückt zu sein schien und er

… bemerkte, dass sich sein Ansehen vergrößerte, sein Wohlstand zunahm, seine Frau ihn noch immer liebte; und sie war glücklich, sich an einem neuen, gesünderen, besseren Gefühl zu laben, endlich eine gewisse Zärtlichkeit zu empfinden für diesen armen Kerl, der sie hingebungsvoll liebte. Einen Augenblick lang ging ihr der Gedanke an Rodolphe durch den Kopf; aber ihre Blicke wandten sich wieder Charles zu; sie stellte sogar mit Erstaunen fest, dass er gar keine schlechten Zähne hatte.

Die Zuwendung, die Charles von seiner Frau zu erwarten hatte, war also vollkommen davon abhängig, wie erfolgreich, angesehen und vermögend er war, und damit war er, der Mann, das Opfer einer allein auf Vermehrung des Geldes orientierten Gesellschaft, deren gnadenlose Zielstrebigkeit die Frau mit sexueller Belohnung oder Bestrafung nicht nur mitregulierte, sondern vielleicht schon hervorrief. Sie, Emma, ist der heimliche Motor des Utilitarismus, dachte ich, ihre Begierde nach kostbaren Dingen ist die Energie, die sich über die Mechanismen der Liebeszuteilung auf den Mann überträgt, der, um ihr zu gefallen, für sie diese Welt anschafft. Ich sah Charles, dem mein ganzes Mitgefühl gehörte, von Emma kastriert, impotent gemacht von einem inaugurierten Komplex, der die Libido direkt an materiellen Erfolgszwang bindet. Wie konnte es nur zu diesem grandiosen Fehlurteil kommen, fragte ich mich, dass Emma zur Symbolfigur der weiblichen Emanzipation werden konnte und vom Emma-Laden bis zur Emma-Zeitung in diesem Sinne vereinnahmt ist?

Jetzt aber, wo ich mich noch einmal intensiv in diese Geschichte begab, waren meine Verhältnisse zu den Figuren und vor allem zu Emma andere. In meiner Absicht, diesen Stoff zu dramatisieren, interessierte mich zunächst nur der Szientismusdiskurs; aber dann war mir Emma wie der Körper meines Themas erschienen, sodass ich sie im Zentrum behalten musste, auch wenn sie natürlich *nicht* das Zentrum ist.

Aber *wer ist* Emma?

Étape 12: Le Héron

Sieht man sich die Personen der Reihe nach etwas genauer an, von Charles über Homais und Lheureux bis zu Rodolphe und Léon, vom Sekundärpersonal gleich einmal ganz zu schweigen, so sind sie doch alle recht blutarm und überschaubar wie Schnittmusterbögen. Jeder ist das, was seine Sprache ihm gestattet zu sein: nämlich nichts, jedenfalls nicht mehr als das, was die jeweilige Rolle von ihm verlangt. In diesem Ensemble passiv agierender Zombies ist allein Emma ein Geschöpf mit emotionaler Energie und einer sympathischen Unberechenbarkeit. Zwar verfügt sie über keinerlei Einsicht in das Gesetz ihres Handelns und erscheint uns, unbegabt zur Vernunft, wie sie ist, ausschließlich im Präsens, aber gerade diese Blindheit für sich selbst und die Situation wird zu einer Reinheit ihrer Gefühle. Ihr Ekel, ihr Hass, ihre Begierde und ihre Habgier, ihre Obsessionen und ihre Liebeserwartung, ihre Trauer, ihre Verzweiflung, ihre Ekstase, ihr Glück – es ist immer die nackte Haut ihres Wesens, die wir zu spüren bekommen und die durch keinen Kulturtext verdeckt oder abgefälscht wird. Sie hat die Ursprünglichkeit eines Kindes, und selbst wenn sie lügt, lügt sie so hilflos in die für sie unüberschaubare Gegenwart hinein wie ein Kind, das keine Folgen voraussehen kann. Wenn die kleinkapitalistische Krämerseele Lheureux lügt, dann geschieht das innerhalb eines komplizierten und weitestgehend intransparenten Systems, das alle seine sozialen Beziehungen auf überlagerte Interessen hin formatiert, aber wenn Emma lügt, dann ist der Lüge schon mitgegeben, an sich selber zu scheitern, denn im Grunde kann sie gar nicht lügen, weil sie nicht denken kann; und weil sie nicht denken kann, kann sie auch nicht ihrer Wahrheit entkommen, an die sie gekettet bleibt wie kein anderer sonst. Emma kann negativ beurteilt werden, weil sie vollkommen entblößt vor uns steht und keinen Schutz vor unseren Blicken findet; sie ist das Tier, das einem anderen Tier die Beute entreißt, während der Jäger im Hochstand schon die Flinte auf ihren Kopf hält. Sie hat in keinem Moment ihres Lebens eine wirkliche Chance, und ihre Tragödie ist, dass sie sich vorstellt, Chancen zu haben, und das ist auch die Folge eines Antirealismus in der Lektüre, die sie konsumiert, um von ihr für die Wirklichkeit verdorben zu werden. Aber alles, auch das Falsche an ihr, ist echt; sie ist das reine Symptom eines vulgären Kapitalismus, der Gefühle nicht verwerten kann, weil ihnen die Freiheit gehört, unkalkulierbar zu sein. Emma ist ein menschlicher Naturzustand und als dieser ein Störfaktor in den Laboratorien einer industrialisierten Rationalität; nicht sie bricht die Moral, sondern die Moral bricht sich an ihr.

Also doch ein Symbol einer um ihre Rechte kämpfenden Frauenbewegung? Dann müsste ihr Scheitern vor dem Hintergrund eines progressiven Entwurfs und einer bewussten Überschreitung ihrer Lebensumstände vorgeführt worden sein. Aber Emma geht zugrunde, weil sie ist, wie sie ist, und das ist zunächst einmal phänomenologisch und dann erst politisch zu fassen. Emma repräsentiert nichts aufklärerisch Kämpferisches, sondern sie verkörpert das romantische Ideal der Verschmelzung des Subjekts mit der Welt, und darin ist sie auch die Imago der absoluten Liebe. An keiner Stelle wird das so deutlich wie in jener Szene, als sie mit Charles in Rouen im Theater sitzt und sich in einen der vor ihr agierenden Schauspieler verliebt:

Mit ihm wäre sie durch alle Königreiche Europas von Hauptstadt zu Hauptstadt gereist, sie hätte an seinen Mühen und seinem Stolz teilgenommen, hätte die Blumen aufgelesen, die man ihm zuwarf, hätte eigenhändig seine Kostüme gestickt; und dann hätte sie jeden Abend im Hintergrund einer Loge, hinter dem Gitter aus goldenen Stäben, begierig die Ergüsse dieses Herzens aufgenommen, die er nur für sie gesungen hätte; beim Spiel hätte er sie von der Bühne herab angeschaut. Aber da ergriff sie ein wahnwitziger Taumel; er schaute sie an, das war sicher! Am liebsten wäre sie in seine Arme geeilt, um sich in seine Kraft zu flüchten wie in die Verkörperung der Liebe selbst, um ihm zu sagen, um herauszuschreien: «Entführe mich, nimm mich mit, wir wollen fort! Dir, nur dir all mein Begehren, alle meine Träume!» Der Vorhang senkte sich.

Diese Konzentrationen eines Gefühls haben wir bei Emma natürlich schon oft gesehen, aber hier gilt sie einem Mann, den sie gar nicht kennt und der ihr lediglich in der Maske des Spiels auf einer Bühne erscheint, die schon für sich eine Metapher des Unwirklichen ist. Gerade aber diese Unberührbarkeit und entrückte Position sind hier die Indikationen eines Verschmelzungsgedankens, und das allein deshalb, weil sie garantieren, dass das Objekt, dem die Liebe gehört, Liebe nicht gegen den Liebenden wenden und zerstören kann. Die objektive Abwesenheit des Geliebten, der natür-

Étape 12: Le Héron

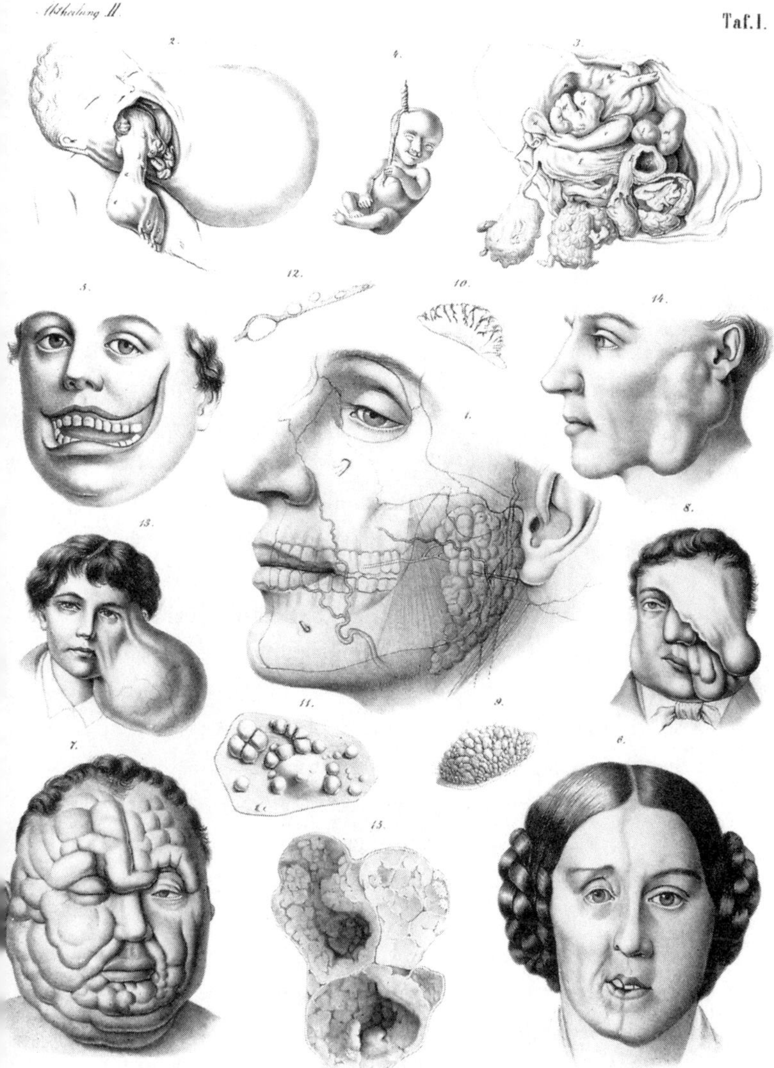

lich nur imaginiert wird, ist hier der ideale Zustand der Liebe, weil sie alle nur denkbaren Projektionen gestattet und einschließt, selbst vollkommen, das heißt ohne kritische Würdigung geliebt zu sein. So auch wird sich Emma in den Zwischenzeiten ihrer Affären in Jesus verlieben, weil sie für diesen Moment der seelischen Buße ihr notorisches Symbiosebedürfnis religiös umlenkt und auf die Berührung des Unendlichen in Gott bringt. Immer aber geht es weniger um die Personen oder die Dinge, nach denen sie verlangt, sondern um ein starkes Gefühl, das sich aus sich selbst heraus produziert und nicht ins Leere verströmen, sondern eine Aktie der Gegenliebe erhalten will. Léon muss nicht Léon der Liebhaber sein, aber er wird es, weil er so schön romantisch verkitscht und zufällig eben auch da ist; Rodolphe wird es, weil er Emmas psychosexuellem Sadismus entspricht und zudem eine Welt des Glanzes verkörpert, die sie hervorragend blendet und betäubt; nur Charles wird es nie – weil *er* nämlich *sie* liebt und damit auch die Liebe aus der Transzendenz löst, die Emma braucht, um sie als absolut zu empfinden. Es ist dasselbe Drama wie bei Gustave, der seine wie im Fieber erlebten Gefühle der Jugend abrichtete, da sie keine befriedigende Antwort bekamen und nur noch destruktiv auf ihn zurückwirkten. Aber wer kann noch antworten, wenn die Intensitäten unerschöpflich sein sollen und Gott, der einzige Zeuge des Absoluten, tot ist? Das ist die verheerende Falle, die die Romantik gestellt hat und die mit der Aufklärung zuschnappt. Natürlich muss Emma sterben, aber sie stirbt nicht, weil die Gesellschaft ihre romantische Transzendentalität nicht absorbieren kann, sondern weil sie diese in einer Weise absorbiert, dass sie in Merkantilismus mündet. Lheureux ist ihr Mörder, nicht Homais, der Lheureux das System schafft, das ihn legitimiert. Und nichts anderes ist Emmas Gier nach Reichtum und Macht, als eine materialisierte Ersatzbefriedigung für ihr dauerndes Unglück, das sich mit der gleichen negativen Dichte in ihr ausdehnt, wie ihre Vorstellung von Glück idealisch und unerfüllt bleibt. Die Dinge aus Seide, Gold oder Marmor, die ihr Lheureux mit umschmeichelnder Eleganz aufdrängt und deren Besitz sie schließlich existenziell ruiniert, sie sind nur Stellvertreterobjekte für eine Sehnsucht, die augenblicklich gestillt zu sein scheint, aber tatsächlich eine Vakanz bleibt; und sie dienen hier, befreit von ihrem Gebrauchswert, als Suchtstoff und sind damit reine Akkumulatoren des Geldes. Lheureux weiß das alles, und er treibt seinen Handel damit und begründet eine moderne Psychologie des Kaufzwangs; er stellt die Weichen der emotionalen Erregungen auf den Kreislauf seiner Warenwelt um und lässt damit auch die Erregung zu einer Ware werden; er ist die verborgene Formel des sich aus sich selbst heraus vermehrenden Kapitals. Und ist diese Verschmelzung des Unnötigen mit dem Notwendigen, die dadurch gelingt, dass psychische Ressourcen vereinnahmt und auf die kalte Welt der Dinge umgelenkt werden, nicht von höchster Aktualität? Könnten wir uns Emma heute nicht auch bei einem «Frustrationseinkauf» in irgendeiner nach Parfum und Pommes riechenden Passage vorstellen, wie sie sich lauter in Wahrheit gar nicht benötigte Sachen in den Warenkorb legt, weil sie zur Materialität gewordene Einsamkeit und in Aktivismus mündende Angst geworden sind? Keine Einsamkeit freilich, die sich von außen beschreiben ließe, und keine Angst, die eine Reaktion auf Gefahr ist, sondern Abwehr der Uneigentlichkeit mit den hilflosen Mitteln des Uneigentlichen.

Wer also ist Emma? Sie ist die Urform des Begehrens in einem ökonomischen Zirkel, der es mit der Begierde kurzschließt und damit entfremdet; sie ist die Unschuld eines Gefühls, das zur Schuld werden muss, um erfolgreich suspendiert werden zu können.

Nun also, während ich so an meinem Stück* schrieb, das nicht von Emma handelt, sich aber immer um sie bewegt wie um einen Kern, der selbst durchlässig ist, hatte ich mich in Emma verliebt, und wie bei ihrem literarischen Vater, so war es auch bei mir eine Art narzisstischer Einbruch. Ich sah durch sie hindurch meine Verliebtheiten der frühen Jugendzeit wieder, die alle verunglücken mussten, weil sie die Last des Ultimativen und die Erwartung, vollkommen zu sein, nicht lange aushalten konnten. In gewisser Weise war diese seltsame, aus nichts als Gedanken bestehende Liebe eine Rückkehr in die emotionale Anarchie, wenn sie mit ihrer wilden Verweigerung von Vernunft die empfundene Leidenschaft gegen die Realität ausspielt, in deren Rahmen sie abläuft, und die mit dem Recht der Liebe ständiges Unrecht am Geliebten begeht. Es war eine Rückkehr in die Zeit der langen Briefe und der beleidigten Abwendungen, der Liebesschwüre und der Eifersuchtsdramen; eine Rückkehr in die rohe Natur des Begehrens, die ein vielleicht notwendiges Ereignis der Jugend ist und die später die Erinnerung nachhaltig ausfüllt. Und vielleicht ist auch das ein Grund, diese Geschichte mehrmals lesen zu wollen, weil sie den Rückweg in den naiv eingebildeten Zustand

* «Monsieur Bovary», Theaterstück nach Flaubert, Suhrkamp Theaterverlag 2002

einer absoluten Umschlossenheit zulässt, der um so länger und damit auch um so schöner wird, je älter man ist.

Einen ganzen Tag nun hatte ich Emmas Tod aufgehalten, bin spazieren gegangen und habe darüber nachgedacht, wie ich sie entgegen der Meinung ihres Schöpfers vielleicht doch noch am Leben lassen könnte. Am 8. März aber, in meinem Stück hat es Homais natürlich prompt zu Protokoll gegeben, *musste sie sterben*. So wenig konnte Flaubert und so wenig konnte ich etwas ändern daran.

Étape 13: Saint-Denis-le-Thiboult

Emma liebt, aber sie kann keine Liebende werden, weil sie zu sehr begehrt, und wenn sie liebt, dann benötigt sie dieses Gefühl als eine Art Sedativum gegen ihr Unglück, das die logische Rückseite ihrer romantischen Sehnsucht nach Einswerdung ist; sie empfindet nicht falsch, sondern in den falschen Verhältnissen von Einbildung und Realität. Aber es gibt zwei Figuren, die eine sich selbst überschreitende und im anderen vergrößernde Liebe verkörpern. Die eine ist Félicité, das Dienstmädchen der Bovarys, deren Vorbild Flauberts eigenes Dienstmädchen ist und der er in «Un cœur simple», seiner vielleicht schönsten Erzählung, zwanzig Jahre später ein literarisches Denkmal setzen wird; die andere ist Charles. Das ist umso überraschender, da gerade er uns und fast bis zum Ende des Buches als wirklich recht stumpfsinnig erscheint und kaum Sympathie in Anspruch nehmen kann:

Charles' Sprechweise war platt wie ein Bürgersteig, und die Allerweltsgedanken zogen dort vorüber in ihrem gewöhnlichen Gewand, ohne eine Gefühlsregung, Lachen oder Träumerei zu erregen. Oder: *Da er lange Zeit baumwollene Nachtmützen gewohnt war, hielt ihm das seidene Tuch nicht auf den Ohren; außerdem hingen ihm die Haare am Morgen wirr ins Gesicht und waren weiß von den Flaumenfedern seines Kopfkissens, dessen Schnüre sich in der Nacht lösten. Er trug stets derbe Stiefel, die am Spann zwei dicke, schräg zu den Knöcheln verlaufende Wülste hatten, während das restliche Oberleder geradlinig war, wie auf einen Holzfuß gespannt.* Oder: *Seine Liebesbezeigungen waren zur Regel geworden; er umarmte sie zu bestimmten Zeiten. Es war eine Gewohnheit unter anderen und wie ein vorausgeplanter Nachtisch nach der Eintönigkeit des Essens.*

So geht das fortwährend. Wo immer er auftaucht und was immer er tut: Er wirkt lächerlich, und es gibt tatsächlich Situationen, in denen er so unerträglich dumm reagiert, dass man seiner Frau einen Seitensprung fast schon empfehlen möchte. Zum Beispiel kommt Charles einmal etwas früher nach Hause und überrascht Emma mit Rodolphe, und anstatt die durchaus heikle Situation kritisch zu reflektieren, bedankt er sich noch bei seinem Nebenbuhler dafür, dass dieser sich so uneigennützig um Emma kümmert, weil er selbst doch so sehr beschäftigt ist und zu wenig Zeit für sie hat. Am Ende kauft er für Emma sogar noch ein Pferd, damit sie sich mit Rodolphe zum Reiten verabreden kann, und da so viel Blindheit ja kaum mehr vorstellbar ist, kommen zwei Gründe infrage: erstens, Charles' in Devotion mündende Selbstbestrafungslust findet darin eine Befriedigung, dass er durch Emmas Untreue, deren heimlicher Komplize er ist, gedemütigt wird, oder zweitens, er will Emma auf elegante Art los sein, weil er vielleicht selbst eine Affäre irgendwo hinter den Backsteinwänden seiner Landkundschaft hat. Für beide Gründe aber müssten wir ein Charakterbild haben, das sie beglaubigt oder zumindest wahrscheinlich werden lässt. Doch Charles ist als Subjekt gar nicht zu fassen, da er nur aus einer Summe von über ihn geäußerten Meinungen besteht und Eigenschaften allein dadurch bekommt, dass man sie ihm zuschreibt. Er ist so anämisch wie ein Gespenst und in seinen Handlungsabläufen so berechenbar wie eine in Betrieb genommene Dampfmaschine; er ist – und das kann man ärgerlich finden, da er doch auch exemplarisch für den arbeitenden Menschen in Szene gesetzt ist – nur scheinexistent. Aber in dieser Bewusstlosigkeit für sich selbst, die so umfassend ist, dass sie nicht einmal Eitelkeit zulässt, hat eine Liebe Platz, deren Selbstlosigkeit und Größe nur allmählich offenbar wird, um am Ende nicht nur zu überraschen, sondern geradezu einen Schock zu erzeugen: *Er* und nicht *sie* ist das Ereignis der Liebe.

Lange trottet er ihr nur hinterher, tolpatschig, hilflos und kindisch ergeben; seine Gesten sind provinziell, seine Erwartungen einfältig, seine Komplimente Kitschpostkarten; und da sein Glück *erfüllbar* ist, schrumpft er neben Emma zu einem albernen Zwerg. Er hat auch keine Sprache der Liebe, wie etwa Léon und Rodolphe sie haben, wenn sie die Poesien der Dichter zitieren oder in originellen Metaphern schwelgen. Gerade dadurch aber, dass ihm annähernd alles fehlt, was sich Emma unter einem begehrenswerten Mann vorstellt, ist er frei, zu lieben, weil es keine Masken und keine Verkleidungen gibt, die er verlieren kann oder durch die seine Zuwendungen zu Inszenierungen würden; er kann die Suppe schlürfen wie ein unerzogenes Kind, bäuerisch sich zur Seite drehen und schnarchen oder zerbeulte Reiterhosen tragen: Sein ganz auf die Realität konzentriertes Glück lässt eine so unbedingte Zweisamkeit zu und ist von einer so unerschütterlichen Zugehörigkeit, dass er sich nicht einmal

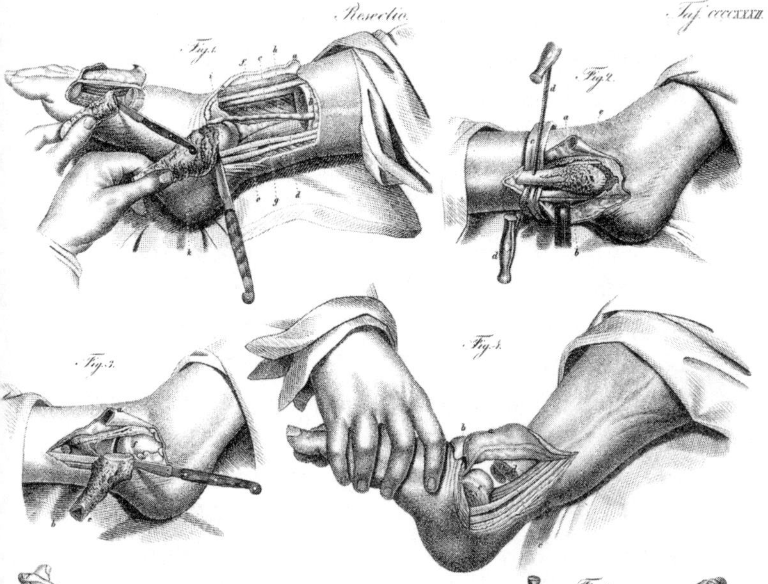

im Traum vorstellen kann, der Pferdemist an seinen Stiefeln, wenn er von seinem Landeinsatz heimkommt, könnte Emmas erotisches Interesse an ihm irgendwie schwächen, geschweige denn töten. Nein, er braucht keine flackernden Kerzen und keine geöffnete Flasche Rotwein am Bett, wenn er einmal die Woche pünktlich zum Gong seiner Standuhr die eheliche Liebespflicht einlöst – aber nicht, weil er grob ist, sondern weil er buchstäblich nichts zu transzendieren hat und überall die Klartexte liest wie andere nur die Überschriften von Zeitungsartikeln. Darum kann er Emma auch so bedeutungslos und eher beiläufig fragen, ob sie denn nicht *glücklich* sei, weil sich in dem Wort für ihn rein gar nichts verbirgt, nichts anderes jedenfalls, als was er mit den Händen fassen, mit den Augen sehen und mit dem Gaumen schmecken kann. *Glück* ist für ihn ein Wort wie Aderlass oder Baldriantropfen, und nichts Unaussprechliches haftet ihm an, dass es erweitern oder vertiefen könnte, denn es ist von seinem romantischen Hintergrund vollständig abgelöst und eingegangen in einen Determinismus der praktischen Vernunft. Und da es nichttranszendent ist, kann es auch selbstverständlich sein und regulär wie Nahrungsaufnahme und Ausscheidungsvorgang. Diese durch keine Vorstellung von Glück gestörte Überschaubarkeit *ist* sein Glück, und da Glück keine qualitativen Merkmale besitzt, sondern lediglich die subjektive Aussage eines als Harmonie erlebten Zustandes ist, kann Charles natürlich glücklich sein; und wann immer Emma es will, kann sie dieses Glück mit ihm teilen. Dies geschieht, sobald Emma aus ihren Träumen und je uneinlösbaren Sehnsüchten auf den Boden der Realität zurückfällt und sich in Krankheiten flüchtet, die ihr somatisierter Konflikt sind. Jetzt genießt sie, was sie vorher als plump und einfältig erlebt hat: dass die Liebe keine Geheimnisse hat und zur ganzen Selbstverständlichkeit des Leibes und seines natürlichen Ausdrucks gehört. Kein anderer als Charles, der sie von Mal zu Mal wieder aufbaut, liebt sie bis zu eben dieser durch Krankheit erzwungenen Entblößung des Leibes, und keinem anderen mutet sie diese Entblößungen zu. Weder Léon noch Rodolphe noch irgendein anderer würde sich ihrem Leib gewidmet haben, wenn er nicht sexualisiert und damit Körper geworden wäre, und es gibt durchaus und immer wieder diese Momente, in denen sie ahnt, was sie eigentlich an Charles hat, um es, sobald ihr die ersten Kräfte zurückgegeben sind, schnell auch wieder zu vergessen.

Während Emmas Liebe das Konkrete mit dem Imaginären konfrontiert, wodurch das, was ist, am Absoluten zerbricht, kommt Charles' Liebe in seiner Sorge um den Leib zu sich selbst. Er meint tatsächlich *sie*, und diese Anrede ist so direkt wie sein Glück physisch, fast ließe sich sagen: messbar ist. Wie sehr seine Sorge um den Leib identisch ist mit seiner Liebe zu Emma, zeigt uns die letzte Szene am Ende des zweiten Teils, in der Charles und Emma im Theater von Rouen durch Zufall Léon wiedertreffen und vorzeitig die Aufführung verlassen, obgleich Charles gerade begann, sich zu amüsieren und ein letzter großer Auftritt des Starschauspielers noch zu erwarten war:

«Außerdem», entgegnete der Schreiber, «wird er bald eine weitere Vorstellung geben.» Aber Charles antwortete, dass sie schon am nächsten Morgen abreisen würden. «Es sei denn», fügte er hinzu, an seine Frau gewandt, «du willst allein hierbleiben,

mein Kätzchen?» Bei dieser unerwarteten Gelegenheit, die sich seiner Hoffnung bot, änderte der junge Mann seine Taktik und stimmte ein Loblied auf Lagardy im Finale an. Das sei etwas Herrliches, etwas Edles! Nun bestand Charles darauf. «Du wirst am Sonntag zurückkehren. Sieh mal, entschließ dich! Es wäre unrecht von dir, wenn du auch nur im mindesten spürst, dass es dir guttut.»

Natürlich ist Charles' Güte auch ein Indiz dafür, sich erotische Verhältnisse außerhalb des bürgerlichen Rahmens einer Familie einfach nicht vorstellen zu können, weil der Mensch ja schließlich einen Willen besitzt, der seine Leidenschaft regelt; grundsätzlich aber entspricht sie der Identifikation, im Leib die Wahrheit der Liebe zu finden und nicht, wie Emma und ihre Liebhaber, im Körper. Nun ist der Leib im Unterschied zum Körper nicht mehr als ein gewiss kompliziertes physiologisches System, dessen einziger Sinn es ist zu funktionieren; aber: Der Leib ist die ganz und gar der Analyse und damit der Erkenntnisgewinnung freigegebene Präsenz des Körpers, seine reine Materialität und aktuelle Vergegenständlichung, und damit ist er für Charles auch die einzige gültige Schnittstelle zu seinem Glück. Der Körper, der bereits zu einer Grammatik der Zwecke gehört und Begierden, Träume und Erwartungen produziert, verunsichert ihn, er ist eine Schrift, die er nicht lesen kann und durch die ihm Emma so beängstigend fremd und unverständlich ist; mit dem Leib aber kennt er sich aus, und über ihn kann er, so glaubt er es jedenfalls, instrumentell verfügen. Damit ist Charles eine zur Tragödie dramatisierte Kopie des Szientismus, wie ihn Homais vertritt, und er lebt ihn ebenso bis zu seinem Untergang aus wie Emma ihre Romantik. Beide, Charles und Emma, sterben an den Ideologien, die sich in ihren Sprachen verbergen, und sie vereinigen sich auch nicht im Tod wie die großen Liebespaare vor ihnen, sondern sie werden kalt obduziert und als Fleisch zum Fleische geworfen. Nein, kein metaphysischer Rest, kein offenbartes Mirakel, das vielleicht auch die dunklen und verschlungenen Wege der Liebe erklärt; nur Haut, Blut und Knochen; nur nackter, dem Leben gegebener und ihm wieder entrissener Leib.

Étape 14: Auzouville-sur-Ry

Noch bis zu Emmas Tod könnte man also durchaus sagen: Charles liebte auf der Höhe seiner Zeit; flach, weil vollkommen unerregt und von Vernunft eingeschlossen, und wahrhaftig, weil die Sorge um den Leib vor das Begehren des Körpers gestellt ist und die Liebe damit in Kauf nimmt, gegeben, aber nichts erhalten zu haben. Emmas grausame Sterbeszene, in der sie an erbrochenem schwarzen Blut erstickt, ist dann der Abschluss einer vergeblichen Leibesfürsorge, und damit wäre nun eigentlich auch Charles' Liebe an ihrem Ende. Es wäre nun durchaus glaubhaft gewesen, Charles dümpelte noch ein wenig trüb vor sich hin, brächte allmählich seine Geschäfte wieder in Schwung und suchte nach einer anderen und diesmal lieber eine Nummer bescheidener ausfallenden Frau, mit der sich dann auch seine Mutter besser anfreunden könnte. Aber diese fiktive Stringenz wird hart unterbrochen: Charles macht Emmas Tod rückgängig, indem er sie einfach mit sich selber ersetzt. Es fängt damit an, dass er aus der Bestattung eine Zeremonie werden lässt, die auch Emma nicht hätte exzentrischer einrichten können:

«Ich will, dass man sie in ihrem Hochzeitskleid beerdigt, mit weißen Schuhen und einem Kranz im Haar. Man möge ihr das Haar über die Schultern breiten; drei Särge, einen aus Eiche, einen aus Mahagoni, einen aus Blei. Man soll mir nichts

Étape 14: Auzouville-sur-Ry

sagen, ich werde stark sein. Man möge ihr ein großes Stück grünen Samt darüberlegen.» Und jetzt folgt die erste Revolte: *«Ich will es. Handelt danach.» Die Herren wunderten sich sehr über die romanhaften Ideen Bovarys, und der Apotheker sagte gleich zu ihm: «Dieser Samt scheint mir des Guten zuviel. Die Kosten obendrein ...» «Geht Sie das etwas an?», schrie Charles. «Lassen Sie mich! Sie haben sie nicht geliebt! Gehen Sie!»*

Hat Charles jemals zuvor über ein solches Selbstbewusstsein verfügt, mit dem er im Namen der Liebe die Unvernunft fordert und wenige Sätze später sogar dem Pfarrer ins Gesicht schreien wird: «Ich verabscheue ihn, Ihren Gott!»? Ist das überhaupt noch *er*, der hilflos im Netz fremder Wünsche zappelt, oder ist *er* nicht schon *sie*, die in ihm auferstanden ist? Oder ist er gar *er* geworden?

Um ihr zu Gefallen, machte er sich, als lebte sie noch, ihren Geschmack und ihre Ideen zu eigen, er kaufte sich Lackstiefel, er trug nur noch weiße Krawatten. Er pomadisierte seinen Schnurrbart, er unterschrieb Wechsel, genau wie sie.

Den gleich folgenden Satz: «Sie verdarb ihn über das Grab», können wir getrost unterschlagen; er ist ein Zugeständnis des Autors an die geltende Moral und entspricht jener forcierten Abwendung und Verleumdung von Emma, die nur verschleiern soll, wie sehr er sie liebt und eins mit ihr ist – fast so wie Charles jetzt. Interessanter ist, dass Charles, der von der Toten erhofft, was ihm die Lebende nicht gab, Züge von Rodolphe bekommt; und das, obwohl er bereits dessen Abschiedsbrief fand, der Emma so sehr in die Krise stürzte und der ihm auch verrät, dass es eine Beziehung zwischen Rodolphe und seiner Frau gegeben hat. Aber:

Vielleicht haben sie sich platonisch geliebt, sagte er sich. Überdies gehörte Charles nicht zu denen, die den Dingen auf den Grund gehen; er scheute vor den Beweisen zurück, und seine ungewisse Eifersucht ging in der Unermesslichkeit seines Kummers unter. Man hat sie ja anbeten müssen, dachte er. Mit Sicherheit hatten alle Männer sie begehrt. Sie schien ihm deswegen um so schöner; und ihn überkam ein ständiges heißes Verlangen, das seine Verzweiflung anfachte und keine Grenzen kannte, weil es jetzt nicht mehr zu stillen war.

Charles braucht Rodolphe, weil er über ihn Emma noch einmal berühren kann; und er kann sie als ein anderer berühren, dem seine Berührungen auch erwidert worden sind. Und so verzeiht er ihm

…im resignierten Ton unendlichen Leides: «Nein, ich bin Ihnen nicht mehr böse!» Er fügte sogar ein großes Wort hinzu, das einzige, das er jemals gesprochen hatte: «Es ist die Schuld des Schicksals!»

Charles überlebt Emmas Tod, indem er sie internalisiert und schließlich ihre Rolle nachspielt, und er überlebt ihre Affäre mit Rodolphe, indem er sich seinen Rivalen, den er nicht ausschalten konnte, zum Partner gemacht hat. Die emphatische Geste des Verzeihens, die auch amoralisch insofern ist, als sie Rodolphe frei von Schuld spricht und anstelle des Subjektgewissens ein Weltgewissen setzt, hat natürlich nur den einen hauptsächlichen Grund, sich selbst über den anderen zu erheben und dessen Freiheit klein werden zu lassen vor der Freiheit, sie zu bewerten. Aber dass Charles zu dieser vorher je undenkbar gebliebenen Aktivität überhaupt imstande ist, hängt allein mit seiner Idealisierung Emmas zusammen, die etwa ebenso wirkt, wie ihre Idealisierungen auf sie gewirkt haben; und wenn sie nun zu einer Ikone geworden ist, dann muss sich einfach jeder an ihr geblendet haben und eher ein Verführter als ein Verführer gewesen sein. Wir beide, will Charles zu Rodolphe damit sagen, waren nur Staub auf ihrem Kleid, und so ließ sie uns zurück. Sie treffen also als zwei Souveräne aufeinander, als sie sich zufällig vor der Gastwirtschaft begegnen, und während es für Rodolphe nur peinlich und quälend ist, genießt es Charles, mit Rodolphe eine kleine Gemeinde der Verstoßenen zu bilden und seinen Schmerz mit ihm teilen zu können; zumal auch gar nicht bewiesen ist, dass Emma Rodolphe körperlich liebte und alles vielleicht nur ein verbaler Übergriff war, ein Akt der Phantasie und von keiner größeren Bedeutung als erotische Literatur auf einem Mädchenpensionat.

Es ist schon länger klar, dass Charles zu einer großen Liebe fähig ist, die über das, was der jeweilige Augenblick den Empfindungen bietet, weit hinausgeht, und damit ist sein Bild, das wir bis fast zum Ende der Geschichte von ihm hatten, in sein Gegenteil gewendet. Er ist nicht der an einem vulgären Materialismus stumpfsinnig gewordene Philister, der nur in Wiederholungen lebt und in Allgemeinplätzen redet und dessen Subjekt abgeschafft und vergesellschaftet wurde, wie ihn Flaubert für uns sah und zu dem er ihn verurteilen wollte; Charles hält hinter dem feinen Netzwerk der Fremdbestimmung einen Charakter versteckt, der erst jetzt, nach Emmas Tod, sich zu entfalten und zu veräußern beginnt und durch den er eine Stärke offenbart, die auch seine Schwäche und praktische Unfähigkeit zu ihrem Bestandteil werden lässt; die Stärke, das Banale zu ertragen, es aber nicht anzuerkennen und elementare Werte der Liebe dem Banalen entgegenzusetzen und für sich reserviert zu halten. An seinem Konflikt mit Rodolphe wird das allein noch nicht deutlich, da sich dessen Beziehung zu Emma für Charles nur oberflächlich zeigt und auch noch als harmlos verdrängt werden kann. Aber etwas anderes war kurz vorher geschehen, und das hat ihn mit aller Härte getroffen und zerstört:

Aus Ehrfurcht oder einer Art Sinnlichkeit, die ihn bei seinen Nachforschungen langsam zu Werke gehen ließ, hatte Charles das Geheimfach eines Palisanderschreibtischs, den Emma gewöhnlich benutzte, noch nicht geöffnet. Eines Tages schließlich setzte er sich davor, drehte den Schlüssel um und drückte auf die Feder. Sämtliche Briefe Léons waren darin. Diesmal gab es keinen Zweifel mehr! Er verschlang sie bis zum letzten, durchstöberte alle Ecken, alle Möbel, alle Schubfächer, suchte hinter den Wänden, schluchzend, außer sich, wahnsinnig.

Alles war kompensierbar: Emmas Selbstmord, die Verschuldung, der soziale Ruin, aber diese Briefe, die er hier findet und vor deren Beweiskraft es kein Entkommen mehr gibt, das bringt ihn um. Charles ist also schon zum Tode verurteilt, als er Rodolphe zufällig trifft und ihm mit großer Geste verzeiht, und tatsächlich sind die Korrespondenzen mit Léon um vieles erschütternder als alles Techtelmechtel mit Rodolphe: *weil sie romantisch sind.* Nicht der Verrat, sondern die Idee des Verrats, mit ihm das Unerreichbare erreichen und das Unendliche berühren zu wollen, lässt ihn verrückt vor Eifersucht und des Lebens überdrüssig werden, da also auch er hinter der Fassade des Pragmatismus und der ihm angehörenden Sorge um den Leib die Liebe als die radikalste Weise der Überschreitung und vollkommene Form einer Freiheit verstand; und hätte ihm Emma auf seine Liebe eine Antwort gegeben, dann wäre unter den Bedingungen der Realität praktizierbar geworden, woran Emma scheitern musste: dass Ideal und Wirklichkeit zwei in sich selbst ruhende Welten konstituieren, die sich gegenseitig auslöschen, aber auch ineinander übergehen und sich gegenseitig erhalten können.

Um sieben Uhr kam die kleine Berthe, die ihn den ganzen Nachmittag über nicht gesehen hatte, um ihn zum Abendessen zu holen. Er hatte den Kopf hintenüber an die Mauer gelehnt, die Augen geschlossen, den Mund offen und hielt in seinen Händen eine lange schwarze Haarsträhne. «Papa, komm doch!», sagte sie. Und da sie glaubte, er wolle mit ihr scherzen, stieß sie ihn sanft an. Er fiel zu Boden. Er war tot.

Wenn das nicht der romantische Liebestod ist, dann hat es ihn in der Weltliteratur niemals gegeben, und erinnert man sich jetzt, wie im rein klinischen Sinne qualvoll Emma starb, dann sind die Intentionen an der Wirklichkeit des Textes in geradezu entgegengesetzter Richtung verlaufen: Der Szientismus stirbt romantisch und die Romantik stirbt wie ein Hund. Emma kann symbolisch nicht auferstehen, weil ihrem Tod kein Zeichen der Zerstörung des Todes mitgegeben war, durch das er wenigstens scheinbar auch einen Sinn haben könnte; aber Charles, der Sklave der Faktizität, wird wie von einem Windzug, mit dem der Tod zu ihm kommt, *geholt*; ihr Tod war eine Verdammung, seiner ist eine Heimholung; *er war*, was sie träumte. – Nur eben leider war er der Falsche, und auch das ist verständlich.

Étape 15: Martainville-Épreville

Homais hatte letzthin die Lobpreisung einer neuen Methode zur Heilung von Klumpfüßen gelesen; und da er Anhänger des Fortschritts war, kam ihm jene patriotische Idee, dass Yonville, «um den Anschluss zu gewinnen», Klumpfußoperationen haben müsste.

Gemeint ist die subkutane Tenotomie, die sich in Frankreich durch Vincent Duval durchsetzte, der sie nach Delpech und Stromeyer als einer der ersten im Oktober 1835 in seinem Institut in Chaillot durchgeführt hat. Die subkutane Durchtrennung der Achillessehne reduzierte die Gefahr des Sehnenwundbrands erheblich und war gegenüber der offenen Tenotomie, wie sie bereits seit 1784 durch Thilenius angewandt wurde, revolutionär. 1839 veröffentlichte Duval eine Abhandlung unter dem Titel «Traité pratique du pied bot», die bald als Standardwerk zur Behandlung von Klumpfüßen nach der Methode der subkutanen Tenotomie galt und die nun auch Charles zu studieren hat, um auf Drängen Homais' den Stallknecht Hippolyte zu behandeln:

Er bestellte in Rouen den Band von Doktor Duval, und allabendlich nahm er den Kopf in die Hände und vergrub sich in diese Lektüre. Während er den Equinus, den Varus und den Valgus studierte, das heißt die Strephokatopodie, die Strephendopodie und die Strephexopodie (oder besser gesagt, die ver-

schiedenen Verkrümmungen des Fußes, sei es nach unten, nach innen oder nach außen) sowie die Strephypopodie und die Strephanopodie (anders gesagt: Verdrehung nach unten oder Ausrichtung nach oben), redete Monsieur Homais mit allen möglichen Vernunftsgründen auf den Hausknecht ein, sich operieren zu lassen.

Und schon ist die Stunde, in der alle Beteiligten berühmt werden sollten, gekommen, und Charles führt sachgerecht aus, was ihm das Fachbuch empfiehlt; er bringt also zunächst einen kleinen Hautschnitt zwischen Tibia und Achillessehne an und durchtrennt dann mit einem gebogenen Messer die Sehne subkutan; und fertig. Der Erfolg nun wird mit einigem pathetischen Aufwand gefeiert, um dem Scheitern auch die entsprechende Tiefe zu sichern und ins Skandalöse zu wenden, was Homais für die Zeitung mit eiliger Feder bereits vorbereitet hat:

«Trotz der Vorurteile, die noch immer einen Teil der Oberfläche Europas wie mit einem Netz überziehen, beginnt das Licht dennoch in unsere ländlichen Gegenden einzudringen. So war am Dienstag unsere kleine Stadt Yonville Schauplatz eines chirurgischen Experiments, das gleichzeitig ein Akt hoher Menschenliebe ist.» Doch dieses Glück währte nur ganze fünf Tage, und: *Der Strephopode wand sich in grässlichen Zuckungen, sodass das mechanische Laufgestell, in dem sein Bein eingesperrt war, an die Wand schlug, als wollte er es zertrümmern. Um die Lage des Beins nicht zu verändern, nahm man also mit äußerster Vorsicht den Kasten ab und hatte einen entsetzlichen Anblick. Die Umrisse des Fußes waren unter einer solchen Schwellung verschwunden, dass die Haut überall*

dem Platzen nahe schien, und sie war mit Blutergüssen bedeckt, die der berühmte Apparat verursacht hatte.

Der «berühmte Apparat», eine zur Fixierung des Fußes in Normalstellung benutzte Klumpfußmaschine, die dem frisch Operierten als eine notwendige Folgebehandlung angelegt wurde und nach einer Erfindung von Scarpa bereits mit Stahlfedertechnik ausgestattet war, also das Beste des Besten gewesen ist, das Homais aus Paris nach Yonville holen konnte, war gewiss nicht schuld an diesem schrecklichen Verlauf. Grund allein ist die noch kaum zu behandelnde und zum Wundbrand führende Sehnenentzündung, vor der Siebold in seinem «Chirurgischen Tagebuch» eindringlich warnte: «wie gefährlich es seye, durch die Durchschneidung der Flechsen und Bänder die gerade Richtung und die natürliche Gestalt einem solchen Fuße beybringen zu wollen. Ein solcher krummer Fuß ist freylich ein Übel; aber durch den Schnitt würde gewiss ein größeres Übel, z.B. Brand, Beinfraß, Tod erfolgen. Ich denke noch mit Schaudern daran, dass ein Landbader schon das Messer in der Hand hatte, um solche Füße durch den Schnitt bey einem neugeborenen Kind gerade zu machen.»* Und mit den fast selben Worten, mit denen Karl Georg Neumann, der ein Vertreter der konventionellen, sich auf Massagen und Bäder im Kindesalter beschränkenden Methode war, die Ansicht vertrat: «wahre Klumpfüße werden nicht geheilt und müssen amputiert werden», sagt es Dr. Canivet, der nun aus Neufchâtel geholt werden musste, um den Patienten durch eine Abtrennung des Gliedes zu retten:

* Siebold, C. C.: Chirurgisches Tagebuch. Nürnberg 1792

Varus et Valgus. E. Taf. CCCLXXIII.

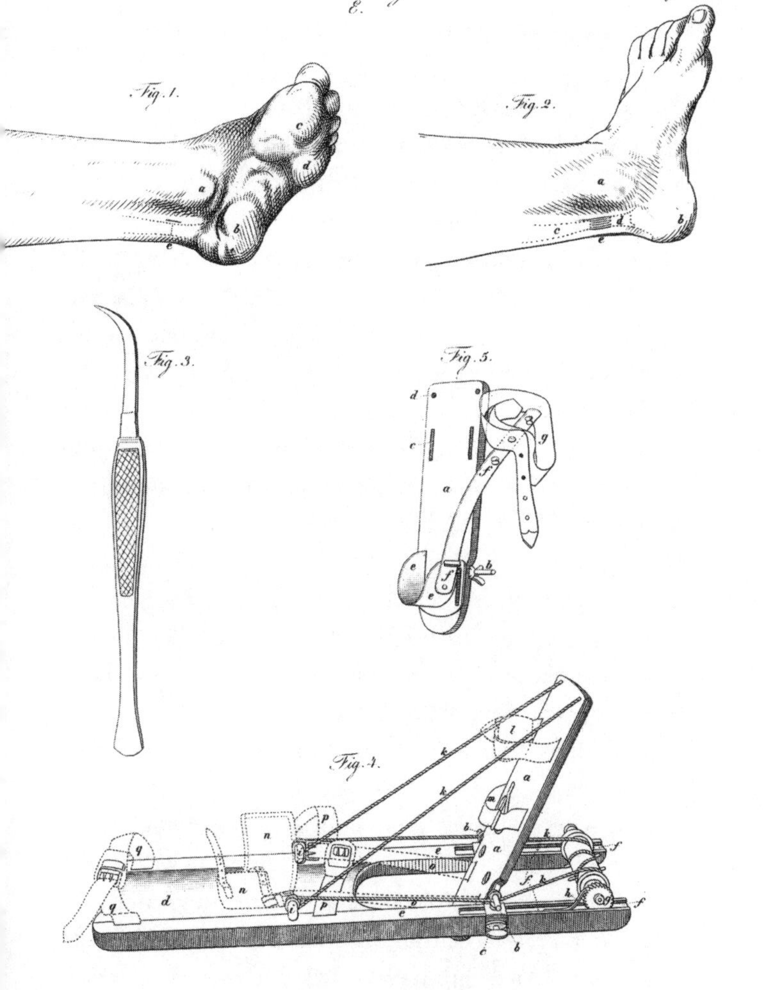

nach Originalzeichnungen.

Wir sind Praktiker, wir heilen, und uns fällt es nicht ein, jemanden zu operieren, dem es wunderbar geht! Klumpfüße richten! Kann man denn Klumpfüße richten? Das ist so, als wollte man zum Beispiel einen Buckligen gerade machen!

Auf symbolischer Ebene bedeutet diese Amputation natürlich auch, dass der Fortschritt in Wahrheit ein Rückschritt und der Erfolg eine Katastrophe ist. Für Flaubert indes ist diese Szene eine heimliche Rache an seinem Vater, der in seiner Klinik in Rouen selbst eine solche Behandlung durchgeführt hatte und daran gescheitert war; sieh hin, will er ihm nachträglich sagen, was für ein Versager du bist und wie deine Wissenschaft vom Menschen am Menschen versagt. Und da für Flaubert das Schlimmste naturgemäß auch das Wahrscheinlichste ist, muss Hippolytes Bein über dem Knie abgelöst werden, wodurch die neuen Modelle künstlicher Füße von Wilson aus London oder von Hofrat Stark aus Tübingen leider nicht zum Einsatz kommen können; dafür aber die gutbewehrte Stelze mit den gerade gängigen Verbesserungen durch elastische Federn zwischen dem Bogenstück und den zwei festen Seitenteilen und einer weicheren Polsterung am Knorren des Oberschenkels; und das reicht, um für Homais ein neues Argument für die Unaufhaltsamkeit des Fortschritts in Wissenschaft und Technik zu sein. Was also die subkutane Tenotomie nicht geleistet hat, leistet jetzt die Prothese, und sie dient hier für eine zweite satirische Pointe im Schauspiel medizinischer Errungenschaften. Doch der Protest, den Dr. Canivet stellvertretend für die konservative Medizin äußert und der auch etwas zu Unrecht generell aberkennt, was bald schon vollständig möglich und auch empirisch belegbar sein wird, benennt hauptsächlich ein anderes Problem: Warum muss ein Klumpfuß, an dem der Mensch, der ihn von Geburt an besitzt, nicht nur nicht leidet, sondern der den gesunden Fuß an Stärke sogar noch übertrifft, korrigiert werden? Denn

... mit diesem Equinus, der tatsächlich breit war wie ein Pferdefuß, mit runzliger Haut, dürren Sehnen, dicken Zehen und schwarzen Zehennägeln, die Hufnägeln glichen, galoppierte der Strephopode von morgens bis abends wie ein Hirsch umher. Man sah ihn ständig auf dem Marktplatz, wo er um die Leiterwagen herumhüpfte und dabei seine missgestaltete Stütze nach vorn warf. Dieses Bein schien sogar kräftiger als das andere. Durch fortgesetzte Beanspruchung hatte es gewissermaßen moralische Eigenschaften der Ausdauer und der Energie angenommen, und wenn man Hippolyte eine schwere Arbeit gab, so stützte er sich vorzugsweise darauf.

Die Antwort könnte heißen: Weil er eine Metapher der Insuffizienz von Natur und damit eine in stummer Sprache vorgetragene Anklage an die Wissenschaft ist, dass sie ihr Versprechen, die göttliche Vollkommenheit nachzubilden, nicht hält. Unser Klumpfußproband Hippolyte, der so vorzüglich hinken konnte, wäre in früheren Epochen sicher noch mehr gequält worden als hier unter den Händen des ängstlichen Bovary, soviel ist mit Respekt gesagt klar, nur hätte es früher eben auch gar keinen Bedarf dafür gegeben, diese Behandlung überhaupt durchzuführen. Von Hippokrates in der Antike bis zu Ambroise Paré in der Renaissance wäre dieser Defekt nämlich eher positiv im Sinne eines besonderen Willens der Schöpfung interpretiert worden, wie etwa der Buckel, den zu berühren sogar Glück bringen sollte, oder wie die Epilepsie, die lange Zeit als eine heilige Krankheit galt und dem Betroffenen die Aura magischer Kräfte einbrachte. Doch die Deutungsgeschichte des rätselhaft Singulären lässt im Zuge der Aufklärung keine irrationalen Erklärungen zu und stellt nunmehr die bloße, zu einer gewaltigen Herausforderung gewordene biologische Fehlleistung fest, die es zu berichtigen gilt. Primärer Behandlungsgrund ist demnach nicht mehr, eine Funktion wiederherzustellen, sondern eine Dysfunktion abzuschaffen, und das ist auch nicht mehr der Blick des Mitleids, der vom Kranken auf das Gesunde gerichtet ist, sondern der einer kühlen Klassifikation des Gesunden und einer daraus hervorgehenden Aktivität gegen graduelle Abweichungen und Verletzungen der Norm. Das heißt, das Kranke drängt sich dem Bewusstsein nicht mehr unbedingt durch einen Schmerz, sondern vor allem durch seine Würdigung auf, für krank zu gelten, und damit wird das Pathologische pathologisiert und zunehmend auf das Niveau des Verbotenen, später wird es heißen: des Lebensunwerten gebracht. Ob Klumpfuß oder Buckel, Schiefhals oder Hasenscharte, der öffentliche Blick bleibt daran haften und empört sich, weil diese Irregularitäten an die menschliche Hinfälligkeit als einer Vorstufe der Sterblichkeit erinnern. Angstabwehr eines ultimativ gewordenen Todes, dessen Monstrosität durch keine religiöse Transzendenz mehr kaschiert werden kann, und ein Glaubensaustausch zwischen Theologie und mechanischem Materialismus bilden den Kontext für diese Verschiebung der Perspektive des Mediziners zum Leib. Die Maschine hat zu ersetzen und physikalisch zu produzieren, was metaphysisch begründet ist und bislang eben nur theologisch gelöst werden konnte: dass es ein Leben nach dem Tode gibt. Und da

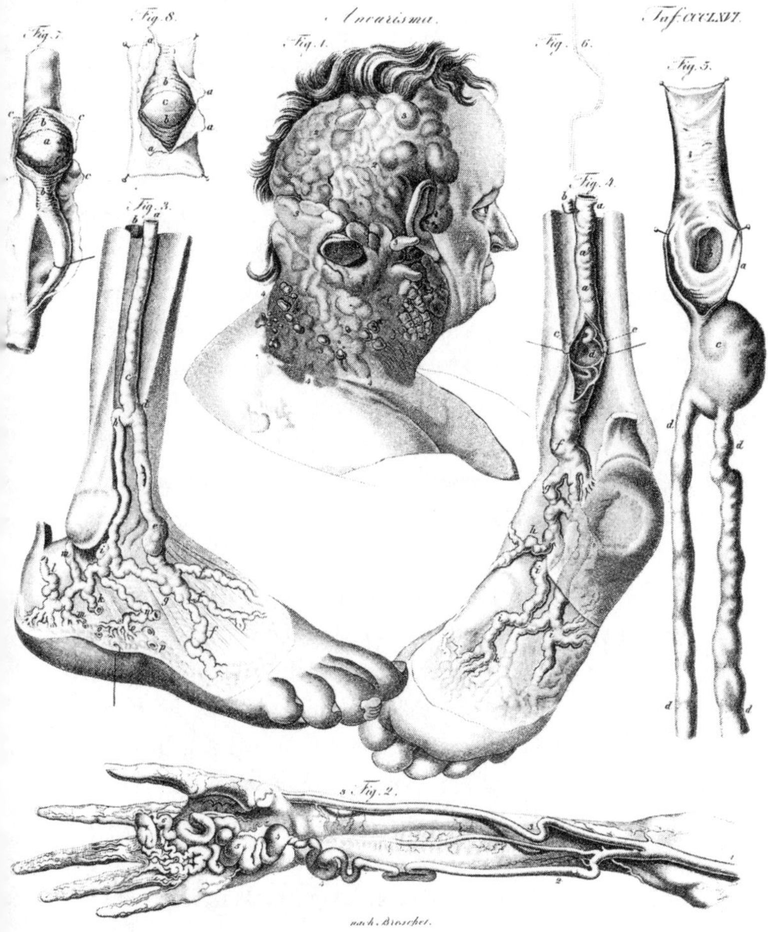
Aneurisma.
Taf. CCCLXVI.
Fig. 1.
Fig. 2.
Fig. 3.
Fig. 4.
Fig. 5.
Fig. 6.
Fig. 7.
Fig. 8.
nach Breschet.

im beginnenden Industriezeitalter allein die Maschine den Mehrwert regelt, muss Gott abgeschafft und die Maschine an seine Stelle gesetzt werden; das ist der Streit zwischen dem Apotheker und Pater Bournisien, und das bedeutet der Satz Homais': «Mein Gott, das sind die Naturwissenschaften!» Das fortschrittliche Bürgertum, das im Besitz der Produktionsmittel ist, sitzt hier gehörig in einer Falle, und Homais als sein Vertreter, der einerseits seine Organe nach seinem Tod für wissenschaftliche Forschungen zur Verfügung stellen will, andererseits aber kein Blut sehen kann, da es ihn doch zu sehr an das eigene erinnert, spricht nur aus einem Grund so leicht von dem Nichts, in das alle Materie anerkannterweise zerfällt: Er glaubt an eine das Nichts aufhaltende Rezeptur, eine Formel, die nur noch gefunden werden muss und die bewirkt, dass alles Seiende dauerhaft ist. Darum auch muss der Blinde, der dieses Nichts personifiziert, bis zur Internierung verfolgt werden, denn er nimmt die Niederlage in diesem Kampf der Technik gegen den Tod verallgemeinernd vorweg. Sein «skrofulöses Leiden», durch das er ein zur Fratze entstelltes Gesicht bekommen hat, soll erst einmal durch eine Salbe geheilt werden, die Homais ihm verschreibt, und dann erst, als das nicht gelingt, geht Homais zur Bestrafung über und veranlasst den Ausschluss der Kreatur aus dem öffentlichen Leben. Vor dem Hintergrund einer rasanten Evolution der Erkenntnis finden alle kulturellen Distributionen vom Standpunkt des Wissens her statt, und so gilt dieser Akt einer Strafmaßnahme auch nicht eigentlich dem armen, obdachlosen Kerl, sondern den blinden Flecken des Wissens, die Homais, den modernen Archivar aller Wissensvorräte, nachhaltig kränken oder besser: die ihn ängstigen müssen. Die Einzigartigkeit des Menschen aber konstituiert sich in jenem individuelles Geheimnis bleibenden Rest, durch den er auch unberechenbar und damit unbeherrschbar sein wird, und dieser dunkle und der Sprache entzogene Grund ist der Ort seiner Freiheit. Im Namen einer Freiheit, die auf eine effiziente Verwaltung von Freiheit zielt, handelt Homais also gegen die Freiheit, und damit ist er die praktizierende Urkraft der Zerstörung von Subjektivität. Homais und Lheureux, der eine mit seiner destruktiven Energie im Schatten der Bibliotheken und einer Moral ohne Moralität, und der andere in seiner Funktion, die beschädigte Psyche in den materiellen Kreislauf des Kapitals einzubinden, sind die essenziellen Fixierungen der Geschichte von Emma und Charles, und sie sind die eigentlichen Akteure, die uns nachhaltig zu beschäftigen haben. Emmas Romantizismus liest sich heute gewiss nur noch komisch, und Charles, der die Liebe pragmatisch gestaltet, um sie durch seinen stupiden Alltag zu retten, ist uns, die wir an einem sprachlichen Überschuss bis zur Sinnentleerung leiden, in seiner notorischen Begriffsstutzigkeit vielleicht etwas fremd; aber dieser äußere Rahmen, in dem die Figuren bereits präfiguriert worden sind, noch ehe sie ein Bewusstsein von sich selber bekommen, ist eine Vorform der modernen Welt, wie sie ist: mehrfach entfremdet und mit Surrogaten verstellt. Nur eben die Technologien haben sich verfeinert, und Homais greift heute besser gleich auf das Erbgut zu, anstatt lästige Operationen an einem Klumpfuß zu initiieren. Und damit bin ich wieder in Ry und schaue noch ein letztes Mal am Grabstein der Delphine Delamare vorbei, deren Geschichte uns diese Geschichte geschenkt hat.

Rouen, März 2004

Nachwort I, II

ZWEI :

Diktatur der Sprache. Sprache der Diktatur
Elf Versuche zu Victor Klemperer

… haben Sie sie auch gehört, die Sprache, die auch dann spricht, wenn sie von keinem gesprochen, das heißt *aus*gesprochen wird? Ihre stumme Anwesenheit im Augenblick des Schweigens, das ein *Ver*schweigen ist? Denn natürlich ist die Sprache zwischen Menschen, ist ihr Verständnis von Sprache, wie der Igel vor dem Hasen im Märchen, immer schon da, und sie wird zu einer inneren Stimme, die von außen zu uns spricht und fragt: Was wird er nun sagen? Und warum fängt er nicht an? Vielleicht will er ja gar nichts sagen und fängt überhaupt nicht an? Vielleicht ist er, in Anbetracht seines Themas, über Sprache zu sprechen, über die Diktatur der Sprache und über die Sprache der Diktatur, verstummt? Wie damals, als er hier wohnte, keine hundert Meter entfernt von diesem Ort, an dem wir an Victor Klemperer denken, um so an alles zu denken, was Sprache und Sprechen, Macht und Ohnmacht, Subjekt und Objekt miteinander verbindet. Hierher kam ich aus einem Dorf an der Havel nördlich von Berlin, wenige Monate vor dem Einmarsch der großen, ruhmreichen Sowjetarmee in das Nachbarland ČSSR, auch sozialistisch, auch, nach Brecht, so «wie der Regen von oben nach unten fällt», auf der Seite der Sieger der Geschichte. Ich am Straßenrand, ein Pionier unter Pionieren, weinend und winkend, mit einem blauen Halstuch, irgendwann im August 1968. Und am Fenster, schräg gegenüber von hier, im Haus Nr. 9 der Wilsdruffer Straße, I die damals Ernst-Thälmann-Straße hieß, weinend und winkend, mit einem kleinen weißen Tuch, meine Mutter, die mich sah in der Menge, klein wie ein Zwerg, immer wieder verdeckt von wehenden Tüchern, den Panzern entgegen, die über die Straße rollten, den ruhmreichen Soldaten entgegen, die aus ihren Luken schauten und ihrerseits winkten, so als wollten sie uns unsere Angst damit nehmen, wegwischen, wegwinken, die eine Angst vor einem Krieg war, wie es noch keinen gab. Dann wieder meine Mutter am Fenster, die mir etwas zuzurufen schien, dann wieder ich, von einem der Soldaten auf einen der Panzer gehoben, wie ein Monument des Augenblicks, eingefroren, ein Foto in meinem Gedächtnis, und dann sah ich, dass meine Mutter mich sah und dass sie stolz war, ohne zu wissen, warum. Dieser Tag, diese Stunde, dieser Moment war das Ende meiner Kindheit. Von diesem Tag an konnte ich nicht mehr altern, so habe ich es empfunden, denn ich war, von diesem Tag auf den nächsten, so alt geworden, dass man mich als erwachsen hätte betrachten können. Ich verweigerte mich, ich streikte, ich spielte nicht mehr mit. Meine Rolle, die eine vorgeschriebene Rolle war, eine Rolle der Privilegien und der kleinen, schäbigen Vorteile, war ausgespielt, zu einem Ende geträumt, zu einem Abschluss gebracht. Von nun an hatte es die Welt, die gewiss nur meine kleine Dresdener Straßen- und spätere Fabrikwelt war, schwer mit mir, und ich hatte es schwer mit ihr, schwerer, als ich es aushalten konnte. Ich unterbreche mich jetzt. Denn jetzt folgt nichts mehr. Nichts außer Abweisungen und einer unendlich tiefen Hoffnungslosigkeit. Mein «Turm», wenn ich hier auf den gerade in Dresden bekannten Roman gleichen Titels anspielen darf, war ein Keller, in dem wir hockten, meine Freunde und ich, wie verwundete Tiere. Dieser Keller, den wir uns etwas hergerichtet hatten mit Stoff und Matratzen und in dem ich den sicher sinnvolleren Teil meines noch ach so jungen Lebens verbrachte, wird später, in einem Roman, der von eben dieser Finsternis handelt, ein Topos sein und eine Metapher zugleich, Zitat:

Wir liebten die Welt unter der Erde. Jeder war hingerissen von der Nutzlosigkeit seiner Arbeit, die Maschinen wirbelten den Staub durch die Luft, dass es eine Freude war, Zeuge zu sein, das ganze Jahrhundert betreffend. Ja, wir waren der Zukunft zugewandte Leute, an was auch sonst sollten wir uns halten.

Nein, ich möchte die Orte nicht wiedersehen, die keine guten Orte für mich waren. Der Schriftsteller, der ich geworden bin, hat sich diese Orte erklärt, er hat ihnen einen Charakter gegeben und eine Geschichte. Dies aber stets mit dem Wunsch, sie zu vergessen. Doch um vergessen zu können, muss erinnert worden sein, und um erinnern zu können, muss die Abwehr des Erinnerns abgeschlossen sein. Der Körper dieses Vergessens, dieser so zu einem Abschluss gebrachten Form des Vergessens, ist das Buch, sind alle Bücher, die davon handeln, besser und wahrhaftiger, als ich es in einer Rede je könnte. Ich will sagen, ich weiß nicht mehr als das, was ich schon irgendwo geschrieben habe. Zum Beispiel hier, in einem meiner frühen Gedichte. Ich etwas über zwanzig, aber schon an einem Punkt, von dem aus sich mein literarisches Werk zu bilden und zu entfalten begann:

Zwischenzeitlich

I

Ich bin, was ich in meiner Sprache bin,
Was ich in den Worten bin, die ich mir
über mich mache.
Was ich in den Worten bin ist das,
Was ich in den Worten der anderen war,
Weil ich bin, was ich für andere bin,
und
Weil ich für andere bin, was ich nicht
bin.
Also ich bin, was ich nicht bin und bin nicht,
Was ich bin.

II

Wenn meine Sprache, meine Gedanken, einer
Verfehlung gleich, abnabeln vom Sinn,
Wortkrank sich verlieren, versanden,
Wenn mein Raum, also das Rechteck
Schulter Schulter, Fuß Fuß, einem, versehentlich,
falschen
Ausdruck erliegt, dann werde ich abscheiden,
Im Schnee stehen und mir nachwinken, bis der Arm
erfriert,
Blau das Gesicht von des Scheiterns schneidendem
Wind.

Meine Damen und Herren, ich entschuldige mich, wenn ich den Eindruck erwecke, von mir selbst zu sprechen in einer Weise, die das Thema und den Sinn und den Anlass der Rede verfehlt. Doch ich hoffe, dass dem nicht so ist, denn ich sehe mich bereits inmitten einer Erzählung, die sich selbst schreibt, weil ich hier aufgewachsen bin mit eben diesen Fragen, die auch die Fragen Victor Klemperers waren: Was macht die Sprache mit uns, und was machen wir mit der Sprache? Wo repräsentiert sie uns und unser Begehren, und wo redet sie uns ein Begehren nur ein? Wo haben wir sie und wo hat sie uns? Wer ist überhaupt Subjekt in diesem fließenden Zusammenspiel von Rede und Antwort, Begriff und Bedeutung, Zeichen und Sinn? Nicht umsonst stößt Klemperer in seiner Sprachanalyse des Dritten Reiches «Lingua Tertii Imperii» immer wieder auf etwas, das nicht von Menschen gemacht, erfunden und gesteuert ist, sondern selbst Menschen macht, erfindet und steuert. Es wird zu einem Monster, einer Art Frankenstein der Sprache, den wir uns ganz und gar physisch zu denken und vorzustellen haben, in brauner Uniform und gewaltbereit zu jeder Stunde. Sprache aber *ist* physisch, und jede Rede ist immer auch Handlung. Im Märchen stirbt, was benannt worden ist, weil es seinen Zauber verloren hat, sein Recht auf ein Rätsel. Am deutschen Faschismus starb fast die Welt, weil Worte eben auch Brände legen und töten können. Das Wort «Brandrede» hat vielleicht hier seinen Ursprung. Und schon komme ich auf einen zweiten Aspekt, den ich wenigstens andeuten will: mein Misstrauen gegen die mündliche Rede, die stets mit Funktionen behaftet ist, die keine der Sprache und der Schrift mehr sind und größere Wirkung haben als Verständnis und Einsicht. Wie gefährlich Pathos werden kann und wie verführerisch eine Rhetorik, die es erzeugt, haben wir gerade in Deutschland auf das Schlimmste erlebt. Nicht umsonst ist ein Element der rhetorischen Trias *ethos, pathos und logos*, wie sie Aristoteles begründet hat, eben das Ethos. Ein Register weniger, und wir werden verführt. Denn auch die Stimme ist ein Objekt und eine Antwort der Antwort. Der Phonozentrismus, wie er heute wieder dominiert, betont die Rhetorik und setzt den Logos herab, und das macht mich skeptisch und in meiner Rede verlegen, die ja immer auch eine Illusion von Geschlossenheit ist und von erfundener Kohärenz. Auch das führt uns zum Autor der grandiosen Tagebücher zurück, die nicht nur in seiner Reflexion darüber zeigen, dass Sprache mehr ist als eine Reihe von Wörtern in einem Satz, sondern die auch zeigen, wie unhintergehbar sie ist, und wie sie selbst den wieder einholt, der sie verlassen wollte und will. Wir sehen schon jetzt: Alles ist, wenn man nur lange genug nachdenkt darüber, aporetisch, und ich möchte auch gar nicht versuchen, einen Ausgang zu finden aus dem Mysterium dieser zu- und gegeneinandergestellten Erscheinungen. Wir bräuchten eine zweite Ordnung des Wissens, ein Wissen des Wissens, ein Bewusstsein, das das Bewusstsein selbst zum Gegenstand hat, dann, vielleicht, lösten sich ein paar Verknotungen auf (um später neue zu bilden). Daher plädiere ich für eine Kultur der Anerkennung von Widersprüchen und Disharmonien, die kein Irrationalismus sein soll und keine romantische Idee vom Transzendentalen, sondern abgeklärt auf die Aufklärung blickt und mehr Bescheidenheit fordert; Bescheidenheit angesichts eines auf pure Nützlichkeit getrimmten Verständnisses von den Dingen der Welt. Denn jede Wahrheit hält stets ihr Gegenteil umschlossen, und auch davon spricht die Sprache, wenn sie sich spaltet in Funktion und Materie, Bedeutung und Spiel.

Das ist auch das Paradoxe am Schreiben, dass es festhält, III was es loswerden wollte, dass es bewahrt, was in der Zeit lag und ebenso verschwunden sein könnte, wäre es nicht sprachlich fixiert worden, kurz: dass es das Wesen *wesentlich macht*. Bücher archivieren etwas, sie sind wie ein Symptom, das Angst vor seiner Heilung hat. Wir wissen seit Freud, dass ein Schmerz andauert, um größere Schmerzen zu verdecken und das Subjekt vor dem Zusammenbruch zu bewahren. Symptome zeigen also nicht lediglich an, wo der Körper erkrankt ist, sie nehmen dessen Krankheit zugleich in Schutz, indem sie den Interpreten, den Arzt, auf falsche Fährten locken. Wir können also sagen: Das Symptom ist der gesunde Teil einer Krankheit. Mit Büchern ist es nicht anders. Nicht *was* sie sagen, ist die Erzählung, sondern *wie* sie es tun – nämlich so, dass es geglaubt werden kann. Die Bücher, die von den Orten erzählen, die ich nicht mehr betreten möchte, sind also nicht dadurch wahr, dass sie eine größtmögliche Übereinstimmung mit der Wirklichkeit bieten, die ja auch stets labil und in Verwandlung begriffen ist; sie sind wahr, weil uns die Erinnerung gar nicht belogen haben kann, auch wenn sie den Ansprüchen der Protokolle niemals gerecht werden würde. Denn die Erinnerung ist wahr, weil sie die Unwahrheit sagt und damit die Idee unterwandert, unser Leben wäre eine lineare Geschichte, die sich verstehen und erzählen lässt; sie ist wahr, weil im Text, der entstanden ist, das Gefühl wieder vorherrscht, wie es war, als ich das Haus verließ, um in die Schule zu gehen. Und links sah ich täglich, immer um dieselbe Zeit und immer für dieselbe Dauer des Gehens die Straße herunter und über die Kreuzung hinweg – mögen es nun fünf oder acht oder zehn Minuten gewesen sein, für mich waren es

Stunden, Tage und Jahre –, am einzigen Hochhaus des Platzes und dort an der höchsten, sichtbarsten Stelle, in roter Schrift und am Abend beleuchtet, den gewaltigen, nein, den gewaltsamen Satz: DER SOZIALISMUS SIEGT. Ich konnte ihn nicht *nicht* sehen, und hätte ich den Kopf abgewandt, so hätte ich doch gewusst, dass es ihn gibt, dort hoch oben und über uns, aus der Sicht eines Kindes fast wie ein Stern.

IV Der Satz war nicht auszublenden, abzuschalten, wegzudenken, er gehörte zu meinem Weg und zu meinem Tag und zu meinem noch recht jungen Leben; er war eine Gleichung, eine Chiffre, ein Code; er war selbstverständlich geworden, ein Bestandteil des Unabänderlichen, so wie Tag und Nacht und Sommer und Winter. Das Bemerkenswerte an ihm war, dass es ihn, schon nach kurzer Zeit einer sich selbst erlebenden Aufmerksamkeit, gar nicht mehr gab, oder eben nicht mehr in dieser Kenntlichkeit. Das eine Mal sah ich ihn und wusste, dass ich ihn sah, dann wieder sah ich ihn, wusste es aber nicht, ich sah ihn, ohne dieses Sehen zur Kenntnis zu nehmen, so wie man durch Dinge auch hindurchsehen kann, obwohl man sie anblickt. Das Auge und der Blick sind separate Objekte, wie auch Stimme und Schrift, Ohr und Gehör, und ein Reizimpuls kann durchaus isoliert wahrgenommen werden und neuronale Liniaturen bedienen, die unter einer Schwelle des Bewusstseins bleiben. Viktor Frankl, der große Wiener Psychiater und Arzt, sprach von einem geistigen Unbewussten, für das wir ebenso verantwortlich sind wie für unsere Handlungen, die uns die Gesellschaft, vertreten durch das Über-Ich, diktiert. Dieser Gedanke, nein, diese Einsicht ist schon deshalb nicht zu unterschätzen, weil sie uns auch für die Dunkelheit zuständig macht, in der wir leben, für den blinden Fleck im Netzwerk unserer Erkenntnisfähigkeit und seiner Begehrensstruktur. Wir sind die Summe unserer Texte, das ist die Lehre, und sie greift hier historisch insofern voraus, als wir uns heute die Texte immerhin aussuchen können, wählen können, was uns erreicht. DER SOZIALISMUS SIEGT aber war ein Axiom, eine Festlegung, reine Sprache, und das Ungeheuerliche, Gewalttätige, Zynische daran war die Unhinterfragbarkeit dieser drei im Grunde harmlosen Wörter. So arbeiten auch Mythen: Sie sind feste Bilder, die nichts mehr zu beweisen brauchen und als Allegorien für alle Zeit zur Verfügung stehen. Ein Mythos muss nicht verstanden werden, er wirkt allein dadurch, dass es ihn gibt. Allerdings haben Mythen eine lange Kette von Bedeutungszuschreibungen – auch Semiose genannt – hinter sich, das heißt, ihnen ging eine Arbeit in der Sprache voraus, die zunächst einmal kollektiv bestätigt werden musste, um dann im Ritual zu erscheinen und glaubwürdig zu sein. Der Satz auf dem Hochhaus, den ich bald gar nicht mehr sah, was sicher die bedrohlichste seiner Wirkungen war, hat nichts geleistet, was auch nur dem Ansatz nach Glaubwürdigkeit hätte hervorbringen können. Er war einfach behauptet und an der Fassade des Hauses befestigt worden, anmaßende Materie, die auf keinen Sinn zurückgeführt werden konnte, da sie nie einen besaß. Heute weiß ich, dass in dieser leeren Substanz, dieser Hohlform der Sprache, schon alle Macht enthalten war. Nicht der beweisbare Satz ist gefährlich, der seine Logik offenlegen und seine Elemente zueinander in Beziehung setzen muss, sondern der leere, nichts repräsentierende, nichts denkende Satz, der nur phonetischer Lärm ist; er überspringt die Entfaltung der Zeichen und richtet sich auf das ein, was seinen Status als roher sprachlicher Körper bestimmt. Kurz: Der Satz will nichts! Er will weder überzeugen noch verführen noch berauschen – er will nur eines: ein Bestandteil des Unbewussten werden und arrogant genießen, dass er unhinterfragbar ist, unabänderlich, wie die Natur.

V Die LTI, wie sie Klemperer beschreibt, ist mit der Sprachreglementierung anderer totalitärer Systeme, wie auch die DDR eines war, gewiss nicht zu vergleichen, obwohl es Parallelen dazu gibt. Dass sie nicht miteinander zu vergleichen sind, liegt an einer grundverschiedenen Beschaffenheit von Identität. Es ist erschütternd zu lesen, mit welcher geradezu hypnotisch wirkenden Energie der Nationalsozialismus begrüßt wurde. Der Mythenkodex einer Sprache, die keine Kombinatorik mehr zulässt und zum Gesetz wird, fand seine Anhänger, seine Glaubensgemeinschaft, seine Mit-Wahnsinnigen, und das war sein böses Kapital. Hier aber, wo der Sozialismus siegte, ohne jemals existiert zu haben, wurde die Sprache von gar nichts getragen – eine reine Verfügung, so wie man auch eine Hausordnung schreibt bzw. einhält, um nicht aufzufallen. Gewiss haben sich die Funktionäre des Systems bestens verstanden, weil sie im selben Phrasensumpf steckten und hinter jeder Auslassung das Fehlwort erkannten. Aber identifiziert im größeren, tieferen, metaphysischen Sinn – der eben auch ein gefährlicher Unsinn sein kann – haben sich mit dieser Sprache, die keine Sprache des Sprechens, sondern eine der Befehle und der

Verwaltung war, die meisten wohl nicht. Das hatte eine entscheidende Konsequenz: Sprache, die sich auf keine Objekte bezieht, die auch begehrte Objekte sind, bedeutet nichts mehr, sie löscht sich aus und hinterlässt eine unendliche Leere. Niemand hat das besser beschrieben und zu Literatur gemacht als der viel zu früh verstorbene Wolfgang Hilbig, dessen Werk geradezu ein Fels in der tosenden Brandung dieses kranken und krankmachenden Schweigens ist. Ein Irrtum wäre allerdings die Annahme, dass eine Sprache, die quasi für nichts steht, weniger Unheil anrichtet als jene der falschen Ideale und Ideologien. Es ist nur eine andere Ökonomie in einem gleichen destruktiven Kreislauf im Spiel.

VI

An dieser Stelle möchte ich von einer Übung sprechen, die ich während eines Schreibseminars durchgeführt habe. Ich wollte zeigen, wie selbstbezüglich und wie losgelöst von kognitiven Verstehensprozessen Sprache auch funktioniert und wie schnell sie sich von jener Vorstellungswelt trennt, die mit bestimmten Begriffen aufgerufen wird. Ich wollte zeigen, wie mächtig sie ist. Dafür verwendete ich einen Satz des Abbé Dinouart, der schon für sich betrachtet eine Herausforderung darstellt: «Wir dürfen das Schweigen nicht brechen, außer wir haben etwas zu sagen, das besser als Schweigen ist.» Ich bat um eine Abschrift dieses Satzes in zweifacher Weise. Die erste sollte rein technisch sein – das Abschreiben als bloße Aufbewahrung eines Gedankens. Die zweite sollte in Schönschrift erfolgen, damit man sich in die Kraft der Worte versenken und ihnen durch eine gravitätisch nachformende Geste der Hand etwas Andächtiges geben konnte. Danach sollten die Unterschiede dieser zwei Aneignungspraxen festgestellt werden. Nun war mir bei der Übertragung des Satzes aus dem Buch an die Tafel ein Fehler unterlaufen, den ich erst entdeckte, als die Schreibarbeit schon in Gang gekommen und nicht mehr zu unterbrechen war. Ich hatte das Wort «das» mit einem doppelten anstatt mit einem einfachen «s» geschrieben. Damit aber war eine zusätzliche Erkenntnisebene entstanden: In der ersten Variante der Abschrift haben fast alle den falschen Buchstaben automatisch korrigiert und anstelle des harten S-Lautes einen weichen gesetzt. In der zweiten war diese Korrektur plötzlich verschwunden und der falsche Buchstabe stehengeblieben. Die Kommentierungen dieser Übung seitens der Autoren führten zu erstaunlichen Reflexionen – nur eines war niemandem aufgefallen: dass sie in der technischen Abschrift kritisch reagierten und in der magisch-deifikativen eben nicht. Das Reden ohne Verständnis vom Sinn der Rede wird demnach doppelt ausgebeutet: positiv in der sakralen Ergebenheit, wofür die Schönschrift oder der inszenierte Mythos bürgt, negativ im Ritual der kulturellen Domestikation, bei dem die Abschrift ein Instrument der Zurechtweisung ist. Beide Formen sind Repräsentationen von Gewalt, die subjektiv nur unterschiedlich bewertet werden. Die «Worthülse» ist also keine Ablenkung der Macht auf einen politischen Nebenschauplatz, sondern sie steht für absolute Macht – wie ein sprachliches Zeichen, das mit Bedeutung gefüllt ist und demagogisch verwendet werden kann.*

* Das Beispiel in Absatz VI ist, in einer etwas veränderten Weise, meinem Buch entnommen: «Schreiben. Vom Leben der Texte», S. 71–72, München 2012

VII

«Die LTI», schreibt Klemperer, «war eine Gefängnissprache (der Gefangenenwärter und der Gefangenen)». Aber ist das nicht jede Sprache? Verbirgt nicht jede Sprache den Code einer gesellschaftlichen Regel, die befolgt werden will? So schreibt auch Klemperer: «Sprache dichtet und denkt nicht nur für mich, sie lenkt auch mein Gefühl, sie steuert mein ganzes seelisches Wesen, je selbstverständlicher, je unbewusster ich mich ihr überlasse.» Hier müssen wir genauer werden und die Begriffe differenzieren. Die Sprache ist ein System von Zeichen, das der Verständigung dient und dem Austausch individueller Interessen im sozialen Raum. Ohne ein solches System des Kommunizierens, das an Regeln gebunden sein muss, um funktionieren zu können, wären die Gesellschaften, wie wir sie heute kennen, niemals entstanden. Die Geschichte der Menschheit ist also auch eine Geschichte der Sprache, und wir verdanken ihr, was wir sind. Zugleich aber, wie Sprache ein Instrument der Vergesellschaftung von Interessen ist, die sich historisch herausgebildet haben, muss sie den unterwerfen, der sie benutzt. Das heißt für das singuläre Subjekt, dass es, indem es zur Sprache kommt, auch zur Gesellschaft kommt, in der es leben und sich herausbilden will. Es wird also von einem System, das die Sprache ist, vereinnahmt; es wird *beschriftet*, ehe es selbst zur Schrift kommt. Hier nun spürt das Subjekt eine gewaltige Kluft zwischen dem, was es begehrt, und dem, was die Sprache ihm auszudrücken erlaubt. Diese fortwährende Differenz konstituiert einen Mangel, der irreduzibel ist und auch nicht mit anderen Objekten gefüllt werden kann. In der Psychoanalyse Lacans gibt es dafür den Wert Objekt klein a. An dieser Stelle spaltet sich das Ich des Subjekts in ein soziales und ein imaginäres – bei Lacan *je* und *moi* genannt. Das Ich ist also nicht das Ich. Das ist der Preis des Einzelnen dafür, in die Räume des Vaters, die immer auch Sprachräume sind, eingelassen zu werden. Wir haben also, in seinem Namen, ein Opfer gebracht, und der Lohn ist die Symbolisierung und damit auch Sozialisierung des Mangels im Imaginären. Vollzieht sich der Eintritt in die symbolische Ordnung des Vaters nicht oder nur verzögert, nimmt die soziale Entwicklung einen pathologischen Verlauf. Die Sprache ist also ein System von doppelter Konsistenz: durch sie werden wir Ich – und durch sie verlieren wir es.

VIII Nun ist die Sprache zwar immer schon da, quasi ein Netz, in dem sich jeder verfängt, der sie erlernt – und erlernen muss sie jeder, um ein soziales Wesen zu werden. Ebenso aber vermittelt sie sich auch im Akt des Gebrauchs subjektiv. Sprache und Sprechen – *langue, langage* und *parole* – verhalten sich also wie Objekt und Subjekt, Ding und Bedeutung, Zeichen und Sinn. Bei Saussure, der die Begriffe Signifikant und Signifikat dafür eingeführt hat, gibt es die Metapher vom Blatt Papier, dessen Vorderseite die Ausdrucksebene und dessen Rückseite die Ebene des Inhaltes ist. Mit jedem Sprachzeichen werden beide Funktionen, Lautsignal und Bedeutungsprodukt, aufgerufen. Es kommt im Akt des Sprechens also zu einer Bewegung, die sich in einer Verschiebung vom Signifikanten zum Signifikat vollzieht. Diese Beweglichkeit, dieses «Gleiten des Sinns», wie Roland Barthes es nennt, ist auch eine Beweglichkeit des sprechenden Subjekts in der Sprache, die es ergriffen hat, hin zu einem Sprechen, das diese Ergriffenheit sprengt. Freiheit der Sprache heißt also nicht, sie zu zerstören, wie die Avantgarde es in der Vergangenheit immer wieder – und immer wieder vergeblich – versuchte. Freiheit heißt, Sprache so zu verwenden, dass sie ihr Verweisungssystem für neue Inhalte freigibt. Nichts anderes ist Literatur, als eben diese Entfremdung des Individuums durch Sprache *mit* Sprache zu relativieren oder aufzuheben. Und das gelingt dadurch, dass der Sprechende die Sprache mit seinem Wesen konfrontiert, sie subjektiv ausformt. In diesem Zuspiel von Sprache und Sprechen, Regel und Regelverzug bleibt genügend Raum, der Kontrolle der Sprache über den Sprechenden vielleicht nicht komplett zu entkommen, sie aber temporär, für die Dauer eines literarischen Werkes, außer Kraft zu setzen.

IX

Dieser theoretische Umweg war nötig, um die Begriffe Sprache und Diktatur so abzugrenzen, dass sie uns nützlich werden. Denn ebenso, wie «Diktatur» auch das Wort «Diktat» in sich birgt, ist Sprache natürlich auch Diktatur. Sie ist ein Gesetz, das befolgt werden will und das Opfer verlangt. Aber dieses Gesetz hat auch Lücken und Fehler, es ist brüchig. Diese Brüchigkeit ist die Chance eines jeden individuellen Sprechens – es ist die Unschärfe, aus der sich neue Bedeutungen ergeben. Diktatur der Sprache ist also etwas anderes als Sprache der Diktatur, die ihrem Wesen nach ein Widerspruch in sich ist, da sie diese Chance eben nicht bietet. Sie ist so starr wie der Anspruch auf Macht paranoid ist. Kurz: Eine Diktatur hat keine Sprache, sondern lediglich einen Apparat von Begriffen, die in festen Beziehungen zueinander stehen und sich nur im Kreis bewegen wie

Dinge in einem vollgestellten Raum. Genau das zeigt uns Klemperer, wenn er nicht nur Wörter, wie sie jedes System für sich erfindet, registriert und bewertet, sondern wenn er ihren Spuren im Satz, in der Rhetorik folgt. Doch dann geschieht etwas Schreckliches. Die Sprache, hier wirklich obszön in ihrer Verführungsgewalt, holt den Sprechenden ein, fängt ihn, frisst ihn: «Aber soviel auch der Nationalsozialismus von den ihm vorangegangenen zehn Jahren Faschismus gelernt hat, so vieles an ihm Infektion durch fremde Bakterien ist: Im letzten war oder wurde er doch eine spezifisch deutsche Krankheit, eine wuchernde Entartung deutschen Fleisches, und durch Rückvergiftung von Deutschland her ist der an sich gewiss verbrecherische, aber doch nicht ganz so bestialische Faschismus gleichzeitig mit dem Nazismus zugrunde gegangen.» Das ist Kritik im Tonfall des Kritisierten, denn wir haben es hier nicht – wie an wenigen anderen Stellen auch – mit erlebter Rede, mit Rollenprosa oder Zitaten zu tun. Die Sätze erreichen ihre kritischen Absichten nicht und werden damit zu Sätzen der LTI. Das desavouiert nicht den Autor, sondern zeugt von der Unhintergehbarkeit der Sprache, die ihn hier in Dunkelzonen des Sprechens geführt hat, die gleichsam im Unbewussten angelegt und ausgeführt werden.

X Diese Unhintergehbarkeit der Sprache im Augenblick des Gebrauchs zeigt ein Dilemma: Man bleibt mit dem Gegenteil dessen, was man sagen will, verkettet – und bringt dieses gelegentlich sogar noch hervor. Nach allen Systemwechseln und in den Jahren des Übergangs von einer Kultur in eine andere erleben wir, wie sehr die Sprache die Vergangenheit am Leben erhält und beharrlich reproduziert. Der Austausch der Begriffe ist nur Kosmetik und ersetzt noch nicht ihren tief in uns abgelegten, supplementierten Sinn. Auch das hat mich mein Leben schon sehr früh gelehrt – indem ich eine Sprache des Faschismus in sozialistischer Einkleidung hörte, die immer etwas mitbetonte, das nicht mehr Bestandteil der Rede war. Es gibt also keinen Grund, es nur auf die Wörter zu schieben, wenn sie falsch klingen. Das hat mich auch immer skeptisch gegenüber einer vordergründig politischen Literatur gemacht, die zwar das Gute vertritt, es aber wieder an die Sprache ihrer Gegner verliert. Victor Klemperer, um das gleich klarzustellen, hat mit seinen Aufzeichnungen gar nichts verloren, sehen wir von Irrläufern wie dem eben erwähnten einmal ab. Zumal er kein Dichter war, keiner, der die Sprache auch gegen sie selbst verwendet und ihr so einen Mehrwert abgewinnt, wie ihn eben nur Poesie haben kann. Er war Wissenschaftler, Philologe, Chronist, dem nur ein diskursives Sprachsystem gegeben war, eines, dem er nicht so leicht entkommen konnte – wenn überhaupt. Die Sprache seiner Umgebung und Zeit so um die Achse ihrer eigene Logik zu drehen, dass ihre Paradoxa sichtbar wurden, ist sein großes, einmaliges Verdienst. Ebenso groß wie das, mit seinen Notizen und Tagebüchern, stellvertretend für alle Gesellschaften, eine Archäologie des Opportunismus geliefert zu haben.

XI Würde dieses Thema in seiner alles umspannenden Größe und Tiefe einen Abschluss erlauben, wären wir nun am Ziel. Aber es ist nur angerissen, angedeutet, in Bewegung gebracht, darüber nachzudenken und weiter nachzudenken, was die Sprache für uns Menschen bedeutet, weil wir nur werden können, was sie bereits ist – oder eben noch nicht ist. Die LTI, wie sie Klemperer beschreibt, steht für jedes erstarrte sprachliche System, das eine gesellschaftliche Verfasstheit verkörpert und am Leben hält. Wenn wir sie verstehen, verstehen wir auch ein Prinzip. In diesem Sinne sollten wir jetzt über unsere Sprache sprechen, darüber, wie sie im Jargon der Medien und durch ihre digitale Wiederverwertung zerfällt. Es gibt eine Internetsprache, die für mich eine Geheimsprache ist, ein Kassiber der Unverständlichkeit, der reine Idiolekt. Es gibt eine Sprache der Abkürzungen und der Auslassungen, die fast schon so primitiv ist, wie die Rauchzeichen uralter Stämme es waren. Und es gibt eine Sprache der Kultur und der Humanität, die immer schlechter verstanden und vielleicht nicht einmal mehr gelesen wird. Das finde ich bedrohlich, und in Entgegnung darauf hat auch Literatur ihren Sinn.

Dresden, Oktober 2012

Charlottenburg, 10/4.17

Sehr geehrter Herr,

Sie haben mich unglücklich gemacht.

Ich habe Ihre Verwandlung gekauft und meiner Kusine geschenkt. Die weiß sich die Geschichte aber nicht zu erklären. Meine Kusine hats ihrer Mutter gegeben, die weiß auch keine Erklärung.

Die Mutter hat das Buch meiner anderen Kusine gegeben und die hat auch keine Erklärung.

Nun haben sie an mich geschrieben. Weil ich der Doctor der Familie wäre.

Aber ich bin ratlos.

Herr! Ich habe Monate hindurch im Schützengraben mich mit dem Russen herumgehauen und nicht mit der Wimper gezuckt. Wenn aber mein Renommee bei meinen Kusinen zum Teufel ginge, das ertrüge ich nicht.

Nur Sie können mir helfen. Sie müssen es; denn Sie haben mir die Suppe eingebrockt. Also bitte sagen Sie mir, was meine Kusine sich bei der Verwandlung zu denken hat.

Mit vorzüglicher Hochachtung
ergebenst Dr. Siegfried Wolff

II Dieser allein durch seinen Empfänger berühmt gewordene Brief rührt mich an. Denn der Mann meint es ernst damit, nun auch verstehen zu wollen, was er, wohl eher durch eine Fügung des Zufalls als sich seiner Entscheidung bewusst, erworben hat. Vielleicht, so lässt sich argwöhnen, hat er nur den Namen des Verlegers auf dem Umschlag gelesen und eine Buchstabengleichheit schon für ein Versprechen gehalten. Oder er wollte seiner Cousine imponieren mit schwieriger Lektüre, die für Feingefühl bürgt und geistige Schärfe. Aber wie er es auch wendet und dreht: Er findet den Schlüssel nicht, mit dem man die Tür zu einem Textverständnis aufstoßen könnte, und fühlt sich jetzt, zumal als «Doctor» der Familie mit Erklärungsverpflichtung, zutiefst kompromittiert. Dabei bleibt offen, welche Kränkung die größere ist; die der Einsicht in die Begrenztheit des eigenen Fassungsvermögens oder die Blamage vor seiner Sippschaft, etwas verschenkt zu haben, dem er selbst nicht gewachsen ist. Nun muss seine Verzweiflung schon groß sein, wenn er sich gleich an den Autor wendet, um ihm seine Ratlosigkeit einzugestehen und um Hilfe zu bitten. Aber das verschlimmert nur seine Lage, denn er erwartet etwas, das auch der Verursacher dieses Dilemmas nicht zu geben imstande ist. Er gleicht hier dem Psychoanalysepatienten, der kein Wissen von seinem Wissen hat und es im Analytiker vermutet. Was immer der ihm auch sagt, wird für einen Teil des absoluten Ganzen gehalten, das nur im anderen zum Vorschein kommt; aber es ist nichts als eine Spiegelung jener Leerstelle, in der das Subjekt sich begründet. Mit anderen Worten: Wenn der Leser nicht weiß, wie etwas gemeint ist, wie soll dann der Autor es wissen, der ja auch nichts anderes als ein Leser seiner selbst ist? Das Problem liegt also tiefer, dort nämlich, wo zwei gegensätzliche Verstehensordnungen ineinanderfallen und notgedrungen für Verwirrungen sorgen. Der Schreiber des Briefes ist als Rezipient von Literatur, die es sich zu eigen gemacht hat, Realität nicht mehr abzubilden, sondern selbst zu erschaffen, schlichtweg verloren, und das ist nicht moralisch, sondern allenfalls phänomenologisch erklärbar. Schon der Hinweis darauf, er habe Monate hindurch mit dem Russen gekämpft, impliziert, dass es eine Art von höherer Gerechtigkeit gibt, auf die er sich nun berufen kann, um zu erfahren, was es denn auf sich hat mit dieser alles in allem verrückten Geschichte. Damit formuliert er auch einen vermeintlichen Anspruch – den eines Käufers von einem Produkt. Herr, will er sagen, entweder senden Sie mir die Lösung gleich mit, oder Sie bekommen Ihr Rätselheft zurück. Verlassen wir jetzt die Perspektive der uneinholbaren Divergenz, die immer alberner würde, je länger man sie im Auge behielte. Aufschlussreicher ist etwas anderes: dass der Leser, der kein Leser wird – jedenfalls keiner, der einen Text dort empfangen kann, wo er zum reinen Ereignis wurde und beharrlich über sich selber hinausweist –, nicht an einem schwierigen Buch scheitert, sondern an der Inskription von normierter Erfahrung. Sein Blick ist durchzogen von erstarrter Grammatik, von Ritualen und Ressentiments, und er wird auch nur sehen, was er schon kennt und sofort zuordnen kann; darüber hinaus herrschen Unwissen und Dunkelheit, die sich zur Angst verdichten, sobald ein kurzer, greller Blitz Kenntnis davon gibt. Diese plötzliche Beunruhigung ist hier durchaus eine Initiation; immerhin ist diese grausame Erzählung ja editorisch fein präsentiert, was also heißen muss, es gibt da einen, der sie schätzt und versteht (und mehr als *einen* Leser braucht ein Autor erst einmal gar nicht, um sich elementar verstanden zu fühlen und die Gewissheit zu haben, dass dem einen noch weitere folgen werden; denn immerhin ist ein Verständnis ja *möglich*, und alles andere demnach nur eine Frage der Zeit. Ab zwei Personen, die eine Sache vertreten, gibt es Wahrheit, sagt Nietzsche). Dieser Bund ist also geschmiedet, und in ihn will der «Doctor» hinein wie in eine Freimaurerloge. Er hätte es sich ja auch leicht machen können und einfach verwerfen, was er da nun gekauft und verschenkt hat; Pech gehabt, einen schlechten Griff in die Kiste getan, dem hübschen Cover auf den Leim gegangen oder dergleichen. Gut, ein bisschen Peinlichkeit bliebe, aber viel Zeit wäre gespart und ein gehöriges Maß an Aufregung auch. Nein, in gewisser Weise ist er schon der Gefangene einer Lust auf das erregende Andere, das es also geben muss wie Amerika, ehe es Kolumbus entdeckte. Es ist immer etwas anderes, eine Sache verwerfen zu müssen, die sich gezeigt hat, als davon nichts zu erfahren und die Auslassung als zeitliche Freiheit für sich selber zu nutzen. Das auch ist die Diktatur der Präsenz, in der wir uns heute befinden, wenn wir uns durch ein Dickicht an Informationen hindurchwühlen müssen, um am Ende noch zu vergessen, was wir eigentlich suchten; von den signifikativen Rückständen, die sich aggressiv eingestellt haben, gleich einmal ganz zu schweigen. Im Falle der hier erkennbaren Lesebereitschaft bei gleichzeitiger Blockierung der Lesefunktion ist es gut, etwas geöffnet zu wissen, was vordem, nein, nicht verschüttet, sondern in Blindheit und Unkenntnis war. Vielleicht ließe sich ganz allgemein die Vermutung anstellen, dass Literatur und/oder Kunst ihren Sinn nicht darin erschöpft, möglichst restlos – zumindest eines sehr späten Tages – verstanden zu werden (denn diachron verlaufen die Spuren von Produktion und Rezeption immer), sondern eine Schneise gezogen zu haben ins stets Unerschöpfliche und Unerkennbare der Dinge und ihrer Erscheinungen. Dann wäre ästhetisch primär auch nicht das Erzählte oder Gezeigte, sondern das in ihm Aufgehobene einer Vermutung vom Abwesenden, das in diesem Moment absolute Bedeutung erlangt. Nicht also was wir sehen ist Bestandteil der Kunst, sondern was das Gesehene über sich hinaus *mehr* gezeigt oder angekündigt hat. Übertragen auf unsere Geschichte der unheimlichen Metamorphose hieße das: Es sind nur Bilder, über die wir verfügen, und sie sind deshalb so irritierend, weil ihnen keine Zeichen der Übersetzbarkeit beigegeben sind. Die Metapher sprengt sich quasi selbst in die Luft, weil sie sich einem Konnex verweigert, durch den sie etabliert werden könnte. Das nun geht weit über den Expressionismus hinaus, den Kafka durchaus verfolgt und auch kritisiert hat – vor allem dort, wo es um die Zerstörung des Sprachkörpers ging, die immer auch einen Angriff auf den Logos bedeutet und in künstlerische wie neurotische Regressionen mündet. Nicht die Regeln der Sprache zu verletzen, sondern mit ihnen gegen die Macht anzuschreiben, die ins Innere der Subjekte führt, war Kafkas (ihm selbst wohl verborgene) Absicht. So haben wir es mit einer Mischung aus Anerkenntnis, «im Namen des Vaters» zu sprechen, und jener Übertretung von politischer Syntax zu tun, die in der Geste der Selbsterniedrigung und Devotion dem (irrationalen) Gesetz gegenüber ihre ungeheuerliche Anklage durchsetzt. In einer geradezu unüberschaubaren Flut von Deutungslogiken eben dieser Erzählung ist immer wieder die Rede vom Verschwinden des Subjekts, einmal aus familienpsychologischer, ein anderes Mal aus politischer oder ökonomischer Sicht. Das stimmt – und stimmt eben auch nicht. Denn übersehen dabei bleibt, dass sich das gepeinigte Wesen bei Kafka, die Kreatur an und für sich, im sukzessiven Verschwinden quasi *erschafft*. Die Spur der ontologischen Atomisierung zieht eine Größen- und Gewaltphantasie hinter sich her, die ebenso überdeterminiert ist wie Klimax und Meiosis in «Gullivers Reisen» von Jonathan Swift. Ich, der ekelhafte Rest, das Ungeziefer, noch immer zu groß, um übersehen zu werden, bin der Stachel im Fleisch einer implementierten christlichen Moral und karitativen Verpflichtung. Wo das Elend verabscheut wird und verdrängt, ist es am mächtigsten, sobald es sich ausdrückt. Sehen wir nur, wie Gregor (Samsa = Kafka) die Szenerie im Haus der Familie in genau dem Augenblick dominiert, in dem seine Deformationen erkannt sind. Je auffälliger, hässlicher, ekelhafter er wird, umso größer die Zuwendung, wenngleich auch in der Geste einer unbeherrschten Gewalt hauptsächlich vonseiten des Vaters. Das war schon die Neurosestrategie bei Flaubert, einfach in einen Krampf zu verfallen, nur um das gehasste Studium der Jurisprudenz loszuwerden. Die negative Konditionierung übernimmt hier durchaus die Rolle eines Anspruchs auf Geltung und Macht. Das hat sogar eine erzähltechnische Konsequenz, die man für einen Defekt halten kann: Die Erzählperspektive, in den Teilen I und II auf die Bewusstseinslage der Kreatur fokussiert, erweitert sich in Teil III zum auktorialen Erzähler, der die Familie und ihr Entsetzen noch etwas weiterverfolgt (was dem Autor ganz sicher Lust bereitet hat). Dieser technische Patzer ist aber keiner, wenn wir uns vorstellen wollen, wie der Zerfall der subjektiven Stimme an eben jenem Ende, an dem wir sie im wahrsten Sinne des Wortes als «ausgehaucht» finden, ihr Gegenteil erobert und aufersteht als Stimme einer allwissenden, gleichsam göttlichen Instanz. Das ist die Transzendenz der Transzendenz, der Blick, der zurückschaut und jenen Blick einfrieren lässt, der den Angeschauten töten sollte; und das schließlich ist auch der Triumph des Sohnes über den Vater, den wir uns als einen symbolischen Agenten der Monarchie und ihrer dekadenten Sozialisation denken können. Im Regelwerk der Welt, wie sie ist, konnte er den Vater niemals bezwingen, und so erschafft er ein anderes, in dem er die Gesetze respektive die Waffen für den Zweikampf bestimmt. Die Verweigerung zu heiraten und eine eigene Familie zu gründen, um damit auch den sozialen Kompetenzen des Vaters im Vergleich zu entkommen, wäre ein Beispiel dafür. Hier ist Kafka sein Leben lang der kleine, schwache, hilflose Franz, der dem Vater keine Gnade schenken wird, um selbst Kind bleiben zu können. Interessant ist dieser Aspekt für uns dort, wo er literarischer Stil geworden ist und die devotionale Optik des Erzählens erklärt. Man kann also recht sicher sagen: Der Autor hat sich seine inneren Bedingungen erfüllt, um schreiben zu können, und er schrieb nicht nach inneren Bedingungen, die er zwanghaft habituierte. Wer seinem Vater fast einhundert Seiten Briefprosa auf den Nachttisch legt (oder legen will, denn der Angesprochene bekam diesen Brief ja niemals zu lesen), die eine einzige Suada der Klage und Verurteilung ist – auch hier immer wieder verzögert von Einschüben vermeintlicher Liebe und Respektbekundung, die alle Angriffe nur noch umso schärfer werden lassen –, der ist beileibe kein gebrochenes Subjekt; mehr noch: Er hat sich die Kraft erworben, in der Negation einer bürgerlichen Fülle zu leben und die Werte der Gesellschaft ad absurdum zu führen. *Die Spur des Verschwindens* ist also ganz und gar eine Setzung und subjektive Präsenz, so wie die Selbsterniedrigung auch eher einer Wahl und keinem Fatum entspringt. Das Wunder seiner Sprache verdankt sich eben diesem existenziellen Rigorismus, für den er schließlich auch seine Liebschaften opfert; es ist ein Instinkt für jenen Leidenserhalt, aus dem heraus ein Genuss wird. In gewisser Weise entspricht dieser Stil der Interferenz von Ehrfurcht und Zerstörung – der auf psychologischer Beschreibungsebene als durchaus elementar sadomasochistisch erkannt werden kann – derselben stummen Unterwanderung des Systems, wie sie Bartleby, die große Figur der Subversion bei Herman Melville, narrativ betreibt: dem System so gründlich zu dienen, bis es zugrunde daran geht. Übererfüllung in Form der doppelten Verneinung – Litotes genannt. Diese gespaltene Figur einer Zweifachkodierung, die Nähe und Distanz, Erwartung und Enttäuschung, Erregung und Empfindungslosigkeit miteinander verschließt, finden wir auch in Kafkas Lust am öffentlichen Vortrag. Er berauscht sich daran, im festen Ton seiner Stimme eine Macht zu entdecken, der gleich einer Züchtigungspeitsche, wenn sie in die Herde grasender Schafe hineinschlägt, keiner entkommt. «Liebste, ich lese nämlich höllisch gern vor, in vorbereitete Ohren der Zuhörer zu brüllen, tut dem armen Herzen so wohl», schreibt er in einem Brief an Felice Bauer zur Zeit der Entstehung seiner «Verwandlung», die gerade etwas ins Stocken geraten war. «Ich habe sie aber auch tüchtig angebrüllt», heißt es weiter, «und die Musik, die von den Nebensälen her mir die Mühe des Vorlesens abnehmen wollte, habe ich einfach fortgeblasen.

Weißt Du, Menschen kommandieren oder wenigstens an sein Kommando zu glauben – es gibt kein größeres Wohlbehagen für den Körper.» Das also ist die Kehrseite der Idiosynkrasie und körperlichen Benachteiligung (wie sie Kafka für sich selber so furchtbar empfand), und auf ihr wird der Autor ebenso sicher wie fordernd, sobald er Physis zur Sprache und Leben zur Literatur gebracht hat. Mit einem Wort: Er schont niemanden und nichts.

III

Diese Schonungslosigkeit, die auch aus einer Deutlichkeit der Bilder (sowie einer Wörtlichkeit der Metaphern) entsteht, musste unseren Herrn Doctor Wolff natürlich entsetzen, denn sie versperrt jeden Fluchtweg und provoziert zur Verdrängung. Denn dass es nach dem Gesagten noch ein Gemeintes gibt, ist ja beruhigend immer dann, wenn der Vordergrund als grausam erscheint und kaum zu ertragen. Kafka aber reißt diesen Vorhang der Illusion einer hermeneutischen Mehrfachverwertung nieder und zeigt, dass es nichts als ontologische Leere gibt und ewige, ins Fleisch gebrannte Schuld. Das und nichts sonst verbirgt sich hinter der Behauptung, nichts zu verstehen: nämlich nicht verstehen zu wollen, dass alles offen und ausgebreitet vor einem liegt und auf nichts anderes zeigt als auf sich selbst in der Form eines unendlichen Abgrunds. Es ist wie mit einem Versteck in der Mitte des Raumes, das keiner entdeckt, weil jeder es sieht; und entdeckt es einer dann doch, hält er es für einen Hinweis auf eine andere, gleichsam verborgene Stelle. Literatur, die ihre Leser erreichen will, siedelt sich im Verständlichen an, im Bekannten, Konventionellen, dem sie dann ein paar gutdosierte Details unterlegt, die vielleicht etwas neu, etwas anders und überraschend sein mögen. Wir können es Konfektionsware nennen, die wahrscheinlich keinen sehr aufregt oder begeistert und allenfalls ein wenig betäubt. Aber dann gibt es eben auch Literatur, die aus der ganzen Tiefe ihres Wesens herausbricht und gar nicht die Wahl hat, über eine Wirkung mitzuentscheiden; die ebenso unbedingt ist wie ein Gesetz der Natur und in der wir etwas erfahren, das sich einem Abschluss an Gefühl und Erkenntnis entzieht, da es sich mit jeder Lektüre auf einen neuen Sinn hin entfaltet. Dafür steht Kafka, der – ebenfalls in einem Brief an Felice vom 14.8.1913 – über sich selbst einmal schrieb: «Ich habe kein literarisches Interesse, sondern bestehe aus Literatur, ich bin nichts anderes und kann nichts anderes sein.» Diese Koinzidenz von Körper und Schrift, ihre unaufhörlich einander bedingte Produktion, die im stets seltenen Fall der literarischen Begabung das Unbewusste nach außen trägt und zur Sprachlichkeit ausformt, kann schlichtweg nichts wollen, sondern nur sein. Das Diktum: aber bitte verständlich, Genosse, ist so fehlgeleitet wie die Vorstellung, man könnte Perlen auch in Austern finden, die gesund sind. Diese Literatur kann nicht intentional entstehen, sondern sie ist ein sich selbst zum Ziel erhebender Fakt mit den niemals kalkulierbaren Effekten von Überschuss und Transformation. In einem solchen Fieber schreibt Kafka, und es scheint geradezu, als würde er gar nicht existieren jenseits dessen, das Leben augenblicklich in Text umzuwandeln, es aufzulösen und in einer Buchstabenfolge wieder neu zu errichten. Das freilich ist auch Resultat eines Ekels vor dem eigenen Körper, dessen schließliche Hinfälligkeit schon ein Bote des Todes ist und der Absurdität, ein Wesen unter Wesen zu sein, die sind, um zu sterben; und es ist die Erinnerung an die Blicke des Vaters, mit denen er angeschaut wurde, um die ganze Scham und Schande seiner Existenz zu verstehen. Dieser tiefe, ins Innere gesunkene Blick, der weder begriffen noch beherrscht werden kann, füllt literarisch den Raum des Gesetzes, in dem die Kreaturen von ihrer unbedingten Schuld eingeholt werden und Wartende auf einen sich hinausziehenden Urteilsspruch sind. Walter Benjamin weist darauf hin, dass Kafkas Gnade allein darin besteht, seine Erzählungen als Fragmente zu bezeichnen und ihnen einen Abschluss – einen letzten Satz quasi, der dann immer auch eine Exekution sein müsste – vorzuenthalten. Die Unabgeschlossenheit, die oft nur eine vermeintliche ist, sorgt hier für die Einbildung eines unendlichen Aufschubs im Vollstreckungsprozess. Es ist wie das Spiel einer Katze mit der erbeuteten Maus, dessen Ende wir nur nicht mehr sehen, um uns dann einzureden, es hätte nicht stattgefunden. Wie immens der philosophische Einfluss Søren Kierkegaards auf die Gedankenwelt Kafkas dabei ist, kann nur vermutet werden, ebenso, wie frühkindliche Körpererfahrung und moralischer Kodex einander bedingen (aber rückwirkend eben auch nichts mehr erklären). Die Verläufe von Denken und Fühlen, Sprechen und Handeln, Erfahren und Imaginieren sind in einer Weise fließend, dass von einem Primärereignis ohnehin nicht gesprochen werden kann und jedes ästhetische Objekt somit den Charakter eines Erzeugnisses annimmt und nicht Widerspiegelung eines einzeln herausgestellten Zustandes ist. Oder kürzer: Das Produkt ist mehr Autopoiesis als Resultat und Summe linear aufeinander bezogener Teile. So jedenfalls gilt es für Kafka und seiner Kunst, vom Abwesenden als etwas Seiendem zu sprechen, die jedes Deutungsszenarium als vorläufig bestimmt. Der bei Deleuze/Guattari zu findende Begriff von einer «Karte der Intensitäten» scheint mir noch am ehesten geeignet, seine Texte als sich selbst erfüllende Bilder zu lesen, als Epiphanien, die nichts mehr bedeuten, sondern sind; sein gravierender Nachteil aber ist der Übersprung von Emphase und sinnlicher Erregung, die sich im Diskursprodukt angeblich aufheben – was sie ja gerade eben nicht tun. Noch schwieriger wird es, wenn wir es mit religionsphilosophischen (die Isoliertheit des Prager Westjuden usw.) oder vulgärmaterialistischen (die Entfremdung des Individuums im neuen Industriezeitalter) Vereinnahmungspraxen zu tun bekommen, die gleich ganz Semantik gegen Syntax eintauschen und verwischen, was ideologisch über die Satzränder fällt. Wie wenig Text- und Lebenssubstanz auf der Ebene historischer Ereignisse miteinander verflochten sind, zeigt ein Eintrag im Tagebuch vom 2. August 1914: «Deutschland hat Russland den Krieg erklärt. – Nachmittag Schwimmschule.» Hier beginnt der Erste Weltkrieg, und dort packt einer seine Badesachen ein. Im Grunde bestürzend, würden wir übersehen, dass ästhetisches und politisches Bewusstsein nicht notgedrungen ein Paar sind und ein Spannungspotenzial in der Sprache noch lange nicht für die Inhalte bürgt, die daraus entstehen. Es gibt durchaus Momente, in denen es richtig und gut ist, wenn ein Schriftsteller als Zeitzeuge auftritt und eine politische Sache vertritt; nur eben Kunst darf dann keiner erwarten – ganz unabhängig davon, dass sie womöglich dennoch gelingt. Die Beziehungsströme von Körper, Ereignis und Text sind in einer Weise verrätselt, dass nur das Ergebnis darüber auskunftsfähig ist, wie produktiv und literarisch erfolgreich sie waren. Und da macht Kafka keinem etwas vor. Schließlich haben wir es mit jedem Expositionalsatz, ob hier oder in den Romanen, mit einer entwaffnenden Klarstellung zu tun, die, nähme man sie nur eben ernst, Missverständnisse vollkommen ausschließt: «Als Gregor Samsa eines Morgens aus unruhigen Träumen erwachte, fand er sich in seinem Bett zu einem ungeheueren Ungeziefer verwandelt.» Schon jetzt hat eigentlich keiner mehr die Chance, etwas nicht zu verstehen – alles andere ist nur eine simple Verleugnung des Satzes. Um sicherzugehen, dass auch wirklich angekommen ist, was der Autor erzählt, setzt dieser noch einmal nach: «Es war kein Traum.» Die Hölle also öffnet sich mit dem Erwachen und eben nicht mit dem Schlaf, wobei es auch gar keine Grenzlinien gibt, die bestimmen, wo etwas endet oder beginnt. Wir können, in einem verschachtelten Traum, auch träumen zu träumen, und ein Wahn, sofern er manifest ist, hat jede Qualität von Tatsächlichkeit und legitimiert sich im Handlungsverlauf seiner Bilder. Es sind Herrschaftsdiskurse, die ordnen, was vom Ursprung her frei in seinen Bedeutungen ist. Aber soweit brauchen wir auch gar nicht vorauszugreifen, um zu verstehen, warum man Kafka eben auch nicht verstehen kann, obwohl er so rein und so klar wie die Ware eines Glasschleifers ist. Man muss nämlich den sicheren Ort des Bekannten verlassen, um dann zu entdecken, dass es nichts Bekanntes gibt, sondern nur Erschaffenes in der Schönheit der Sprache. Diese Überschreitung hat Kafka in eben jener Phase seines Schaffens, in der er die zum Haupttitel «Strafen» zusammengefassten Erzählungen «Das Urteil», «Die Verwandlung» und «In der Strafkolonie» in größter Einlassung schuf, vollzogen – und eben diesen Vollzug erwartet er nun von den Lesern. Noch einmal im Zitat aus einem Brief an Oskar Pollack vom 27. Januar 1904: «Ich glaube, man sollte überhaupt nur solche Bücher lesen, die einen beißen und stechen. Wenn das Buch, das wir lesen, uns nicht mit einem Faustschlag auf den Schädel weckt, wozu lesen wir dann das Buch?» Diese Frage dürfte nun gerade auch heute erlaubt sein, und ich reiche sie sehr gerne weiter.

IV Sehr geehrter Herr Doctor Siegfried Wolff,

Ihr Brief an Franz Kafka erreichte mich leider erst jetzt, und ich befürchte, meine Antwort, stellvertretend für den schon seit vielen Jahren entschlafenen Autor, kommt auch bei Ihnen zu spät. Aber vielleicht gibt es doch noch ein paar Mitglieder in Ihrer Familie, die das Buch geerbt und gelesen haben und ebenso ratlos waren wie Sie, was man damit nun anstellen und wie man es verstehen soll. Ihnen gilt mein kleiner Versuch einer Leseanleitung, den ich in einem einfachen Satz etwa auch so sagen könnte: Lesen Sie bitte immer von links oben nach rechts unten, dann kann im Grunde nicht viel passieren. Den Rest übernimmt dann ein Traum.

Beerfurth im Odenwald, Juni 2013

Pragtagebuch
Auszug

«Ich denke, wo ich nicht bin, deshalb bin ich,
wo ich nicht denke.»
Jacques Lacan, Écrits, S. 517

Donnerstag, 31. Januar

2.00 Uhr nachts: Eine E-Mail von Frau S. erhalten. Man hätte doch gern, dass ich einen Blog schreiben würde und schickt mir schon einmal die Kenndaten zu, damit ich mich gleich einloggen und die virtuelle Leserschaft auf den Stand meiner Beschwerden halten kann. Ich bin also schon da und kenne den Ort noch gar nicht, von dem aus meine Gegenwart einen Sinn haben soll.

13.00 Uhr (Telefonat mit Frau S.): «Bitte, liebe Frau S., ich weiß doch gar nicht, was ein Blog genau ist und wie man da hinein- und dann wieder herauskommt. Außerdem ist für mich die Vorstellung furchtbar, vorsprachliche Augenblicksgefühle einer Öffentlichkeit zur Kenntnis zu geben. Wenn das dann tatsächlich irgendwer liest, um Himmels willen, liebe Frau S., was soll er denn denken? Stellen Sie sich vor, ich habe ein ganzes Buch darüber geschrieben, was es für einen Schriftsteller heißt, im Internet zerlegt und zerstreut zu werden wie Vogelfutter aus der Alditüte – und jetzt das! O nein, liebe Frau S., das ist die blanke Gegenwelt, vermintes Gelände, unbetretbar, ich bitte um Gnade! Und dann die vielen scheußlichen Spuren, die man im Netz hinterlässt. Ich stelle mir das immer wie einen Fußabdruck mit Gülle auf einem Perserteppich vor.»

13.10 Uhr (Antwort Frau S.): «Darf ich vielleicht auch mal was sagen?»

13.11 Uhr (ich): «Oh, ich rede zu viel. Schneiden Sie doch bitte gleich mit, dann wäre der erste Eintrag ins Blogtagebuch auch schon fertig.»

13.12 Uhr (sie): «Haben Sie denn meine letzte E-Mail noch nicht gelesen?»

13.13 Uhr (ich): «Bitte, wann? Zeitgleich zu meinem Anruf?»

13.14 Uhr (sie): «Ich schrieb Ihnen doch, dass wir das natürlich respektieren, wenn Sie keinen Blog schreiben wollen. Selbstverständlich. Wir sind doch keine Haftanstalt mit Schreibverpflichtung. Und wenn Sie nur an der Moldau spazieren, ist das auch gut. Ruhen Sie sich aus, machen Sie gar nichts. Das Geld dafür haben Sie ja.»

13.17 Uhr (ich): «Ja. Danke. Da fallen mir gleich ein paar Steine vom Herzen.»

13.18 Uhr (sie): «Wir haben es gehört. Und nun seien sie beruhigt und kommen gut an.»

Notiz (1): Es gibt sie also noch, die Freiheit zur privaten Entscheidung, wann was und wie öffentlich erscheinen soll. Der Fluss der Enteignung wurde gebremst. (Gut gemacht, denke ich und klopfe mir von rechts nach links auf die Schulter (macht ja sonst keiner).)

Freitag, 1. Februar

18.00 Uhr: Ankunft im Regen. Alles ist, wie es ist. Das gefällt mir. Mit F., einem sehr freundlichen jungen Mann aus H., der hier irgendetwas die Kultur betreffend ausrichten oder erlernen will, im militärischen Schnellschritt eine Runde um meinen Kiez. «Alles sehr leicht zu finden», sagt er. Wenn man so an die zehn Jahre da ist, bestimmt, denke ich.

19.00 Uhr: Während wir die vier Stockwerke in meine Wohnung hochgehen, die ab morgen zum täglichen Sportprogramm werden (als Ersatz für mein Studio zu Hause), fragt er ein wenig schüchtern und unvermittelt: «Mögen Sie klassische Musik?» «Wenn davon mein Stipendium abhängt, ja», sage ich. «Nein, nein, bestimmt. Warum?»

19.05 Uhr (er): «Das ist gut. Da haben Sie Glück. Einen Stock unter Ihnen ist nämlich eine Klavierschule.»

19.07 Uhr (ich): «Das ist ja nun wirklich eine Überraschung. Super.»

Notiz (2): Tolle Wohnung, geräumig, hell. Und kein Telefon, kein Fernseher, Internet vermutlich plus/minus null. An alles, was ein Schriftsteller braucht, um gut arbeiten zu können, wurde gedacht.

Samstag, 2. Februar

10.00 Uhr: Von Kafka geträumt. Habe mich verwandelt, von einem Käfer in eine Schreibmaschine. Dann schrieb ich den Satz: *Ich bin nicht Kafka.*

Notiz (3): Die Matratze ist hart wie das Leben. Ein guter Grund für Sublimationen jedweder Art. Zu vergleichen mit dem Blick Becketts vom Fenster seiner Pariser Wohnung auf einen Gefängnishof. Siegfried Unseld, sein deutscher Verleger, fragte ihn einmal, warum er nicht umziehen würde. Dann verliere er den Kontakt zur Realität, sagte er. Unseld schwieg und schaute hinaus.

Notiz (4): Ich weiß noch nicht, wo ich bin. Ein Name allein sagt nichts aus. Eine Linie ist ja auch keine Linie, solange sie sich nicht durch eine zweite, die ihr zum Vergleich dienen kann, konstituiert. Doch es erscheint alles als schön. Vorsicht, Falle. Descartes meint, an allem ist zu zweifeln – und auch am Zweifel selbst. Sein berühmtes *ego cogito, ergo sum* gehört zu den wohl weitverbreitetsten Missverständnissen in der Philosophiegeschichte. Denn nicht: «Ich denke, also bin ich» (im Sinne von: Der Geist geniert die Materie) ist gemeint, sondern, in Vollständigkeit des Zitats: *ergo sum, ergo existo*, also bin ich, also existiere ich (im Sinne von: Allein durch den Geist kann es die Gewissheit zu existieren überhaupt geben – in Diachronie dieser Gewissheit zu sich selbst).

Notiz (5): Es fehlt eine Kanne für Tee. Selber besorgen. Nicht nachfragen. Niemanden auf die Nerven gehen. Keine Idiosynkrasie vortäuschen, obwohl durchaus beliebt (vor allem bei Deutschlehrerinnen mit Schwerpunkt Romantik). Empfindsamkeit als Arbeitsgrundlage für Poesie/Kunst wird ins soziale Leben nicht und von keinem gern übernommen. Da heißt es dann: ihm/ihr eine Extrawurst braten. Nichts schlimmer als: *Jetzt kommt der schon wieder mit seinen Wünschen.* Dabei verdrehen sich die Augen so weit unter die Lider, bis eine furchtbar weiße Kugel zur leeren Textfläche wird: *Verpiss dich, du Huhn.*

Notiz (6): Lese Kafka. Wie lange würde er hier geblieben sein und den Fingerübungen der Klavierschüler, die wahrscheinlich vom nächsten Fußballspiel träumen, während sie klimpern, zugehört haben? Fünf Minuten? Oder zehn? An Brod hätte er geschrieben: *Lieber Max, bin zerstört bis auf die Knochen; kein Arbeiten möglich; es dröhnt und hämmert und klopft wie bei einer Folter durch Lärm. Im Mittelalter haben sie die Delinquenten in den Glockenturm gehängt, bis sie verrückt geworden sind. Heute erledigt das ein Musiklehrer.* So oder so ähnlich, nehme ich an.

Notiz (7): Dieser zarte, zerbrechliche, hochsensible Mensch, und dann diese Radikalität in den Texten, psychosexuelle Gewaltphantasien inklusive. Eine tief verborgene Lust zur Selbstzerstörung und Auslöschung alles Körperlichen. Aggressiv insofern, als es zu einer Strategie der Bestrafung gehört, die natürlich auf den Vater gerichtet ist; nicht auf den leiblichen Vater, sondern auf die Imago des großen Anderen, von dem alles abhängt und der sich eingeschrieben hat ins soziale Gewissen des Ich. Das entspricht auch der bei Kierkegaard beschriebenen ontologischen Schuld, die nie getilgt werden kann, sondern immer nur verschoben. Im «Prozess» ist es die Szene, als K. den Maler besucht, der ihm die Möglichkeiten des Freispruchs erklärt, die jedoch stets Freisprüche im Rahmen einer Verurteilung bleiben. Das ist die Tücke der Begnadigung auch: Der Schuldige bleibt schuldig bis zur letzten Sekunde. Mehr noch, die Schuld vergrößert sich um die Dauer der Zeit, in der sie nicht abgegolten wurde (werden konnte).

Notiz (8): Im Schlafzimmer die nur noch von einem Verschluss gehaltene und schlaff wie ein Segel ohne Wind herunterhängende Gardine neu befestigt. Hausmeisterarbeit. Sehr männliches Grundgefühl. Angenehm, das selber zu können. Vor allem nicht abzustürzen von einem Stuhl auf einem Tisch mit wackligen Beinen. Das ist der wahre Erfolg. Vielleicht hätte ich Artist werden sollen, Löwenbändiger, Feuerschlucker, nur eben nicht *Schriftsteller* – komisches Wort sowieso. Meine Vermieterin im Odenwald, wohin ich mich zum Schreiben verziehe, denkt immer, ich besitze eine Druckmaschine und stelle die Buchstaben in den Matritzenblock ein. Dann wundert sie sich über meine sauberen Hände und sagt, nicht ganz neidlos vielleicht: «Na, Urlaub gerade?». «Aber liebe Frau M.», sage ich dann, «ich habe doch immer Urlaub». Dann lachen wir, und dann vergeht es uns wieder.

14.00 Uhr: Die Gardine ist wieder aus ihren viel zu schwachen Klemmverschlüssen gerutscht und hängt an einem einzigen Zipfel. Trauriges Bild. Impotenzmetapher. Wirkt sich unbewusst beim Geschlechtsverkehr aus. Der Phallus stürzt ab. Eine Blume mit hängendem Kopf hat die gleiche Wirkung. Die Kräuterweiber des Mittelalters sollen in den Jungfernsträußen, die ein Freier bei ihnen erwarb, Distelzweige mit eingeflochten haben, damit er, wenn sein Blick darauf fällt, vom Zentrum seiner Männlichkeit her nicht mehr kann. Von der Wirksamkeit dieser Methode ist allerdings nichts überliefert.

15.00 Uhr: Ich überlege, die Gardine ganz abzunehmen. Die Entscheidung darüber überfordert mich gerade. Ich ziehe mich an und gehe raus. Auf der Treppe kehre ich um, weil ich meine Brieftasche vergessen habe. Wozu Geld, denke ich, und kehre abermals um. Unten angekommen, fällt mir ein, dass ich etwas einkaufen muss. Die Strecke nach oben tut gut. Einhundertzweiunddreißig Stufen, von denen ich die ersten etwa fünfzig nehme, als wäre ich ein halbes Leben jünger. Dann wird es anders.

15.30 Uhr: Ich ziehe den Mantel wieder aus und bleibe oben. Gleich türme ich Tisch und Stuhl aufeinander und arbeite weiter an meiner Zirkusnummer. Die Gardine ist jetzt ab. Ich falte sie zusammen und lege sie in den Schrank. Plötzlich fehlt mir etwas, ohne dass ich schon wüsste, was. Ach ja, der wirr in sich verdrehte Streifen von Stoff auf der linken Seite des Fensters. Als Gardine nicht wirklich zu gebrauchen, aber schon auch dekorativ, finde ich jetzt. Sexuelle Metapher her oder hin: ich hänge sie wieder auf. Besuch erwarte ich ja auch keinen. Also, was soll's.

Notiz (9): Viele Vietnamesen, die kleine Läden für Lebensmittel, Obst und Gemüse betreiben. Ich schätze, Kriegexilanten in der zweiten oder dritten Generation, Kinder der Flüchtlinge, die einmal in die DDR gekommen waren. Unwissend und schnell illusionslos geworden. Machten die dreckigste Arbeit, doch immer mit weißen, frischgestärkten Hemden. Sie lachten, wenn andere weinten. Beim Zwiebeln-Sortieren in der Markthalle, die Hände im Matsch, aber Witze erzählend und heiter. Ich dachte an Selbstmord in dieser Zeit. Täglich.

18.00 Uhr: Das falsche Wasser gekauft. Nein, gar kein Wasser, sondern so etwas wie Brause, ekelhaft süß. Muss trotzdem an Zitrone denken. Pawlow lässt grüßen.

20.00 Uhr: Ein Hörspiel über Lacan gehört. Sehr gute Inszenierung. Ein Satz bleibt im Gedächtnis: «Es gibt kein Sein, außer in der Sprache.» Fast so gut wie: «Es gibt keine Frauen.» Erklärung später.

Notiz (10): Die Sirenen der Polizei klingen wie in Amerika. Augen zu, und man ist in New York. (Aber nicht lange.)

Notiz (11): Prag ist nicht New York, nicht Berlin, Rom oder Paris. Es ist auch nicht Krakau, obwohl mich vieles daran erinnert – die Burg, der Fluss, die Altstadt mit ihren verwinkelten Gassen. Was aber ist Prag? Wahrscheinlich eine Erfindung von Kafka.

Sonntag, 3. Februar

9.00 Uhr: Schon gelogen, denn es ist kurz vor zwölf. Aber den puritanischen Eindruck erwecken, fleißig zu sein, auch am Sonntag früh am Schreibtisch zu sitzen für ein paar Sätze im Grundbuch des Überlebens. Ein lächerlicher Ehrgeiz, nüchtern betrachtet. Also für Nachschub sorgen. Wodka vom Feinsten. Wieder gelogen, denn ich trinke allenfalls Wein. Dann fällt mein Blick auf eine Art Stipendiateneintragebuch, roter Heftcharakter wie eines dieser Mitteilungshefte für die Eltern bei mir ab der Fünften – hilfreiche Hinweise, Naturkundetipps, Kochrezepte. Ich füge hinzu: «Die Moldau ist im Februar für ein Freibad eher nicht zu empfehlen. Auch mit Sonnenbrille und Badehose: Es ist einfach zu kalt.»

Notiz (12): Das war schon wieder gelogen, denn ich habe natürlich nichts eingetragen, was Verwirrungen stiften und falsche Entscheidungen hervorrufen könnte; im Jargon der Justiz auch *Präjudizierung* genannt.

15.00 Uhr: Im Kafkamuseum. Zu hoher Eintritt, unverhältnismäßig. Sehr ambivalent, wie ich es finden soll. Dokumentarisch komplex, ästhetisch manieriert bis zum Kitsch. Schreckliche Gefühlsduselei, als könnten ein paar arrangierte Dinge, Bilder und Töne den literarischen Innenraum öffnen, wie er sich in Kafkas Werken selber entfaltet. Das ist unsinnig wie eine Metapher, die sich mit einer Metapher erklärt. Ich bleibe stumpf gerade dort, wo ich erregt werden soll, und versuche, mich erregen zu lassen, wo die Dinge stumpf geblieben sind, unkommentiert, für sich selbst redend und in stiller Verweisung über sich hinaus. Die Briefe, die Handschriften, die Dokumente und Bücher. Alles andere ist falsch verstandener Expressionismus, Konditionierungsehrgeiz sehr nah am Diktat, schlechtes Theater. Wir wollen den Charakterdarsteller und bekommen ein paar Nebelkerzen vor die Füße geballert. Andererseits: Das sage und empfinde *ich*, der etwas anderes sucht und erwartet und allenfalls mehr, als er schon weiß. Für die vielen, die Kafka nur von ihrer Einkaufstüte her kennen und womöglich für den ersten Direktor eines Sportvereins halten, ist diese Darstellungsform vielleicht eine Einstiegsdroge, die hilft, auch einmal zu lesen, was hier massenhaft ausliegt – seine Bücher nämlich. (Bis zu einem Verständnis dafür ist es dann ja immer noch weit.)

Notiz (13): Ich wüsste keinen Schriftsteller der Moderne, der so sehr zum Zeichen eines Zeichens geworden ist, zu einer ikonischen Marke, der kein Inhalt mehr folgen muss, um verwertet zu werden.

(…)

Freitag, 1. März

Notiz (101): So also war es (in meiner Sicht auf die Moldau).

Prag, März 2013

Prag, mit Kafka

I

Was die Mozartkugel für Salzburg,
ist Kafka für Prag. Überall
sein eschatologischer Blick.
Sogar auf meiner Einkaufstüte
für Obst und Gemüse –
die reine Empfehlung
zum letzten Vollzug.

II

Alles ist Gold, wie bei ALDI.
Von der Karlsbrücke z. B.
stürzt sich einer, es ist mittags
zur freundlichen Schweinehaxe,
ins andere Leben. Das muss nicht
schlecht enden, nein wirklich,
so sind sie eben, die Altösterreicher.

III

Die Moldau im Februar –
laut Auskunft vom Facharzt
für ein Freibad zu kalt.
Da helfen auch Badehose
und Sonnenschirm wenig.
Winter bleibt Winter wie ein Bettler
ein Bettler und ein Loch in der Tasche
kein Hemd in einer Hose wird.

IV

Den letzten Satz hat das Subjekt
in meinem Sack von einem Schädel
gerade geträumt, darum versteht ihn
auch keiner. Macht nichts,
sagt ein Schlagerexperte mir gegenüber,
auch er suizidal optimistisch
und bereit für den Absprung.

V

Hier essen die Schweine
den ganzen Tag Wurst.
Eines hat sich gerade
selber geöffnet und zeigt uns
sein glückliches Herz.
Daneben die Muttersau,
auch frisch, wie die Blutspur
zur Speisekarte
über dem Schlachtbock
oder die Mahnung
an meiner Windschutzscheibe.

VI

Im Hintergrund
eine Volkstrachtengruppe,
mein Großvater, wie mir bekannt
in k. u. k. Uniform u. m.
blankgeputzter Pickelhaube.

Wir kommen und gehen wie Tiere,
war sein letzter Kommentar,
und so sprach der Herr dieses Wort.

VII

Ohne kriminelle Absicht
bestohlen zu werden,
ist ein Freizeitangebot
der örtlichen Kulturverwaltung
(und nur für Gestalten
mit meinem Gesicht).
Ein paar Mädchenfinger
mehr oder weniger
im Leben von gestern,
macht so oder so keinen Mai.

VIII

«Es war kein Traum.»
Kafka, Zitat.

IX

Ich hatte nichts bei mir
und auch nichts in der Tasche,
als ich zurückkam –
etwas stimmte daran nicht.
Auch die Vögel ernten,
ohne zu säen, sagt uns die Schrift.
Aber das war vielleicht
nur ein falscher Vergleich,
oder ich hatte die Seite von unten

X

nach oben gelesen. Dann riss meine Tüte
von Zeile vier, und was ich besaß,
war in den Falten der alten
Erde verschwunden, verloren
wie ein Rinnsal des Regens im roten Lehm.

Prag, Februar 2013

Büchner. Die letzten Worte

Jede Erzählung endet im letzten Wort; wohlgemerkt nicht «mit» dem letzten Wort, denn das ist selbstredend und bedarf keiner Erwähnung. «Im» aber sagt, dass es noch einmal eine Verschiebung der Bedeutungen gibt, die sich auf den gesamten Textkörper auswirken kann. Eine abschließende Verneinung zum Beispiel, und die Rede ist hinfällig. Was nun für eine Erzählung gilt, das gilt ebenso für das Leben, das ja nichts anderes ist als eine aus vielen Teilen bestehende Erzählung. Denn nur, was wir erzählen, kann wahr sein und Geschichte werden. Alles andere ist Dunkelheit, von der wir nichts wissen. In dieser Klammer eines ersten und eines letzten Satzes vollzieht sich, was wir später Biografie nennen. Von daher auch besitzen die letzten Worte eine so magische Kraft, etwas beängstigend Abgeschlossenes, das noch immer in Bewegung ist, solange der Atem sie trägt. Wir können uns die Angehörigen gut vorstellen, tief zum Sterbenden geneigt und behutsam darauf bedacht, nichts, keinen Laut zu verpassen, der vielleicht doch noch ein Geheimnis offenbaren, ein Rätsel lösen, einen Widerruf leisten könnte. Dann ist es still. Alles wurde gesagt, und alles steht fest. Ernst Jünger hat solche «letzten Sätze» gesammelt, die gerade und erstmalig veröffentlicht wurden. Darunter finden wir auch die Georg Büchners zu Wilhelm Schulz: «Wir haben der Schmerzen nicht zuviel, wir haben ihrer zuwenig, denn durch den Schmerz gehen wir zu Gott ein. Wir sind Tod, Staub, Asche, wie dürften wir klagen?»* Eine kürzere, tiefere, genauere Zusammenfassung des ebenso überschaubaren wie gewaltigen Lebenswerkes ist unvorstellbar. Bei Nietzsche heißt es: «Nur was nicht aufhört, weh zu thun, bleibt im Gedächtnis» und meint dem Sinn nach dasselbe. Es ist der Schmerz, der Riss, die Störung, die uns veranlassen, Natur zu betrachten und verstehen zu wollen, was unser Zweck in ihr ist, der in Unwissen nicht aufgehen kann. Der erste Verlust einer uns liebgewordenen Sache, und wir fragen nach den Zusammenhängen und ob wir sie beeinflussen können. Reflexion und Antizipation sind die zwei elementaren kognitiven Grundeigenschaften, durch die es zur menschlichen Evolution kam; denken können Tiere auch, aber sie können ihre Zeit nicht verlassen, ihre dauernde, unverstandene Gegenwart. Selbstvergessenheit hat also mit Harmonie, die wir suchen und wünschen, nichts zu tun, sondern nur mit mangelnder Einsicht in das Wesen der Dinge und ihrer Wirkungsgeschichte. Die Parabel vom Tausendfüßler, der zu stolpern beginnt, als er seiner vielen Beine gewahr wird, ist hier falsch erzählt, denn nicht die Bewusstwerdung einer sich selbst regelnden Mechanik ist das Problem, sondern der fehlende Abschluss einer Erkenntnis. Glück, was immer wir darunter verstehen, ist an Sprache gebunden, an Verständnis und Evidenz, denn nur so kann es hervorgebracht werden und kenntlich sein; es ist ein Produkt der Differenz und die andere Seite des Unglücks. Also *wofür*, und nicht *was* sollen wir wissen, ist die entscheidende Frage – und sie trifft ins Zentrum auch der

* Vgl. Ernst Jünger: Letzte Worte, Hrsg. v. Jörg Magenau, Klett-Cotta Verlag, Stuttgart 2013

Gedankenwelt Büchners. In dieser Dialektik der Gegensätze denkt er, und darin wird er zum großen Schöpfer des Voraussagbaren. Es mag sein, dass hier der Naturwissenschaftler dem Metaphysiker ebenso nicht verfällt, wie andererseits der szientistische Geist, der typisch ist für die aufstrebende Klasse des Bürgertums seiner Epoche, sich selber skeptisch betrachtet. Selten, vielleicht einmalig ist diese Überlagerung zweier disparater Gefühls- und Verständnisweisen in einer Zeit, in der ein romantisches gegen ein technisches Pathos rivalisiert. Büchner, blutjung noch an Jahren, ist hellwach für alle geistigen Strömungen, die aktuell sind, und er scheut sich auch nicht, ihre Unvereinbarkeit anzuerkennen; er ist unerschrocken dem Aporetischen gegenüber – und das wird seine nicht abreißende Modernität bis heute begründen. Sehen wir einmal nur, wie frei bei ihm der Begriff der Vernunft bleibt, von den Imperativen einer Überschätzung des Subjektes bei Kant ebenso wie von jener radikalen Infragestellung durch die Romantik. Im «Woyzeck» ist es die Figur des Hauptmanns, die zeigt, wohin die Vernunft führt, wenn sie nur noch nach einem stumpfen Regelwerk handelt. Dieser Hauptmann ist die Summe seiner Ressentiments und leeren Rhetoriken, er trägt die Vorstellung von Tugend und Recht wie ein Schutzschild gegen seine Bedürfnisse vor sich her: «Wenn ich am Fenster lieg', wenn's geregnet hat, und den weißen Strümpfen so nachseh', wie sie über die Gassen springen – verdammt, Woyzeck, da kommt mir die Liebe! Ich hab' auch Fleisch und Blut. Aber, Woyzeck, die Tugend! Die Tugend!» Psychoanalytisch können wir hier von einer Urverdrängung sprechen, die symbolisch wiederkehren wird in Form affektiv besetzter Ersatzobjekte. Zeichen können auch nicht gelöscht werden, sondern immer nur verschoben; um die Lücke einer Auslassung nämlich reichert sich ein Hof neuer Bedeutungen an, der vom Zweck der Auslassung handelt. Genau das macht die Zensur paradox und begründet ihre Selbstzerstörung. Der sadistische Doktor nur ein paar Szenen weiter, der Woyzeck mit Erbsen traktiert und sich seines Leibes als Forscher bemächtigt, ist so gesehen das reine Substitut der Verbote: «Die Natur kommt, die Natur kommt! Die Natur! Hab' ich nicht nachgewiesen, dass der Musculus constrictor vesicae dem Willen unterworfen ist? Die Natur! Woyzeck, der Mensch ist frei, in dem Menschen verklärt sich die Individualität zur Freiheit (...)». Diese beiden Figuren, Hauptmann und Doktor, sind korrelativ und zeigen, wie Verdrängung und Vernunft, die aus dem Stoff des Verdrängten besteht, tragisch zueinander finden; eine Allianz, die ihre Kreise bis nach Auschwitz zieht. Die Experimente eines Josef Mengele sind nämlich denen, wie sie an Woyzeck stattfinden, durchaus verwandt. Dennoch wäre es falsch, die Vernunft zu diskreditieren, weil in ihrem Namen gemordet und geschändet wurde. Vernunft braucht ein System der Kontrolle, wie Bertrand Russell in seiner Kritik an Hegel es meint, denn in ihr ist noch keine Idee von Recht und Gerechtigkeit präsent. Der Staat kann diese Idee aus sich selbst heraus auch nicht generieren, wie es die verheerenden Weltkriege der jüngsten Vergangenheit beweisen; er kann also ebenso Unvernunft fordern und Irrsinn, wenn es eine Legislative dafür gibt. *Wofür* also sind wir vernünftig?, fragt Büchner, und er fragt es auch uns. *Wofür* handeln wir so und nicht anders; und *wofür* erfinden wir, was wir erfinden? «Wir haben der Schmerzen nicht zuviel, wir haben ihrer zuwenig», waren, so heißt es, seine letzten Worte.

Im heutigen Vergnügungskapitalismus mit steigender Erregungskurve hat sich dieser Satz verändert und lautet, mit Lacan gesprochen: Wir haben keine Angst vor einem Mangel, sondern davor, dass er uns fehlt. «So lebte er hin …»

Darmstadt, Mai 2013

«Nicht immer sieht es so schön aus, wenn die Biegsamkeit überlebt.»

Rede zur Verleihung des Rainer-Malkowski-Preises 2008

Einen Preis zu erhalten, zumal einen so bedeutsamen wie den Rainer-Malkowski-Preis, ist gewiss eine Ehre und Bestätigung für etwas, das schon geleistet wurde und wohl nicht völlig vergeblich in der Welt ist. Ihn aber auch anzunehmen, ist etwas anderes und gar nicht so einfach, wie es scheinen mag. Denn man hat sich einiges zu fragen, das zu beantworten schwer werden kann. Die erste Frage, die ich mir stelle, leitet sich aus einem Begründungssatz ab, mit dem die Jury ihre Entscheidung erklärt, Zitat: «Durch den Gang der Geschichte haben sich viele seiner Gedanken bestätigt. Man könnte sagen, das Leben hat ihm recht gegeben, was nicht so häufig geschieht.» Aber wollte ich denn, seit ich denken und schreiben kann, jemals recht haben? Oder gehört es nicht schon zu den Niederlagen, wenn tatsächlich eintrat, was befürchtet worden war? Denn die Imaginationen des Scheiterns, die traurigen Vorhersagen eine Gesellschaft betreffend, die auf dem Weg ist, sich selbst abzuschaffen, wurden nur allzu oft Realität und bittere Wahrheit. Das hat mit Irrationalismus nicht das Geringste zu tun, sondern allein damit, dass der Mensch in jener Tiefe seiner selbst, in der auch Gedichte entstehen und Literatur, nicht mehr zu hintergehen ist. In dieser spür- und ahnbar werdenden Option, ein Wissen über die Sprache hinaus zu besitzen, entstehen Gedichte, und sie verfügen gleich ihrem Verfasser über jenes Unbewusste, über das wir mit dem

Eigentlichen dieser Welt in Kontakt sind. Und damit rede ich jetzt nicht gegen die Aufklärung und gegen «den Ausgang des Menschen aus seiner selbstverschuldeten Unmündigkeit», was immer das in einem Zeitalter der fremdverwalteten Innerlichkeit noch bedeuten kann. Ich rede über die Aufklärung hinaus, über die Antworten hinaus, die nichts wirklich eingebracht haben. Vielleicht war ich auch deshalb ein wenig irritiert, als ich den Satz vom Leben, das mir recht gab, zur Kenntnis nahm. Denn wenn etwas recht hatte, dann waren es am ehesten noch meine Gedichte, die ich ja allzu oft selbst erst später verstand, um rückblickend erstaunt zu sein, was vorausbedeutend nicht alles schon geschrieben worden war. Beispielhaft hierfür ein Gedicht, das im Sommer 1989 entstand, zu einer Zeit also, in der niemand sich vorstellen konnte, dass bald schon die DDR zusammenbrechen und die Mauer fallen würde.

Andere Arbeiter, ein anderer Herbst

Unverständlich und klar
liegen in ihrer Geschichte
die Dinge begraben.
Alles hat seinen Anfang
und seinen Krebs –
eine Empfindung von gestern
zur Stunde. Die Frau
und ihre gealterte Katze,
in deren Körper die Zeit
sich bewegt, zählen die Schnitte
auf der Platte des Tisches
den Tagebuchseiten

hinzu. Im Hintergrund
das bekannte Geräusch
der Fabrik. Andere Arbeiter,
sagt man, ein anderer Herbst,
wie es im Buch steht
und vorauszusehen war.

So habe ich von meinen Gedichten immer nur gelernt, wie man auch von seinem Körper lernt, wenn man ihn zu lesen versteht. Ein Gedicht, das nicht klüger ist als sein Autor, ist bloße Behauptung und frei von jenem poetischen Mehrwert, der das Gedicht erst beglaubigt. Das meinte auch ein Satz Mallarmés zu Degas, der sich darüber beklagte, dass ihm seine Gedichte immer zu lang werden würden, und zur Antwort bekam: Gedichte werden ja auch aus Worten, nicht aus Gedanken gemacht. Vielleicht kann man es die Klugheit des Körpers nennen, die sich auf dem Umweg über die Sprache symbolisch konstituieren und weitergeben lässt, um am Ende, über alle Rhetoriken hinweg, auf eine unbestechliche Art und Weise recht zu bekommen. Die Bilder, die sich mir in den Gedichten und Prosatexten ergeben haben und von der Geschichte bestätigt wurden, sind daher auch gewiss nicht mit einem Gefühl der Genugtuung verbunden, sondern eher mit dem eines Versagens, mehr gewusst als getan zu haben. Aber ich habe ja nicht mehr gewusst als mein Text, und das nimmt mich nun wieder in Schutz. Diese Ungleichzeitigkeit von Wissen, Verstehen und Handeln entspricht wohl einem Gesetz, denn andernfalls müssten die Wissensvorräte, wie sie in den Bibliotheken lagern, den Lauf der Dinge aufhalten können. Nun glaube ich zwar, dass Literatur die Welt verändert, aber die Zeitachse, auf der das geschieht, geht mit den Anlässen und unserer Lebenszeit nur selten überein. Einmal hatte ich das Glück, es zu erleben: als die DDR und mit ihr der gesamte Ostblock an sich selbst zugrunde ging und das Gedicht wie Phönix aus der Asche stieg und seine historische Wahrheit offenbarte. Ein kurzer Triumph, denn bald schon bin ich von den Kränkungen, die das Land mir vererbt hat, wieder eingeholt worden. Dann nämlich, wenn ich daran dachte, wie der Sechzehnjährige, der ich war in einer Fabrik, dafür gemaßregelt wurde, dass er Ansichten vertrat, mit denen er recht haben sollte. Und keiner war mehr zur Stelle, den man hätte fragen oder gar zur Rechenschaft ziehen können. Sie waren alle, mit dem verendeten Land und ihrer Verantwortung dafür, in einem Untergrund verschwunden, aus dem gelegentlich noch Leichengift nach oben dringt. Das war ein Grund dafür, dass ich wegging, ohne indes meiner Herkunft damit auch entkommen zu sein.

Mit Heine

Dies Land, von dem die Rede geht,
es war einst nur in Mauern groß,
dies Land, von Lüge zugeweht,

ich glaubte schon, ich wär es los.
Ich glaubte schon, es wär entschieden,
dass wer nur geht, auch gut vergisst.

Doch war nun auch ein Ort gemieden,
der tief ins Fleisch gedrungen ist.
Als fremder Brief mit sieben Siegeln

ist mir im Herzen fern das Land.
Doch hinter allen starken Riegeln
ist mir sein Name eingebrannt.

In dieser Zeit nun meiner gefährdeten Jugend ist auch die Literatur als eine Überlebensmöglichkeit nicht nur wichtig, sondern zwingend für mich geworden und haben sich die Sinnzusammenhänge von Literatur und Gesellschaft poetologisch konsolidiert. Dabei gehörten für mich Form und Aussage immer zusammen. Die beste Absicht ist nichts wert, wenn sie ihre literarische Form nicht findet, wie andererseits die Form für gar nichts steht und auch nichts bedeuten kann. Einen Satz Jean-Paul Sartres würde ich auch heute noch sofort unterschreiben: «Wenn die Literatur nicht alles ist, ist sie der Mühe nicht wert. Das will ich mit Engagement sagen.» Literatur ist nicht schön, wenn sie nicht wahr ist, und sie kann nicht wahr sein, wenn sie nicht kritisiert. Das nun ist die zweite Frage, die ich mir heute stellen will: Wer ist eigentlich noch für die Werte eines humanitären gesellschaftlichen Fortbestandes, der sich durch Kritik am Bestehenden äußert, empfänglich? Ich gebe gern zu, dass ich ein Romantiker bin, und da das Begehren nach Harmonie eine besonders harte Projektionsfläche für Wirklichkeit abgibt, muss ich wohl literarisch hauptsächlich Albträume haben. Auf die Kritik bezogen heißt das, das Kritisierte nicht zerstören, sondern verändern zu wollen, und was keinen Bestand hat, bleibt der Sprache entzogen. Allein, Kritik als produktiv zu betrachten, ist jedem totalitären System unmöglich, und deshalb muss es auch an seiner eigenen Überheblichkeit scheitern. Aber auch andere Systeme, die zur Reflexion untauglich sind, sterben aus, auch wenn dieser

Sterbevorgang recht lange anhalten kann und über den Umweg medialer Täuschungen noch den Anschein von Glückseligkeit abgibt. Und wenn ich jetzt sage, dass mein jüngster lyrischer Zyklus «Vom Ende der Poesie» heißt, dann verstehen Sie schon, dass ich den Zweifel meine, ob Literatur fern jeder Interessenausbeutung und Vermarktungswilligkeit noch eine realistische Chance hat und mit ihr jene, die sie zu schaffen imstande sind.

Vom Ende der Poesie (I)

Jedes Gedicht, sagte Herr Müller
von der HypoVereinsbank,
ist ein Schuldschein,
und Sie schreiben zu viel.
Ich also hängte diesen Teil
meines Lebens
wie an einen Haken für Schweine.

Nein, ich will jetzt nicht das leidige Thema «Geld und Gedichte» ansprechen, das auch mir nur unerfreulich ist, auch wenn natürlich stimmt, dass 1.) die kapitalistische Grundformel «Zeit ist Geld» heißt, womit sich die Zeitgesetze eines Gedichtes wirtschaftlich betrachtet nur noch verheerend für dessen Produzenten auswirken, und 2.) ein Mann wie Ludwig Wittgenstein jun. kaum noch in Sicht ist, der in einem Brief vom 14. 7. 1914 an Ludwig von Ficker schrieb: «Sehr geehrter Herr! Verzeihen Sie, dass ich Sie mit einer großen Bitte belästige. Ich möchte Ihnen eine Summe von 100 000,– Kronen überweisen und Sie bitten, dieselbe an unbemittelte (…) Künstler (…) zu verteilen.» Noch mehr Sorge macht mir, was aus unserem Begriff von Literatur geworden ist, und wie sehr wir unsere Werte verlieren, wenn wir diesen Begriff aufgeben, der sich in seiner substanziellen Tiefgründigkeit doch immerhin recht lange gehalten hat. Denn was da nicht alles als Literatur avanciert und die Zu- und Abflüsse des Marktes verstopft, lässt mich darüber nachdenken, ob die Berufsbezeichnung «Schriftsteller» nicht doch besser geschützt werden sollte. Nun greift diese Polemik natürlich ins Leere, weil ich zwar sagen kann, was ich für wichtig halte, aber über keine Möglichkeit verfüge, um diese Überzeugung auch praktisch umzusetzen. Denn Literatur und Kunst sind keine genuinen Werte, sondern unterliegen immer auch einem Meinungskonsens und bilden eine gesellschaftliche Verabredung darüber ab, was mit welcher Bedeutung erscheint. Wenn also der Literaturbegriff heute in den «Feuchtgebieten» diverser Bestsellerlisten ertrinkt, dann sagt es erschreckend viel aus über das kulturelle Niveau der Gesellschaft, in der wir leben. Nicht dieses Buch gleichen Titels und dessen Autorin mit ihren doch recht privaten proktologischen Nöten sind der Skandal. Der Skandal ist sein kommerzieller Erfolg. Aber er ist auch nur für den ein Skandal, der nicht lesen möchte, wie es im Darmausgangsbereich einer sexuell hochaufgeregten jungen Frau aussieht. Und da sind wir schon in einer Minderheitsfalle, denn viele schauen dort ja offensichtlich gerne hinein, als wäre er der siebente Himmel, und die Kasse stimmt auch noch. Die Übereinkunft von Zeigelust und Voyeurismus ist schon lange zu einem Wirtschaftsfaktor geworden und treibt immer bizarrere Blüten, die wir aber bitte nicht Literatur oder Kunst nennen wollen. Hier nun kommt auch das Argument von der Quote ins Spiel, die wie ein Damoklesschwert über uns schwebt. Aber was sagt uns die Quote? Stellen Sie sich einmal vor, auf dem Marktplatz würde wieder ein Galgen errichtet, und es fände eine Hinrichtung statt. Ich wette, die halbe Stadt wäre auf den Beinen. Was sich, über den Weg einer medialen Großvernetzung, die noch die entlegenste halbzivile Ritze in ihr sinnentleertes Raster zieht, an Verflachung und Vernichtung von Wahrnehmung bereits vollzogen hat, ist wohl kaum noch zu kompensieren. Dass sich, biologisch erwiesen, die Gehirnstrukturen adaptiv zu ihren funktionalen Beanspruchungsmustern langfristig verändern, sei hier nur am Rande vermerkt. Wir sind zu Abwesenden in einer Welt geworden, die wir fast nur noch aus den Chats und Foren des Internets kennen, um daher Wirklichkeit und symbolische Referenz permanent zu verwechseln. Ein Umgang mit komplexen literarischen Texten, die sich erst in der Rezeptionsbegabung eines Lesers entfalten, findet mehrheitlich kaum noch statt. Bei einer Lesung vor wenigen Tagen wurde ich vom Veranstalter mit den sicher gut gemeinten, aber verunglückten Worten begrüßt, dass ich, nun ja, ein wohl doch etwas schwieriger Autor sei und bitte nicht so lange lesen möchte. Aber kann eigentlich etwas schwieriger, komplexer und rätselhafter sein, als das Leben selbst, das zu verstehen wir uns bemühen mit den Mitteln der Sprache und der Literatur? Wo sind wir hingekommen, wenn wir keine Instanz mehr suchen, die das Leben dort reflektiert, wo es festgefahren ist und in der Sackgasse steckt? Und auch der Umkehrschluss gilt, denn meine gelegentlich etwas nachlassenden Motivationen zum Schreiben beziehen sich auf die Gefährdungen dieser Welt, auf ihre Defekte und Hinfälligkeiten, auf die dauernde Abwesenheit des Glücks. Nicht, weil ich das Unglück beschwören möchte und insgeheim in es verliebt bin, sondern weil das Schöne nichts und niemanden mehr braucht. Mit dem Schönen können wir sehr gut allein sein, mit dem Unglück nicht. Auch davon spricht eines meiner Gedichte:

Zwischen den Zeilen

I

Es gibt viele schöne Dinge
für ein Gedicht, die ein Gedicht
nicht mehr brauchen,
weil sie schon schön sind.

II

Dennoch, ich wollte sie nennen, alle,
bis zur weißen Blüte der Kirsche.

III

Aber immer, zwischen den Zeilen,
bleibt etwas übrig.

Freilich, nicht jeder will wissen, was übrig und auf der Strecke bleibt, zwischen den Dingen, die sich schnell verbrauchen und am besten gleich konsumieren lassen. Aber offen gesagt, es ist mir auch egal, und ich strecke die Waffen. Dort, wo sich die Ideale von Freizeit mit einer Fernsehshow vom Dschungelcamp treffen, haben wir sowieso schon verloren. Da brauchen wir auch keine Bücher mehr, von diversen und meistens nur peinlichen Lebensbeichten vielleicht einmal abgesehen. Und machen wir uns nichts vor: Wir, für die Literatur, und ich meine jetzt wirklich einmal nur die Literatur, die ihren Namen auch verdient, eine Möglichkeit des

Lebens und des Überlebens ist, werden überschaubarer von Tag zu Tag. Wir sind eine Minderheit, die sich nur deshalb nicht als eine solche empfindet, da sie noch immer die Säle und Buchhallen füllt, wenn die entsprechenden Termine herangerückt sind. Was ich verlange, ist eine Art Minderheitenschutz, ein Reservat an kulturellem Sinn, ohne den wir zu Barbaren werden. Natürlich weiß ich, dass ein guter Verleger auch ein guter Kaufmann sein muss. Aber wer nur Geld verdienen will, egal auf welcher Seite der Literatur, der sollte doch besser gleich eine Wurstfabrik gründen. Wobei es natürlich auch ein kleines, verborgenes Glück ist, dass die Finanzkrise, von der wir jeden Tag hören, ohne deren Ausmaß auch nur annähernd zu begreifen, Geld in seiner völligen Leere und Wertlosigkeit vorführt und, ich zitiere eine Zeitung: «Banker so stark wie die Bären zu Tränen rührt». Wenn man bedenkt, dass da eben mit Island ein ganzer Inselstaat von zockenden Kapitalmarktbrokern verspielt worden ist und die Bevölkerung vielleicht schon als Insolvenzmasse kursiert, weiß man einmal mehr, dass die Absurditäten des Realen auch noch die kühnste literarische Phantasie übersteigen. Aber wenigstens liegt im Bedeutungssturz des Geldes eine Befreiung von Sinn, so meine gewiss nur kleingehaltene Hoffnung. Also tun wir, was unsere Aufgabe ist und sagen es mit dem liebenswürdigen Bartleby: «Nein, ich möchte lieber nicht.» Und wenn es etwas gibt, auf das ich, ohne hochmütig zu werden, ein wenig stolz sein möchte, dann ist es die existenzielle und ästhetische und geistige Konsequenz, mit der ich immer gedacht und geschrieben habe und auch weiterhin denken und schreiben werde, so wahr mir Gott und die Sparkasse helfen. Mein Verleger, der heute anwesend ist und diesen Weg mit mir geht, hilft sowieso, und auch dafür möchte ich danken. Vielleicht hatte Rainer Malkowski, in dessen Namen wir hier und heute versammelt sind, Ähnliches gemeint, als er sein wunderbares Gedicht «Schöne seltene Weide» schrieb, das ja, mit seinen letzten zwei Versen, den ganzen Widerstand beschreibt, den wir zu leisten haben.

Schöne seltene Weide

Manchmal, nach einem Herbststurm,
wenn die Luft still und gefegt ist,
gehe ich im Garten umher und zähle
die abgeschlagenen Äste.
Nur die Weide zeigt keine Veränderung.
Ich bewundere sie lange:
nicht immer sieht es so schön aus,
wenn die Biegsamkeit überlebt.

München, November 2008

DREI :

New York against the world

Das Erste, das man zu hören bekommt, wenn man mit einem Amerikaner über New York spricht, heißt: «New York ist nicht Amerika.» Aber was, bitte, ist New York dann? – New York *ist New York*, und, wie es auf einem Graffiti am Washington Square zu lesen war: *New York Against The World*. Nun, *gegen* die Welt ist sicher nicht das richtige Wort, eher müsste es mit und in der Welt heißen, und das in einer alle Kulturen zusammenbringenden Art und Weise, wie sie in dieser Dimension einmalig ist. Aber jenes *against* lässt sich auch im Sinne eines Experimentes verstehen, einer Herausforderung an alle, in einer Toleranz miteinander zu leben, die zu einem elementaren Grundgefühl wird und sich in der Statue of Liberty verkörpert. Monumente stoßen uns ab, wenn sie eine Andacht erzwingen, die wir mit keinem Gefühl und keiner Erfahrung bestätigen können. Und gewiss hat dieses symbolisch alles überschattende Wahrzeichen auch etwas von diesem Charakter der kalten, akklamatorischen Ergebenheit. Aber nach ein paar Wochen in dieser Stadt, großzügig untergebracht in einem der Silver Towers in Greenwich Village/Manhattan, allabendlich durch die Straßen vagabundierend, so als liefe man geradewegs durch einen Film, in dem jeder eine Hauptrolle spielt, inspiriert und erregt von der Gleichzeitigkeit des Verschiedenen, von Bildern, Menschen und Szenen, die sich bis zur Paradoxie überlagern und dennoch ertragen, fühlt man tatsächlich etwas von dem, das die Amerikaner *ihre Freiheit* nennen (und versteht einmal weniger, weshalb ausgerechnet Frau Merkel in Deutschland von «Multikulti ist gescheitert» redet, obwohl «Multikulti» noch gar nicht richtig begonnen hat). Nein, das ist beileibe nicht kitschig oder im Rausch eines Pathos gesprochen, der nicht gerechtfertigt ist. Vielmehr scheint es so zu sein, dass der überaus tolerante Umgang mit- und untereinander körperlich wird insofern, als sich Rituale verändern und soziale Zwangshandlungen verlieren – und dass sich neue dafür bilden, lassen wir jetzt der schönen Geschichte zuliebe einmal beiseite. Jedenfalls bin ich überzeugt davon, dass sich die gesellschaftlichen Kommunikationsströme im Wesentlichen jenseits der Sprache bewegen, an ihr vorbei oder über sie hinweg, und dass unser sprachliches Regelwerk nur Optionen vertritt, die unbewusst schon getroffen worden sind und auch unbewusst bleiben. Diese Codes des Alltäglichen – oder, mit einem Wort Roland Barthes: «Die Mythen des Alltags» – sind es, mit denen wir an eine Gemeinschaft gebunden bleiben, gleichviel, ob wir sie nun mögen oder nicht. Wir machen es einfach, wie es die anderen machen, und denken kaum darüber nach. Beispiele: sich gleich einmal nicht mehr rasieren. Grüne Shorts zu einem schwarzen Leinenjackett und zerschlissene Turnschuhe tragen. In einem Restaurant die Stühle so verrücken, dass man die beste Sitzposition hat. Das alles spielt sich jetzt aber nicht im Sommerurlaub auf Sardinien ab, sondern in New York, wo die Dinge für die Menschen geschaffen sind und nicht die Menschen für die Dinge. Und dass das auch anders sein kann, weiß jeder, der andere kulturelle Prägungen hat. – Überhaupt: der Osten. Irgendwie hatte ich oft das Gefühl, von der Vergangenheit heimgesucht zu werden, in dieser merkwürdigen Melange aus Amerika und Russland, Hightechmoderne und Verfall, Freiheit und Freiheit zum Tode.

New York, diese erste Stadt der Moderne, ist heute ein alter Boxer im Ring. Bei einem Poesiefestival in Hong Kong lernte ich den in New York lebenden Dichter Eliot Weinberger kennen und sagte zu ihm, dass ich mir NY wie eine dieser monströsen asiatischen Städte vorstelle. Sein Blick wurde dunkel, und er bemerkte kurz und ein wenig gekränkt: *New York is absolutely different.* Natürlich, vollkommen anders: rostig, schmutzig, kaputt – und schön in seinen schon historisch gewordenen architektonischen Details, zu denen die Feuerleitern an den backsteinroten Fassaden der Häuser ebenso gehören wie die Wasserbehälter auf den Dächern und die Stahlbaukonstruktionen, wie sie Gustave Eiffel in Frankreich erfand und die hier für den Hochhausbau nutzbar gemacht wurden. Allen voran das Flatiron Building, 1902 erbaut und mit seinen zwanzig Stockwerken für drei Jahrzehnte das höchste – und für mich auch das schönste – Haus in New York. Die Methode, nach der das Flatiron errichtet wurde, gleicht dem Einkleiden einer Schneiderpuppe, nur dass der Korpus ein Eisengerüst und der Stoff aus Beton ist. Diese bautechnische Idee war die Geburt der Maßlosigkeit in der Architektur. Denn «höher, schneller, weiter» sind Attribute, die wie nichts sonst zu New York gehören, oder richtiger: zu einem Turbokapitalismus, wie er sich in keiner anderen Stadt des beginnenden 20. Jahrhunderts so ungebremst herausgebildet hat. Und jenes *anything goes* des amerikanischen *lifestyle* – den wir jetzt bitte nicht mit jener Toleranz verwechseln, die mir so sehr gefiel – sind zu einer Verschwendungssucht degeneriert, nach der die natürlichen Ressourcen unerschöpflich und die Ansprüche auf Monumentalität schier grenzenlos sind; übertroffen vielleicht nur noch von den Scheichs der Vereinigten Arabischen Emirate, die sich mit dem Burj Chalifa das derzeit höchste Gebäude der Welt geleistet haben. Mit «Fortschritt» oder sublimierter Kulturleistung hat das allerdings herzlich wenig zu tun; eher mit Überkompensation einer kollektiv empfundenen Nichtigkeit, die sich in ihr Gegenteil flüchtet. Und schon, so als hätten wir soeben das Schattenreich des Größenwahns betreten, sind wir in den Bezirken der Armen, der Bettler, der Obdachlosen unterwegs, jener zahllosen, namenlosen Menschen aus aller Herren Länder, deren aufs Effektivste ausgebeutete Arbeitskraft den Generator aller Reichtümer bildet und die durch das (kaum wirklich vorhandene) soziale Netz buchstäblich auf die Straße gefallen sind – Marx lässt grüßen.

Dennoch, bei aller politischen und sozialen Widersprüchlichkeit, die hier so offen zutage tritt wie nirgends und alles gleichsam auch mit seinem Gegenteil durchzieht, herrscht unter den an den Rand der Gesellschaft Gedrängten eine Versöhnlichkeit den Dingen und Verhältnissen gegenüber, die schon etwas Stoisches hat und ganz gewiss nicht von jener Kraft der Empörung getragen ist, mit der Revolten entstehen – von Revolutionen einmal ganz zu schweigen. Sagen wir es so: Der sozialdarwinistische Mythos vom *Tellerwäscher zum Millionär* – der gar kein Mythos ist, weil er Realität werden kann – produziert immer auch einen erheblichen Anteil an Individualschuld mit und verschleiert so die barbarische Logik des Systems. «Pech gehabt» wird dann zu einem Synonym für Chancenlosigkeit. Und tatsächlich, wenn ich abends noch unterwegs gewesen bin, immer mit einem aufgefüllten Kleingeldbeutel für «meine» Bettler in «meiner» Straße, war etwas von dieser geradezu unendlichen Versöhnlichkeit mit der Welt, wie sie ist – aber bei Gott nicht bleiben kann – in den Blicken und Gesten der Armen, die hauptsächlich Schwarze sind.

Die Stadt organisiert und reorganisiert sich nach den Strömen des Kapitals. In der Wall Street, einer erstaunlich ruhigen, geradezu langweiligen Straße, kann man es regelrecht hören: das Geld, wie es arbeitet und arbeitet und arbeitet, ohne je eine Pause zu haben. Ein feines, recht vornehmes Rauschen, wie im Innenraum einer Muschel, so kam es mir vor. Vom reichen Uptown zum «ärmeren» Lower Manhattan fließt das Geld wie ein unsichtbarer Fluss und lässt seine soziokulturellen Signaturen zurück. West Village, einst das Viertel der Künstler vor allem der 1950er Jahre, mit Jazzklubs wie dem legendären Blue Note, dem Groove oder dem Café Wha, in dem Musiker wie Bob Dylan, Jimi Hendrix oder Janis Joplin groß geworden sind, ist heute eher kommerzieller Touristenchic. Der kulturellen Urbanisierung folgt das Geschäft, dann gehen die Preise in die Höhe, und schon kann keiner mehr die Mieten bezahlen, und die «Szene» zieht weiter. Nach Chelsea, SoHo oder neuerdings nach Williamsburg/Brooklyn. Ein solches Soziotop der Fremdbesetzung ist auch der Meatpacking District am Hudson River; eine stillgelegte Fleischfabrik, in deren Lagerhallen jetzt Galerien residieren, noble Restaurants und Luxusboutiquen von John Galliano bis Helmut Lang, frei nach dem Motto: Armut ist sexy, solange man Geld hat.

Dann und endgültig im Osten angekommen ist man, wenn man mit der Subway bis zur Südspitze Brooklyns nach Brighton Beach fährt. Hierher hat es die russischen Emigranten verschlagen, hier ist alles russisch, spricht russisch und sieht russisch aus. Es gibt russische Discounter mit russischer Ware, russisches Essen, und russisches Roulette gibt es wahrscheinlich auch. Und für den ersten Moment in dieser Gegend weiß ich wirklich nicht, ob ich noch in New York bin oder alles nur träume. Ein paar Zeilen fallen mir ein, ein Gedicht, das beginnt: «Immerhin verstehe ich / ein wenig vom russischen Wesen, / und auch kyrillische Schrift / kann ich lesen. // Aber was ich nicht verstehe, / warum ich die Vergangenheit / in der Gegenwart / als Zukunft sehe.» Ich schreibe es, während ich eine Straße überquere, schnell auf, ehe sich die Sprache wieder verschließt und von anderen Reizen verdrängt wird. Dabei übersehe ich ein Fahrzeug, das meinetwegen ausweichen muss, ins Schlingern gerät und eine Mauerwand touchiert. So also verändert sich die Welt durch Poesie, denke ich und gehe weiter. Zeit ist eine Erfindung der Historiker, um Geschichte besser archivieren zu können, denn alles kommuniziert mit allem fortwährend, und auch die Toten sprechen weiter, wenngleich sie nicht mehr zu hören sind. Diese Gleichzeitigkeit, die nur räumlich zu fassen ist, verweigert sich jeder Chronologie und Semantik, und nur die Kunst vermag es, ihr zu entsprechen. Egal, welche Materialien dabei beansprucht werden, und egal, ob wir es in der Literatur finden, in der Musik oder Malerei: Kunst durchbricht die falsche Ordnung der Zeit und führt auch die einfachsten Dinge und Wesen in ihrer allumfassenden Zugehörigkeit einer Welt vor, die immer gleichzeitig ist, solange sie dauert.

Nirgends, nicht einmal in Rom hatte ich ein so tiefes Bewusstsein davon, mit der Kunst aller Epochen verbunden zu sein, wie in New York. Allein das Metropolitan Museum of Art ist eine gesonderte Reise wert, die man wochenlang ausdehnen kann, um dann noch immer das Gefühl zu haben, nicht alles zu kennen. Oder das Museum of Modern Art, das mir half, die neuere Moderne ab Roy Lichtenstein, Keith Hearing oder Andy Warhol besser zu verstehen, ohne sie auch gleich schätzen zu müssen. Das Verständnis für eine Kunst, die aufgeschichtete Suppenbüchsen allein durch die Behauptung, sie seien Repräsentanten einer Substanz, berühmt gemacht hat (so wie jeder Floh sagen kann, er sei ein Raubtier, nur weil er im Fell eines Löwen sitzt), konnte sicher nur in dieser neurotisch zuckenden, wilden, bis in die Fingerspitzen der Freiheitsstatue hinein utilitaristischen Metropole aufgebracht werden. Warhols Programm, der fremdverwalteten (Rest-)Innerlichkeit dadurch zu entkommen, dass man sie nur noch in der Form ihrer Abschaffung zulässt, als reine Oberfläche sozusagen, nackt, kalt und geheimnislos, ist durchaus zu verstehen. Nur entgeht sie dadurch ihrer Dramatik noch nicht, sondern ist nur eine andere Variante des Spiels mit den leeren Signifikanten, wie sie die Gesetze des Kapitals produzieren. Am Ende sind dann Inhalt und Verpackung identisch, und der einzige noch verbliebene Sinn ist das Etikett. Gut oder nicht gut – Kunst ist daraus jedenfalls keine zu machen. (Oder eben man gibt den Kunstbegriff auf und handelt nur noch mit dessen Aktien.) Gewiss waren auch die Maler des Abstrakten Expressionismus, von Mark Rothko und seiner *Farbfeldmalerei* bis zu Jackson Pollocks oder Willem de Koonings *action painting*, diesem System der unablässigen Entwertung ausgeliefert. Aber mir gefallen ihre Revolten des Körpers besser als diese Verwaltung von Leere, die zu

Reproduktionen ohne Sinn und Widerstand führt, ihre exzessiven Subjektausbrüche besser als die Behauptung, ein Ding unter Dingen zu sein, die ja auch nicht viel mehr ist als eine Art von Dienstleistung im suizidalen Vollzug der Gesellschaft. Der Kampf der analogen gegen die digitale Welt – das Museum of Modern Art ist ein symbolischer Ort, ein Schlachtfeld dafür, auf dem sich der Frontverlauf fortwährend ändert.

Und dann eine Zugfahrt am Hudson River entlang nach Beacon, knapp hundert Kilometer nördlich von New York. Dort befinden sich die *Dia:Beacon Riggio Galleries* mit einem Bestand an Skulpturen von Joseph Beuys bis Gerhard Richter, von Walter de Maria und Bruce Nauman bis Richard Serra und Sol LeWitt. Das Beeindruckendste aber waren für mich die negativen Skulpturen von Michael Heizer – zwei in den Boden eingelassene Stahlkuben, die sich stufenförmig verjüngen, sowie zwei Zylinder, deren Boden von der Blickposition des Betrachters her nicht einsehbar sind und die Vorstellung erzeugen, unendlich zu sein. Das ist sie, die große Entgegnung, die Antwort auf alle Anmaßungen dieser Welt. *Ground Zero* im Herzen New Yorks sieht sehr ähnlich aus. Aber es wird ja gebaut.

New York, November 2010

Es wächst nicht zusammen, was nicht zusammen gehört

Eine Kritik der politischen Rhetorik

«Was nicht zusammen gehört, / das soll sich meiden. / Ich hindere euch nicht, / wo es euch beliebt, zu weilen. // Denn ihr seid neu, / und ich bin alt geboren. / Macht, was ihr wollt, / nur lasst mich ungeschoren.» – Diese Zeilen stammen von Goethe, und sie beziehen sich auf das Gefühl der Bedrängnis, wie er es im Umgang mit Bettina von Armin empfand. Liebe kann lästig sein, wer kennt das nicht. Noch lästiger aber, als eine Liebe nicht erwidern zu können, ist die Verpflichtung, lieben zu müssen. Sie kommt einer Nötigung gleich und entspringt dem kollektiven Willen zur Vermehrung des Kapitals. Denn Liebe an und für sich, jene Liebe, die sich frei verschenkt und unwillkürlich ergibt, ist ein asozialer Zustand und damit für jede auf Funktionalität getrimmte Ordnung subversiv. Es ist die in der Liebe selbst angelegte Unberechenbarkeit, die zur Gefahr wird und entsprechend gebändigt werden muss. Am Ende ist es immer die Freiheit des Subjekts, die wieder abgeschafft werden soll, nachdem sie, zunächst moralphilosophisch und dann juristisch, eingeführt wurde.

Die Etablierung eines Freiheitsbewusstseins und die Zerstörung desselben sind die zwei großen und einander permanent rivalisierenden Konstanten der westlichen Moderne. Die Literatur vor allem der zweiten Hälfte des 19. Jahrhunderts ist voll von Beispielen, wie die gesellschaftlich verwaltete Liebe zur Katastrophe des Einzelnen oder einer

Familie wird. Ob Frau Jenny Treibel in Deutschland, Madame Bovary in Frankreich oder Anna Karenina in Russland: Sie alle leiden an der Differenz eines Begehrens nach sich selbst und jener zur sozialen Norm gewordenen Verpflichtung, die Innerlichkeit dem Kreislauf von Produktion und Distribution zur Verfügung zu stellen. Und wer es nicht tut, wie Emma Bovary etwa, geht elend zugrunde. Der Konflikt aber, an dem die modernen Gesellschaften seit der Spätromantik bis in die Gegenwart hinein so schwer zu tragen haben, besteht nun nicht allein darin, den souverän gewordenen Anspruch auf sich selbst mit Technologien der Entfremdung immer aufs Neue zu konterkarieren, weil es das Kapital so erzwingt. Der eigentliche Konflikt, oder besser, der Skandal des Konfliktes, ist die Verleugnung, sich in einem Konflikt zu befinden. Die medial durchgesetzten Rhetoriken, ob sie nun politischer oder religiöser Art sind, produzieren Illusionen und falsche Erwartungen an die Gesellschaft; sie wollen das Barbarische humanisieren und barbarisieren das Humane; sie wollen ein «Ausgang aus der selbstverschuldeten Unmündigkeit» sein und führen nur umso tiefer in Unmündigkeiten hinein; sie sind, mit einem Wort, Verführungen im Namen einer simulierten Harmonie.

Ziehen wir nun die Klammer der Verpflichtungsliebe, von der unser Herr Geheimrat so wunderbar absehen konnte, weil sie privat blieb, um die Spaltungs- und Vereinigungsgeschichte der Deutschen mit ihrer dauernden Sehnsucht nach dem anderen, unbekannten Teil, dann haben wir das ganze Dilemma der affektiven Züchtigung seit nunmehr zwanzig Jahren vor Augen: eine Liebe, oder etwas schlichter vielleicht, eine Zugehörigkeit zu fordern, die keine andere Grundlage hat als die einer zerstrittenen Familie vor dem Erbschaftsgericht. Diese Uneigentlichkeit der Beziehung muss sich nun moralisch so präsentieren, als wäre sie eine beschlossene Sache der Herzen. Die Motive für diese inszenierte Wendung vom Dilemma zum Glück sind auch klar: Kein Politiker kann sich einer Rhetorik der Verführbarkeit entziehen, oder er verliert früher oder später sein Amt. Das gilt für unser deutsch-deutsches Vereinigungsszenario ebenso wie für die politische Praxis im Allgemeinen. In dieser Klemme zwischen Wahrheitsverpflichtung und Illusionserzeugung gibt es nur einen Ausweg: den grammatisch inkorrekten und syntaktisch bis zur Unlesbarkeit verschachtelten Satz. Er offenbart, dass es keine authentische Beziehung des Sprechers zum Gesprochenen und der Sprache zu ihrem Gegenstand gibt. Im Grunde darf man den falschen Satz gar nicht erst annehmen, weil er in sich selbst begründet eine Abweisung ist. Die von Tautologien durchzogene und im wahrsten Sinne des Wortes ver-rückte Sprache in einer Diktatur, die nichts als falsche Beziehungen herstellt und von falschen Bedingungen des Sprechens ausgeht, hat alle Regeln eines unbedingten Willens zur Macht schon kopiert. In ihr nach einer Antwort zu suchen kann demnach nur heißen, die Verhältnisse zu reproduzieren. Wie immer auch die Inhalte sich verhalten: Sie sind machtlos schon in ihrer Form. Deshalb ist hier der Angriff auf die Sprache auch ein Angriff auf das System, das diese Sprache verwaltet, und deshalb kommt der Literatur in Diktaturen eine so außerordentliche Rolle zu.

Wo die Sprache unter Generalverdacht steht, immer mehr zu meinen, als sie tatsächlich sagt, ist schon der bloße Akt, sie zu gebrauchen, subversiv und mit unterstellter Bedeutung angereichert. Das ist es, was eine Zensurbehörde so lächerlich macht, denn gerade dadurch, dass sie verbietet, hebt sie das Verbotene hervor. In den praktizierten Demokratien des Westens nun gibt es das Verbotene nicht, jedenfalls nicht in dieser ungewollt produktiven, einen neuen Sinn generierenden Weise, und für die vergesellschaftete, öffentliche Sprache heißt das, dass sie zunächst einmal auf nichts verweisen kann, was außerhalb ihrer selbst liegt. Kein Geheimnis, keine Beziehung zum Imaginären, keine Strahlkraft geht von den Wörtern aus. Der Stein ist ein Stein, und nichts daran ist edel. Das heißt, die freie Rede ist radikal mit sich selbst konfrontiert und kann kein Vertrauen darin haben, dass sie einen Mehrwert an Aussagen durch die besonderen Verhältnisse des Sprechens erzeugt. Dieses Privileg der Produktion von Sinn durch die Annahme von Sinn fällt demnach weg, und das desavouiert die unscharfe Rede und lässt sie als das erscheinen, was sie ist: eine Summe leerer Signifikanten. Die falsche Sprache in Diktaturen ist systemimmanent und in sich selbst begründet falsch; die falsche Sprache in Demokratien ist ein Defekt im System der Demokratie.

Aber dieser Defekt ist den Politikern, in deren Rhetoriken er erscheint, allein nicht anzulasten, weil sie selbst Bestandteil dieser Defekte sind und nicht über sie hinaus oder an ihnen vorbei agieren können; vielmehr ist er das Produkt aller Teile der Gesellschaft, und damit gehört er zu uns. Wir warten doch nur darauf, Politiker beim Lügen zu ertappen, um sie dann sofort zu suspendieren. Die Wahrheit aber wollen wir auch nicht hören, und wer sie ungeschönt äußert, stürzt im Ranking der Beliebtheiten gnadenlos tief. Also bleibt nur die unscharfe Rede, der Sprachbrei, die Nichtfestlegung und substanzielle Flüchtigkeit. Je wichtiger der Gegenstand, umso empathischer wird an ihm vorbeigesprochen. Das lässt sich bis in die Körpersprache der Redner hinein mitverfolgen, wie die Bewegungen des Kopfes, des Armes oder der Hand das exakte Gegenteil von dem vermitteln, das verbalisiert worden ist. Der Körper aber ist ein denkbar schlechter Agent für die Lüge, und er wehrt sich mit Krankheit, wo er in diesem Komplott gegen die Wahrheit eine Rolle spielen soll. Wenn wir nun in den politischen Reden einen Mangel an veritablen Sätzen vermissen, die allenfalls noch bei Problemen des Flaschenpfands oder der Bitte um abgewaschene Plastikbecher im Haushaltsmüll riskiert werden, so sagt das noch nichts über den Zustand der Politik, die ins Lächerliche zu ziehen fast schon zum Volkssport gehört. Eher verdienen Politiker unsere Nachsicht, wenn sie in einer immer komplexer und intransparenter werdenden Welt zwanghaft den Eindruck erwecken müssen, dem Geschehen gewachsen zu sein, anstatt, wie alle anderen auch, nur hilflos zuzusehen, wie etwas völlig unerwartet und ohne einen Begriff von sich selber geschieht. Denn im gleichen Maße, wie die sozialen Binnenstrukturen sich verselbständigen und eine eigene Begriffs- und Kompetenzhoheit bilden, werden Politiker zu Repräsentanten von annähernd gar nichts; und hier reden wir von den Politikern guten Willens und nicht von jenen, die sich Macht aneignen im ohnehin nur privaten Interesse. Herausgeputzt wie zum Sommernachtsball stehen sie vor uns und vertuschen eloquent, dass sie nichts, aber auch gar nichts zu sagen haben. Hier nun verschärft sich auch unser Problem, denn ihre Rede ist autoritär und durchzogen von jenen Strömen der Macht, die ihnen symbolisch nicht nur zugestanden wird, sondern die wir von ihnen erwarten. Was immer sie äußern, sie verlängern es in Bereiche eines Verstehens, das den Glauben zu verstehen mit einschließt und die leeren Signifikanten wie eine Ware verkauft, die nur aus Etiketten besteht. Nicht der Unsinn in der Sprache der Diktaturen, deren gesellschaftliche Reproduktion nur noch physische Gewalt werden kann, ist hier das Fatale, sondern die Verweigerung von Sinn aus Angst vor den Folgen der Demokratie, in der jeder jederzeit kritisierbar und damit auch zerstörbar ist. Oder bildlich gesprochen: Wir vertrauen darauf, dass es hinter den Etiketten eine Substanz gibt, die sich eben nur nicht zu erkennen gibt, denn mit der Leere können wir nicht umgehen, obgleich wir sie unablässig produzieren und reproduzieren. Es ist wie mit einem Vorhang, der geschlossen bleiben muss, um zu verbergen, dass hinter ihm nichts ist.

Der Osten nun hatte gar keinen Vorhang, und das war insofern einfacher, als das Nichts permanent vorhanden war, in der Mitte der Dinge und im Zentrum der Sprache, ganz wie in der klassischen Moderne seit Hofmannsthal und Rilke. Die Abschaffung von Freiheit und die Unterwerfung der Subjekte, vor den machtpolitischen Interessen eines Staates hier, vor der Gier des Kapitals dort, war immer die gemeinsame Achse, um die sich die Geschichte bewegte. Nur die Strategien der Verrichtung waren verschieden: Hier ist es die Sprache, die ihren Sinn nicht findet, dort ist es der Sinn, der sich der Sprache verweigert; hier geht es um die Verformung des Subjektes zu einer ideologiekonformen Masse, dort um die Formatierung des subjektiven Willens zum Willen eines betäubten Konsumenten und so fort. Nun können aber diese ebenso gegensätzlichen wie korrelativen Bedingungen für das Subjekt im Bewusstsein der Subjekte nicht abgebildet und damit narrativ aufgelöst werden, sondern sie gehen ein in ein körperliches Programm, das sich aus einer Reihe abgespeicherter Reize ergibt und das unser Verhalten nach den besten Chancen auf Erfolg reguliert. Was wir später als Resultate der Vernunft annehmen, waren Optionen des Körpers, der über eine Vernünftigkeit verfügt, von der wir – im reinen Sinne des Wortes – bestenfalls träumen. Der sogenannte freie Wille ist eine Unterstellung der Aufklärung und an szientistisch verwaltete Tugenden gebunden. Das nun sagt nicht, dass es keinen freien Willen gibt, er ist nur eben auch frei von Bewusstsein und Sprache. Es geht also nicht darum, die Formationen des Ich zu destabilisieren, bis die Dämonen aus den Finsternissen unserer Verdrängungen steigen, sondern es gilt, sie zu stärken, indem sie zu Bestandteilen des Somatischen werden. Immanenz statt Evidenz, die Texte des Körpers vor denen eines sich selbst täuschenden Verstandes. Und das eben ist es, was die gesellschaftliche Einswerdung vormals disparater politischer, wirtschaftlicher und kultureller Systeme so enorm erschwert: dass sie grundverschiedene kollektive Unbewusstseine hervorgebracht und über alle gesellschaftlichen Veränderungen hinweg erhalten haben, die nicht adäquat kommuniziert werden können und eher zu einer Verschärfung der Ressentiments führen als zur ersehnten und angestrebten Einheit.

Die Überschreibung der inneren Schrift ist ein Prozess, der nur bedingt geleistet werden kann. Eher werden die über Jahrzehnte eingespielten Verhaltens- und Wahrnehmungsstereotype in einem Widerstand gegen das Neue, Andere und Fremde benutzt, als dass sie sich, für was auch, auflösen würden. Was wir heute als «Ostalgie» bezeichnen, ist oft nur eine Form der Abwehr von Gegenwart und dann erst idealisierte Vergangenheit, die für die Generation der in den Jahren kurz vor oder nach der Wende Geborenen sowieso nicht infrage kommt. In der Erhöhung des Unbekannten liegt immer auch die Verweigerung, das Bekannte anzuerkennen, wie die Erniedrigung in der Absicht geschieht, es zu restituieren. Für meine Generation war es der Faschismus, der die stärksten Symbole dafür anbot, einen Zorn zu äußern, der seinen Gegenstand verdrängt hat. Dabei ging es wesentlich um den Skandal, nicht um Inhalte. Ein in die Holzbank geritztes Hakenkreuz war der reine affektive Vorgang und keine Verherrlichung des Nationalsozialismus. Ein Satz, den wir pubertierenden Kinder mit dem flauen Gefühl des Unheimlichen benutzten wie einen Abzählvers und der mich bis heute verfolgt wie ein aus der Geschichte gestiegenes Monster, lautet: «Ich habe Hunger, / mir ist kalt, / ich will zurück / nach Buchenwald.» Konnte etwas zynischer, härter, furchtbarer sein? Dieser Kampf um die Zeichen ist mit dem Sinn der Zeichen nicht zu erklären, denn es ging um Erregung und nicht um den Grund der Erregung. Das heißt natürlich, dass in allen Formen der Skandalisierung ein mehr oder weniger großes Affektpotenzial selbstreferenziell ist. Es ist da, ohne dass es *für etwas* da ist.

Das macht ja auch die Vorhersehbarkeit terroristischer Anschläge so schwer, dass sie sich kaum von ihren strategischen Zielen her verstehen lassen, sondern sich wesentlich im Rausch der Handlung selbst erfüllen. Dort, wo sich die ins Körperliche übertragenen Erfahrungen, die Sprachen der Ideologien und ihrer individuellen Gegenentwürfe, die Texte und Subtexte und Differenzen, kurz, die gesamten psychokulturellen Organisationsformen zu einer Struktur der Persönlichkeit verdichten, dort und nur dort werden die Optionen unseres Verhaltens bestimmt, und dort entscheidet sich auch, was und wie und ob überhaupt etwas der Fall ist. Willensentscheidungen spielen dabei eine nur schwache Rolle, denn sie sind leicht durch somatogene Abwehrkräfte auszuschalten oder verfangen sich im Spiegellabyrinth der Täuschungen und Selbsttäuschungen. Für die gesamtgesellschaftliche Praxis bedeutet das, dass veränderte Bedingungen noch lange nicht die Menschen verändern – jedenfalls nicht in derselben Folge und Geschwindigkeit, mit der sich die Verhältnisse verändert haben. Das wäre ja auch zu schön, im Gegenteil: Die Bibliotheken sind voller Wissen, und wir nutzen es nicht. Jeder weiß alles, und keiner kann irgendetwas irgendwo ändern – so jedenfalls kommt es einem gelegentlich vor. Das stärkste Argument der Aufklärung war die Überzeugungskraft, aber irgendwann war die Gesellschaft durch und durch und von allem überzeugt, und trotzdem blieb sie, wie sie immer schon war: träge, selbstgefällig und jenseits ihrer Eliten unreflektiert. Denn das Wissen muss körperlich werden und eingehen in ein Wissensreservoir, das größer und weiter und tiefer ist, als die Sprache es zu fassen vermag. Dann erst ändern sich die Verhältnisse wirklich. Hegel nennt es «das stumme Fortweben des Geistes im einfachen Inneren seiner Substanz», und er meint damit die komplizierte Veränderung der symbolischen Ordnung nach Veränderung der faktischen. Die staatliche Macht ist schnell erobert, aber sie auf alle Bereiche des kulturellen und intellektuellen Lebens auszudehnen und substanziell zu behaupten ist ebenso mühsam, wie einen Krieg gegen Partisanen in fremden Wäldern zu gewinnen. Allein eine Überlegenheit an Technik und Personal reicht hier nicht aus, wie es große

Schlachten der Weltgeschichte belegen. Die virtuelle Macht hinter der politischen muss besiegt werden, d.h. die *Freiheit zur Freiheit*, die nicht sachlich geregelt werden kann, sondern sich selbst generiert, ist der eigentliche und so schwer zu bezwingende Gegner. Das auch ist der Grund für militärisch oft sinnlose Demütigungsrituale im Krieg: Sie wollen den Ort der Freiheit zerstören, ehe der Körper zerstört wird. Der schnelle Tod kommt immer zu früh, denn er lässt keinen Kampf zu um das, was in der Form verborgen war und weiterlebt. Als Crassus dem militärisch hoffnungslos unterlegenen Spartacus vor dessen letzter Schlacht versprach, ihn und seine Leute am Leben zu lassen, wenn er nur seinen Marsch gegen Rom bereuen und die Niederlage eingestehen würde, hatte er bereits seine Freiheit an der Freiheit des anderen verloren, denn natürlich lehnte Spartacus ab und begründete seinen Mythos damit. Die peinliche Befragung der Heiligen Inquisition im Mittelalter ist ihrem Sinn nach sehr ähnlich: Der Delinquent soll widerrufen und alle Schuld auf sich nehmen. Nicht in der Unterwerfung an und für sich, sondern erst in der Reue des Unterworfenen findet die Macht zu sich selbst, und dafür werden die schrecklichsten Torturen erdacht. Deshalb auch behalten nach einem Krieg die Offiziere immer den letzten Schuss für sich selbst. Und war die Vereinigung der Deutschen nicht auch gezeichnet von Ritualen der Demütigung? Wolfgang Hilbig nannte es in seiner Dankesrede zum Lessingpreis 1997 eine «Unzucht mit Abhängigen», was der «Sieger» der Geschichte, der Westen, mit dem «Besiegten», dem Osten, gerade anstellen würde. Es ist hier nicht der Platz, näher darauf einzugehen, und ich gestehe auch, seinerzeit recht verärgert gewesen zu sein; dies zumal, da diese «Unzucht» flankiert war (und ist) von Transferleistungen einer Dimension, wie sie die Welt noch nicht gesehen hat. Heute verstehe ich diesen Satz in seinem symbolischen Überbau, dass es dem «Sieger» nach einer Bestätigung seines «Sieges» verlangt, um das Gefühl loszuwerden, nur ein «Überlebender» zu sein, ein Zombie der Fortsetzungen, und schon stimmt er. Aber ebenso stimmt, dass der Osten mit seinen Leichengiften auch den Westen verseucht hat, sodass man gar nicht genau sagen kann, wo der eine Teil aufhört und der andere beginnt, oder ob es nicht doch schon einer Angelegenheit von wechselseitiger Vergewaltigung gleichkommt, was da geschehen ist und geschieht. Ja, unsere Feiern nehmen kein Ende, und sie überzeichnen nur, was bis jetzt nicht erreicht werden konnte: der äußeren Einheit auch eine innere hinzuzufügen. Aber die tote gesellschaftliche Form löst sich deshalb noch lange nicht auf, nur weil sie tot ist, sondern sie muss permanent attackiert und gezwungen werden, auch ein zweites oder ein drittes Mal zu sterben. Bei Christian Hoffmann von Hoffmannswaldau ist dazu alles gesagt: «Ich will kein ander Wort um meinen Leichtsinn haben / Als diß: Der Kern ist weg / die Schalen sind vergraben.»

Die deutsche Vereinigung wird somit zu einer Frage der jeweiligen Generationszugehörigkeit und kommt als historische Erfolgsgeschichte für all jene zu spät, die den größeren Teil ihres Lebens in grundverschiedenen sozialen, politischen und kulturellen Verhältnissen verbracht haben. Jede andere Erwartung ist falsch und fordert Unwahrhaftigkeit regelrecht heraus. Kommen wir jetzt noch einmal zurück auf unser Problem der politischen Rhetorik, dann ziehen sich die Fäden genau an dieser Stelle zusammen: dass eine Sprache der Erfolge generiert wird, die keine substanzielle

Bestätigung findet, und in den Differenzen entsteht die Enttäuschung. Und noch einmal: Das sind keine Bewusstseinsenttäuschungen, sondern die Körper wenden sich vom Geschehen der Geschichte ab, sie entziehen sich *ihrer Freiheit zur Freiheit.* Das unterläuft unsere Absichten, mit denen wir uns begegnen, es schwächt sie oder kehrt sie in ihr Gegenteil um. Bei Dostojewski gibt es die Szene, in der Fürst Myschkin beim Eintreten ins Haus seiner Gastgeber plötzlich ohnmächtig wird und im Sturz eine kostbare Mingvase umstößt. Nun wusste er von dieser Vase, was sie bedeutet und wo genau neben dem Eingang sie steht. Er wusste, dass er unter Fallsucht leidet, und in einem Traum kurz vor dem Fest sah er sich stürzen. Also traf er Vorkehrungen und trichterte sich ein, wie er ins Haus gehen muss, um nicht in die Nähe der Vase zu geraten. Dann aber vergisst er seine Strategie und kommt genau dort zu Fall, wo er den größten Schaden anrichtet. So geht es uns auch: Wir wissen über alles Bescheid, und doch kommt es immer anders als gedacht, denn unser Wissen ist von unseren Wünschen geprägt, und es blendet aus, was ihrer Erfüllbarkeit im Wege steht.

«Jetzt wächst zusammen, was zusammen gehört», ist ein schöner Gedanke, mehr aber auch nicht. Schaden richtet die politische Rhetorik dort an, wo sie zu ihren exzessiven Wunsch- und Täuschungsbildern einen Anspruch auf Wahrheit gleich mitformuliert. Da sie nun über jene Bedeutungsüberschüsse verfügt, die aus der Stellung der Macht ihrer Repräsentanten hervorgeht und durch nichts mehr verifiziert werden muss, ist ihr Totalitätsanspruch bereits immanenter Bestandteil der Rede. Das heißt, was der König sagt, ist immer wahr, weil es der König gesagt hat. Wäre es nicht wahr, könnte der König auch kein König mehr sein, denn er hätte seine symbolische Macht verloren, die parallel zur politischen stets erhalten bleiben muss. Inhalte, die keiner glaubt, spielen ja naturgemäß keine Rolle, nicht einmal, wenn sie methodisch als wahr zu beweisen wären. Das nun ist unser Anteil an der Lüge: dass wir den König genau dort eingesetzt haben, wo unsere Schwächen beginnen, unsere Ängste und Defizite. Wir geben ihm die Macht, die er braucht, um uns so zu belügen, dass die Lüge wie eine Wahrheit erscheint. Mehr noch, die Lüge *ist* die Wahrheit, wenn sie sich mit einer Macht verbindet, der wir uns – *frei zur Freiheit* – unterworfen haben. So also spinnen die Politiker aus Stroh Gold, das sich in Stroh zurückverwandelt, wenn die Machtströme nicht mehr durch ihre Rhetoriken fließen. Und das entscheiden wir, die Königsmacher und Iden des März. Die Helden der Öffentlichkeit sind Figuren unserer Phantasie, ihr Status Ausdruck unseres Begehrens, ihr Niedergang die Überführung der Lüge in uns selbst. Warum ist das Wort von den «...blühenden Landschaften im Osten» so oft wie keine andere rhetorische Figur im Zusammenhang mit der deutschen Wiedervereinigung aufgenommen, kritisiert und kolportiert worden? In diesem einen kurzen Satz hat sich ein Versprechen manifestiert, dessen Größe nie einzuhalten war und für große Enttäuschungen sorgte. Aber die Dimension des Versprechens war von dem, der es gab, auch gar nicht gemeint, sondern sie hat sich aus einem besonderen Verhältnis unserer Gläubigkeit zur Macht so ergeben. Die einzige Schuld, die den Sprecher, oder besser: den *Ver*sprecher hier trifft, ist der naive Umgang mit den Folgen seiner eigenen Macht – zumal in dieser sehr besonderen historischen Situation, in der völlig sprunghaft alles von der realen auf die symbolische und von der symbolischen auf die imaginäre Ebene wechseln konnte. Zu vergleichen vielleicht mit dem im Grunde gar nicht sprechbaren «Ich liebe dich»-Satz, der dem Nichtverliebten nur albern erscheint, dem Verliebten aber einen Kosmos an Zuwendung öffnet. Die Liebe ist der einzige Zustand, in der sich die Sprache absolut verkörperlicht, das heißt die Worte verlieren ihre kalte Hülle der Referenz; sie werden aufgenommen von der Erwartung und umgeformt in Gefühl. Bei Lacan kann man lernen, dass die Sprache nicht über etwas redet, sondern selbst schon das Redende ist. Nirgendwo trifft das so zu wie in der Sprache der Liebe, die nur deshalb nicht unsinnig – das heißt tautologisch – ist, weil der Liebende sich nach den sprachlichen Formeln der Liebe verzehrt und sie braucht, um das Gefühl der Liebe über den spontanen Augenblick hinaus in Bewegung zu halten. Würde sich in dem «Ich liebe dich»-Satz der andere nicht sofort und absolut umschlossen fühlen, weil er ihm seine ganze Fähigkeit zu glauben und zu empfinden anvertraut hat, wäre dieser Satz längst schon ausgestorben. Dass nun aber alle ihn sagen und hören wollen, obwohl er ja wörtlich allen *dasselbe* sagt, beweist nur, dass er seine rhetorische Formelhaftigkeit im jeweiligen Gebrauch restlos verliert und zu einer körperlichen Handlung werden lässt, die eben einmalig ist.

Verliebte und Nichtverliebte, Liebeshungrige und Liebesenttäuschte, Liebesfähige und Liebesunfähige, sie alle wissen, was sie mit ihrer Sprache erreichen und wie sorgsam sie zu verwenden ist. Ob intelligent oder nicht, sie haben ein Gespür für die Kraft ihrer Sprache in dieser außerordentlichen Zerbrechlichkeit der Situation, und sie vergehen sich, wenn sie die falschen Worte wählen, um etwas zu erreichen, das ihnen in Wahrheit nicht zusteht. Sprechen heißt immer auch *verführen*, und die Verführung der Gefühle ist eine moralisch verwerfliche Angelegenheit, wo sie es auf etwas anderes abgesehen hat als auf die Gefühle selbst. Warum nun soll das alles nicht ebenso für die politischen Rhetoriken gelten? Auch sie graben sich tief in das virtuelle Netz unserer Phantasmen und Ängste, erobern die Texte hinter den Texten und gehen ein in den psychischen Haushalt eines jeden Einzelnen, kurz: Sie werden Bestandteil eines kollektiven Unbewussten, das nur noch wirkt und nicht mehr in Alltagssprache übersetzt werden kann. Allenfalls Literatur, die mit dem Unbewussten korrespondiert, kann es noch fassen und zeigen (und sie muss dann schon auch eine sehr begabte Literatur sein, wie wir sie heute, wo sich die Literatur in einem Opportunismus der Geschmacksanpassung und Verkäuflichkeit geradezu selbst aus dem Weg räumt, kaum noch finden).

Nein, so einfach wie Goethe mit seinem: «Macht, was ihr wollt, / nur lasst mich ungeschoren», kommen wir aus dem Dilemma der inszenierten Brüderlichkeit nicht heraus. Die Rhetoriken haben uns schon zu lange malträtiert damit, dass wir uns gefälligst deutsch-deutsch zu lieben haben, als dass hier noch einer sein eigenes wahres Gefühl spüren würde. Denn es gab und es gibt zwei deutsche Staaten, und nur, weil man den einen davon nicht mehr sieht, hat er ja noch lange nicht aufgehört zu sein. Es ist mit der Geschichte wie mit der Revolution oder dem Tod: stets vollzieht sie sich zweimal, einmal faktisch und einmal symbolisch, oder mit Lessing gesprochen, einmal tragisch und einmal komisch. Erst, wenn alle Zeichen restlos entleert sind, die Bewusstseine in Aktualität aufgehen und sich der gesellschaftliche

Kreislauf um ein und dieselbe historische Achse bewegt, dann und wirklich erst dann ist etwas vereint. Das nun gleich folgende Problem allerdings ist, dass auch unsere Gesellschaft der Gegenwart eine in der Zukunft ganz andere sein wird, geprägt von kulturellen, politischen, wirtschaftlichen und ethnischen Durchlässigkeiten, strukturellen Instabilitäten und einer grandiosen Abwesenheit der physischen Welt. Die Gleichzeitigkeit des Ungleichzeitigen war nicht nur ein Phänomen der Vergangenheit, in der Postmoderne gegen Moderne stand und Hightechkapitalismus gegen Realsozialismus wie einstmals Eisenbahn gegen Kutsche; die Geschwindigkeit der Zeit nimmt in einem Ausmaß zu, dass wir es bald schon nicht nur mit zwei oder drei verschiedenen historischen Ordnungen zu tun haben werden, sondern mit ganzen Sphären, die zeitlich und stofflich auseinanderfallen. Eine Reise nach China reicht, um das schlagartig zu begreifen. Wenn wir unser schönes Land auch in seiner inneren Verbundenheit wiederhaben, wird es keine Rolle mehr spielen, weil es dann keine Grenzen mehr gibt – jedenfalls keine sichtbaren.

Und im Übrigen, wer sagt uns, dass alles und immer in Harmonie enden muss? Gott? Oder die Religionsphilosophie? Oder die säkularisierte bürgerliche Moral? Würde es nicht viel harmonischer zugehen, wir könnten auch das Disharmonische lieben, den Bruch, die Störung, das Unvollendete schlechthin? «Jetzt wächst zusammen, was zusammen gehört!» – warum eigentlich? Warum fällt es so schwer, das Andere auch dort anzuerkennen, wo es wirklich das Andere ist und nicht nur eine Maske des Selbst? Fremdenhass ist immer Ausdruck einer narzisstischen Störung, denn der Fremde nimmt ja nicht wirklich etwas weg; aber er erinnert daran, dass die Welt größer und weiter ist als unser Bild von ihr, und dass sie genau dort anfängt, wo unser Selbst endet. Es gehört zur Souveränität des Subjekts, die Grenze zwischen dem Selbst und dem Anderen nicht nur anzuerkennen, sondern sie zu verstehen als eine Voraussetzung für jede Form von Individualisierung schlechthin. Nicht der Andere dort, wo er uns ähnelt, fordert uns heraus, sondern wo er seine Freiheit behält, ein Anderer zu sein. Hier, in dieser Anerkennung des Anderen, der (und das) den Fluss der Vorurteile stört, finden wir zur Harmonie, und es kann nur eine Harmonie des Disharmonischen sein. Die politische Rhetorik aber vermittelt uns nur allzu oft eine Harmonie der Illusionen, und sie enttäuscht uns damit und nimmt uns in Schutzhaft vor unserer Schwäche, die hätte unsere Stärke sein können. In Wahrheit reicht sie nur ihre Unfreiheit weiter, auf nichts anderes verweisen zu können als auf die Perfektionen der Oberfläche. Am Perfekten aber werden wir sterben, denn es findet außerhalb des Menschlichen statt.

New York, November 2010

Nachbemerkung, im Januar 2013

Es war am 3. Oktober 2010 in New York. Ich hörte einem deutschen Radiosender, den ich via Internet empfangen konnte, so nebenbei zu, unaufmerksam, mit «halbem Ohr» sozusagen. Bei einem Satz aber, den ein befragter Herr X einem fragenden Herrn Y ins Mikrofon sprach, wurde ich aufmerksam und zuckte zusammen, als hätte mich der Blitz getroffen. Der Satz, der sich seiner selbst nicht bewusst war – denn so unschuldig hell klang die Stimme des Sprechers aus meiner Box –, lautete: «Die Ostdeutschen sind ja auch nur Menschen wie du und ich.» Daraus entstand 1.) das Gedicht VII der Serie «Matrix America»:

(Livestream, at Oct., the 3rd)
Wir freuen uns ganz besonders, in Amerika,
an einem Feiertag in Deutschland, die Nachricht
aus dem All zu hören: «Die Ostdeutschen
sind ja auch nur Menschen wie du und ich.»

Doch dafür lohnt sich
keine Rückfahrkarte.

... und 2.) dieser Essay, nicht ohne Dankbarkeit für die Zumutungen einer radiofonen Stimme ohne hervorhebenswerte Intelligenz der Person.

Das Ende der Provokation
Eine Zustandsvermutung

Der verlorene Signifikant

Schon Adorno wusste, dass der moderne Kapitalismus die Avantgarde der Kunst nicht mehr nur attackiert – das wäre ja noch immer ein produktiver Akt –, sondern assimiliert und damit zerstört. So sichtbar wie in New York, wo die Ströme des Kapitals der Hervorbringung avantgardistischer Soziotope folgen wie der Hai dem Blut verwundeter Tiere, ist das nirgends. Man könnte ein Spiel daraus basteln, wie die Künstler auf der Flucht sind vor einer Einverleibung in die Zirkel der Konsumtion. Von West Village nach Chelsea, von SoHo nach Williamsburg/Brooklyn, es ist immer dasselbe: Sie besetzen ein leeres Terrain, bis es chic wird, sich dort niederzulassen, und schon steigt der Mietzins. Die abstrakten Expressionisten haben diesen Kampf der Behauptung von subjektiver Autonomie gegen die Indifferenz des Marktes noch geführt. Mit Andy Warhol beginnt die Kapitulation – das Etikett ist schon die Botschaft, die leere Büchse ihr einziger Sinn; man könnte auch sagen: Der Signifikant verfehlt das Signifikat und bleibt stumpf. Die Popkultur wird so zur radikalsten Antwort auf eine Gesellschaft, die Profitabilität zu einem Kulturmaßstab macht. Auch wenn ein durchkommerzialisierter Kunstbetrieb hier eher affirmativ bedient als ästhetisch angegriffen wird – und Warhol ist es denn auch, an dem sich der Begriff von Kunst aufzulösen beginnt und mit dem Wert einer Aktie vermischt –, so ist dennoch etwas Wesentliches anders als in der substanziell auf den Nullpunkt gebrachten *Eventkultur* unserer Tage. Das kulturhistorische Referenzsystem nämlich, vor dessen Hintergrund die Pop-Art alles auf die Oberfläche und in den Supermarkt transferiert, ist durchzogen von den Wertkonstanten der Tradition, und so findet ein Dialog statt, der die Bedeutungsanteile lediglich umverteilt, nicht aber aufhebt. Es war eine Rebellion, die großbürgerlich eingeschriebene Hochkultur zu entwerten und auf das Niveau ihrer Verkäuflichkeit festzulegen, um von einem im Grunde unhaltbaren Zustand zu berichten. Was dabei herausgekommen ist, können wir im Museum of Modern Art beispielhaft sehen, und dass die Reproduktionen von Abfall – gleichviel ob stofflich oder sprachlich – noch keinen ästhetischen Mehrwert ergeben, sehen wir auch. Slavoj Žižek fand hierfür einmal die Formulierung, die ich gern übernehme: *Die Moderne ist das Bewusstsein von der Leere in der Substanz, die Postmoderne ist Leere als Substanz.* Wohlgemerkt, wir befinden uns noch immer im Verlauf einer Entwicklung, an deren Ende alles egalitär wird, weil die Differenzen (und damit die Werte) verschwinden. Denn die Erben dieser Erbschaft, die auch über keine anthropologischen, ästhetischen oder moralphilosophischen Bezugsgrößen mehr verfügen, verwalten nur noch, reproduzieren beliebig, löschen aus, werfen weg, weil die «Substanz» der Geschichte (ihre Immanenz) abhanden gekommen ist – eine leere Formel, historische Schlacke. Dieser finale Entwertungsprozess hat zwei grundlegende Ursachen: die rasante Entwicklung im Bereich der elektronischen Medien, die schon lange ihre Kopien von der Wirklichkeit gezogen haben und als *reale Realität* distribuieren, und das abrupte Ende einer politischen Konkurrenzgesellschaft, die, bezogen auf die biotechnologische Moderne in ihrer Beschleunigung, konterrevolutionär gewesen ist – ohne das freilich selbst so verstanden zu haben. Denn die bedeutsameren (nachhaltigeren) Revolutionen der Neuzeit waren technischer, nicht politischer Natur, von der Erfindung der Dampfmaschine im 18. Jahrhundert bis zum Fernsehen im 20. und dem Internet heute; der Rest sind nur verschiedene Formen von Vergesellschaftung mit dem jeweils selben Ziel: die Freiheit des Subjekts abzuschaffen oder verfügbar zu halten – im ideologischen Interesse hier, im marktstrategischen dort, je nachdem, von welcher Seite man die Geschichte betrachtet. Es wundert also nicht, wenn, zumindest qualitativ, auf der Ebene einer Verwaltung von Sprache in der DDR dasselbe geschah wie im Westen: die Zerstörung des Wertes der Zeichen. Der Unterschied allerdings ist insofern erheblich, als die Staatsverfasstheiten im Osten konstitutionell gegenläufig waren: zwanghaft-paranoid (anstatt, dem Konsumtionszyklus entsprechend, manisch-depressiv), was auch die Inhaltsebene eines sprachlichen Ausdrucks (die Sinnunterstellung in einem semiotisch geschlossenen Feld) noch eher verstärkte – wenn nicht sogar erst hervorgebracht hat. Die dabei verwendeten Disziplinierungsstrategien wie die der Zensur geistiger Produkte waren Fehlleistungen, die das genaue Gegenteil ihrer Absicht erzeugten (so als hätten sie diese Absicht gar nicht gehabt). Denn die Unterdrückung der Signifikate dadurch, dass Signifikanten nicht aufgerufen werden, verhindert noch keine Signifikation; im Gegenteil: Die «übersprungenen» Signifikanten werden substituiert und ziehen

Bedeutungskontexte an, die gerade erst dadurch entstehen, dass es diese Auslassungen gibt. Die Psychoanalyse spricht hier auch von einer präpsychotischen Disposition, da der «verworfene Signifikant» nicht mehr in die symbolische Ordnung aufgenommen und dem Bewusstsein zugänglich gemacht werden kann. Wenn er dann im Realen erscheint, hat er keinen Platz im Subjekt und spaltet es irreduzibel (in $S \rightarrow S^1$ und so weiter). Oder kürzer: Inhalte, die verschwiegen werden, bringen sich in der Verneinung hervor. Bei Freud gibt es den Dialog mit einem Patienten, der auf die Frage, welche Person ihm im Traum erschienen sei, antwortete: «Die Mutter ist es nicht.» Darauf Freud: «Also die Mutter.» Die Literaturwissenschaft kennt den Begriff der Aposiopese dafür, die eine Figur der markierten Auslassung ist und schon bei Flaubert so exzellent verwendet wurde, als er das Liebesspiel zwischen Emma und Léon in der Kutsche nur von außen erzählt und gerade dadurch für Erregungen sorgt. Denn je weniger wir sehen, desto mehr kann erscheinen. Das auch sagt uns der Mythos der Hydra, wenn ihr Herakles einen Kopf abschlägt und zwei Köpfe wachsen ihr nach. Diese Vervielfältigung dessen, das ausgelassen wurde, entspricht der Arbitrarität bei Saussure – das heißt der Beliebigkeit, mit der eine Lautfigur in der Vorstellungswelt des Empfängers erscheint. Ein Bezeichnendes (Signifikant) bürgt also für ein vielfach Bezeichnetes (Signifikat), und ein ausgelassenes Bezeichnendes demnach für ein unabgegrenztes Signifikat. Wird diese Produktion nicht dadurch gestoppt, dass ein Signifikant im Prozess seiner Entfaltung einen Abschluss findet – Lacan nennt es «Steppunkt» –, wird das Sprachzeichen wertlos. Die Differenz des Signifikanten zum Signifikat löst sich auf und das

Wort sinkt auf das Niveau seiner Lautlichkeit und Physis zurück.* Das ist dann der Moment des «Rauschens der Sprache» – Lacan nennt es auch «leeres Sprechen», da das Subjekt in der Rede nicht mehr vertreten ist. Wir kennen es im Zustand von Erschöpfung, dass eine Bezeichnung für nichts mehr verwendet werden kann, weil wir nichts assoziieren. Ein isolierter Begriff hat immer diese starke Rückbezüglichkeit auf Elemente seiner sprachlichen Materialität. Wir können uns einfach nichts vorstellen, wenn wir einzelne Wörter hören ohne Beziehung zu anderen Wörtern in einem Satz (weil wir uns dann nämlich alles vorstellen). Um also Einfluss auf die Welt der Vorstellungen (und damit des Denkens) zu nehmen, muss die Signifikantenkette (das heißt die Differenzgründung der Zeichen) attackiert werden – und eben das bewirkt die Zensur. Aber diese Löcher des Kommunizierens sorgen nur für neue Phantasmen und Phantasien, sie pathologisieren den sprachlichen Kontakt durch eine fortwährende Verschiebung des Sinns. Der Angriff auf den Signifikanten kann in

* Es ist hier nicht der Platz, die verschiedenen Auffassungen von der Stellung eines sprachlichen Zeichens im semantischen Umfeld und dessen Verhältnis zu Bedeutung und Sinn im Text wiederzugeben und gegeneinander abzugrenzen. Erwähnen möchte ich nur, dass ich die Vorgängigkeit des Signifikanten vor dem Signifikat, wie sie Lacan eingeführt hat, im Weiteren dem Dualparadigma Saussures vorziehe. Das nämlich hat zur Konsequenz, dass sich Bedeutungszusammenhänge aus der Sprache selbst generieren und nur noch einen Code nachbilden, der im symbolischen System immer schon eingeschrieben ist. Sonst wäre das Signifikat a priori und historisch nicht mehr determiniert. Das «gebarrte Subjekt» bei Lacan aber, dass die Überschreitung des Signifikanten aus sich selbst heraus nicht leisten kann (also «gebarrt» bleibt), folgt der Einsicht, dass der Ort des Sprechens immer im Anderen liegt (dessen Begehren der Sprechende so außerordentlich begehrt).

einem totalitären, allein auf Ein- und Ausschlüssen gegründeten System, das ein hysterisches Verhältnis zur Sprache (und zum Wissen) unterhält, nicht nur nicht gewonnen werden: Es reproduziert auch noch, was es züchtigen wollte. Das Reproduzierte aber ist bereits Bestandteil einer Wiederkehr des Verdrängten und damit konstitutionell (prä-)psychotisch. In Umkehrung dazu liefert ein Redesystem wie das unserer modernen Medien- und Konsumgesellschaft eine Ausschüttung an Signifikanten (quasi mit jeder neuen technologischen Produktion), die alle Auslassungen und Übersprünge, wie wir sie von Diktaturen her kennen, mit sprachlichem Abfall und mit Leere füllt. Hier nun ist ein enormer Rede- und Überzeugungsaufwand nötig, um etwas so mitzuteilen, dass auch noch ein Sinn dabei entsteht, der mit anderen geteilt werden kann. (Können wir uns vor diesem Hintergrund reziproker Verweisungsstrukturen der Sprache und des Sprechens heute noch vorstellen, wie komisch die Begegnungen der ost- und westdeutschen Eliten gewesen sein müssen, die sich wahrgenommen haben wie die Figuren in einer Zeichnung Paul Klees: «Zwei Männer, einander in höherer Stellung vermutend, begegnen sich»?)

Historische Fallen. Rückseiten

Für Kunst und Literatur ist ein semiologisches Sprachfeld, das Spannungen aufbaut und den Signifikanten schon aus sich selbst heraus mit Bedeutungen füllt, ein Privileg, wovon der «freie Westen» nur träumen konnte. (Hier freilich müsste jetzt zwingend auch über die Arroganz der Zensur gesprochen werden, die ungewollt kreative Spuren hinterlässt, deshalb aber nicht aufhört, verächtlich zu sein, und es gab gewiss auch andere Diktaturen wie in Rumänien zum Beispiel, die rigider waren und auch noch diese Spuren zerstörten – weil sie alles zerstörten.) Eine andere Frage ist, wie Kunst und Literatur in der DDR es genutzt haben, mit vergleichsweise einfachen Mitteln eine so große Wirkung zu erzielen, oder umgekehrt, warum einmal für Aufregung sorgte, was sich später, schon kurz nach der Wende, als doch ziemlich harmlos erwies. Andererseits war es wohl so, dass sich diese auf paradoxe Art hergestellte Bedeutungsproduktion produktiv auch auf die Debatten und Entwicklungen der Kunst (und des gesamten soziokulturellen Lebens) im Westen auswirkte, wie ja die Existenz der DDR und des Ostens an sich – als Utopiegenerator wie als Abfalldeponie gleichermaßen – an einer prosperierenden Wirtschaft hinter der Mauer ihre unsichtbaren Anteile hatten. Von daher ist der latente Hochmut der Eliten des Westens bezogen auf die Hinterlassenschaften der Kunst und Literatur aus dem Osten auch billig zu haben, während sich gleichzeitig die furchtbarsten Schinken des sogenannten Sozialistischen Realismus (der nie ein Stil gewesen ist, sondern immer nur Ideologie) auf dem Weltmarkt besser verkaufen als alle bildkünstlerischen Antworten einer jüngeren und in der DDR verhinderten Generation. Ich denke hier an einen Freund aus meinen Leipziger Jahren, der, sagen wir mal, in einer Mischung aus Tàpies und Malewitsch malte, aber mit durchaus eigenen originären Ideen. Einer von denen jedenfalls, wie sie im Westen goutiert werden konnten, im Osten hingegen Friedhofsgärtner waren oder die Kirchenbank putzten, schon um einer Verfolgung wegen «Asozialität» zu entgehen, die außerhalb der Künstlerverbände durchaus möglich war. (Interessant übrigens, dass die Abneigung gegenüber der Abstraktion und die Forderung nach «realistischer» Verbildlichung demselben politischen Zugriff entspricht, wie wir es von der Sprache her kennen: Denn das «Nicht-Bild», die «Unschärfe», die «Form» ist nicht kontrollierbar und erzeugt damit weitere Überschüsse an Sinn.) Nach der Wende jedenfalls sah es kurzzeitig so aus, als würde sein Beharren auf eine zeitgemäße ästhetische Position vor einer anachronistischen Rezeptionswillkür im Kunstbetrieb der DDR doch noch gewürdigt: Er konnte ausstellen, wurde wahrgenommen, Artikel erschienen und Bilder wurden verkauft. Das ging keine zwei Jahre gut, und schon waren die Türen wieder zu – «kennen wir alles, hatten wir schon». Das Letzte jedenfalls, was ich über ihn hörte: Er trage jetzt Zeitungen aus und streiche für andere die Wände. Ein Maler eben, der vom Friedhofsgärtner in der DDR zum Anstreicher in Deutschland wurde. Und damit ich jetzt nicht missverstanden werde: Ich beklage hier nichts, was über die Ränder einer zeitlich vollendeten Geschichte gefallen ist – denn wir können uns ja nicht aussuchen, welche Bedingungen sich aus welchen Bedingungen ergeben (und arme Künstler gibt es wie Sand am Meer überall auf der Welt). Gewiss gab es auch noch andere Vorzüge im Nachteil dieser historischen Rückständigkeit, auf die sich die Nostalgiker unter den Linken so gerne berufen (als hätte diese Medaille nicht eben auch ihre hässliche zweite – oder sollte man besser sagen: erste – Seite). Wir kennen das ja von den Knastgeschichten am Biertisch, die gelegentlich klingen, als spielten sie auf einer Insel im Urlaub, und geschenkt natürlich, dass uns die Erinnerung aus sich selbst heraus täuscht, weil sie zurückhält, was allzu sehr schmerzt. Im Verhältnis zu der Effizienz jedenfalls, mit der die Reproduktionsindustrie von heute symbolische Werte verschleißt, waren die Praktiken zur Verhinderung von Sinnproduktionen im realsozialistischen Kleingärtnermilieu geradezu rührend naiv. Dieses dumme Gefuchtel mit Verboten und die Installierung von thematischen Sperrzonen in der Literatur und der Kunst, die nur das Interesse daran noch vergrößert, wenn nicht sogar erst hervorgerufen haben. Die Bücher zum Beispiel, die man allein einer kulturpolitischen Etikette halber druckte, nicht aber rezipierbar halten wollte – und ich rede hier schon von den 1980er Jahren, in denen das Katz-und-Maus-Spiel mit den Scheinbarkeiten der Toleranz seinen Höhepunkt erreichte und immer mal eine belletristische Besonderheit dem ausgehungerten Geistesproletariat vor die Lesebrille fiel –, wurden über absurde «Verteiler» an die Buchgeschäfte der Nationalen Volksarmee oder in die Provinz umgeleitet. So kam es dann, dass schon auch einmal ein Roman von Max Frisch im Schaufenster lag. Diese Mechanismen der Verhinderung sprachen sich natürlich herum, und wer auf der Suche war, fuhr aufs Land oder besuchte einen Bekannten in der Kaserne. Und dann schrieb man ab und kopierte, sechsfach auf eine eingespannte Schreibmaschinenseite, wie zu Kriegszeiten im Untergrund. Kann Literatur aufregender sein? Bis zu dieser historischen Sollbruchstelle einer Achse, die zwei rivalisierende Gesellschaften voneinander trennt und die ideale Projektionsfläche abgibt für einen Transfer der Widersprüche im eigenen System, wäre eine Revolution des Ästhetischen (gewissermaßen in der Rolle eines kulturellen Vermittlers, der produktive Störungen erzeugt) noch zu erwarten und in ihrer faktischen Nachhaltigkeit zu wünschen gewesen; jetzt ist ein solcher kultureller «Nullpunkt», eine solche produktive Überschneidung der verschiedenen Zeichensysteme zu einem neuen, anderen, außerordentlichen Wert, nicht mehr zurückzugewinnen. Ich bin überzeugt davon, dass die bipolare Weltordnung bis zur Implosion des zentralverwalteten (asiatisch despotischen) Ostens einen geheimen politischen und damit auch wirtschaftlichen Stabilisator besaß, der unterhalb aller Rhetoriken der Macht wirksam war und Einfluss auf die Prozesse des «großen Anderen» nahm; es gab eine Rückversicherung, eine Geiselhaft, die auf beiden Seiten gleichzeitig stattfand. (Hauptsächlich auch deshalb rückten plötzlich die linksliberalen Intellektuellen, Schriftsteller und Künstler zu einer so großen Trauergemeinschaft zusammen, einer «Klagemeute», wie sie Canetti beschreibt, nicht, weil die sozialutopisch imaginierte «Weltrevolution» nun endgültig gescheitert war – daran glaubte ja ernsthaft sowieso keiner mehr –, sondern weil der positive Signifikant nun endgültig verloren ging, der ja auch ein Scheinprodukt war und seinen Entstehungsort im paranoiden Blick der Macht und der Mächtigen hatte.) Mit den Ereignissen 1989/90 waren nun gewiss ebenso viele Hoffnungen verbunden wie Enttäuschungen, die nicht lange auf sich warten ließen. Denn die großen sinnstiftenden Programme einer produktiv sich selbst verwaltenden Gesellschaft, die jetzt hätten verfügbar sein müssen, waren leeres Getöse, freundliche Ankündigungen einer in Wahrheit unverfassten Schrift, sodass – man kann sagen: nur allzu natürlich – das Kapital in seiner fließenden Bewegung zum Subjekt der Geschichte wurde. Das symbolisch so hoch beschworene *Jahr 2000* fand genau genommen schon in eben dieser Zeit eines grundlegenden Paradigmenwechsels (auf beiden Seiten!) statt – also exakt zehn Jahre früher. Was ich am Anfang über New York erzählte: beispielhaft einzustehen für einen Prozess der beschleunigten Werte- und Zeichenzerstörung, gerade noch von einigen Alternativdiskursen vor allem in Europa gebremst, galt jetzt allumfassend – hemmungslos sich auszudehnen und die exponentielle Folge für Beschleunigung noch einmal zu steigern. «Profitmaximierung» heißt eines der sicher am meisten verwendeten Wörter dieser Goldgräberzeit, und es ist sofort erkennbar, dass der Trend zur Globalisierung mit diesem Wort eng verknüpft ist; einen blinden, richtungslosen, von sich selbst und seiner immerwährenden Akkumulationsgier getriebenen Finanzkapitalismus, den haben wir heute.

Am «Nullpunkt» der Zeichen

Hier und jetzt aber soll es uns weiter um das Ästhetische gehen, um die Möglichkeit, den Körper dort anzusprechen, *wo er nackt ist.* (Denn nur der Körper im symbolischen Zustand seiner Nacktheit ist empfänglich und kann verändert werden, und die einzige Ansprache, die ihn tiefer erreicht, ist der poetische Text.) Mit Manifesten, wie sie etwa der Surrealismus verfasste, mit Ideen, die antizipieren, indem sie verneinen, was nicht (und was *nichts*) antizipiert, kurz: Die Kunst – und mehr noch die Literatur – hätte sich an diesem «Nullpunkt» den verlorenen Signifikanten zurückerobern können, sie hätte sich auf das rückbesinnen können, was ihre großen Vorbilder einer langen Tradition immer schon ausgezeichnet hat, von Botticelli bis Goya und von Michelangelo bis Matisse: in einem unaufhörlichen Widerstand zu sein *und das Andere zu suchen* (das die primäre Initiation aller Kunst ist). Und damit meine ich beileibe keine instrumentalisierte Kunst, wie sie der Ostblock einforderte, wo der Schriftsteller für einen «Ingenieur der Seele» gehalten wurde, kein «Greif zur Feder, Kumpel!» mit seinen grotesken Behauptungsansprüchen einer Arbeiterliteratur, von Arbeitern für Arbeiter verfasst (übrigens auch in der Bundesrepublik). Ich meine damit gar nichts, was jedem freien Schöpfungsakt durch Indoktrination und politische Inanspruchnahme im Wege steht, denn das hieße, die Kunst genau um das zu verkleinern, was sie groß macht: ihr produziertes und zur Lesbarkeit gebrachtes Unbewusstes, das ein besonderes Allgemeines verkörpert und strukturbildend ist. Denn die Leistung der Kunst ist nicht ihre Erzählung, sondern die Art und Weise, *wie* sie erzählt, ihre Syntaktik, die im Besonderen nachklingt und körperlich wird – und das im durchaus auch biophysiologischen Sinn. Ich habe es eben *die Anrede an den nackten Körper* genannt und finde es eine schöne Metapher für die Bewahrheitung einer Aussage in der Form. Dort, wo sich Inhalte auflösen und neu sedimentieren und wo sich das Reservoir kognitiver und imaginativer Fähigkeiten bildet, im Unter- oder Unbewussten, entscheidet sich unser ontologisches Schicksal. Alles andere ist rationalisierte Rhetorik aller dieser unsäglichen «Wir-denken-jetzt-mal-ganz-positiv»-Seminare. Die entscheidenden Prozesse des Bewusstseins finden unterhalb einer Reflexionsschwelle und jenseits sprachlicher Deutungen statt, weshalb sie auch nur schwer transparent zu machen und darstellbar sind. (Aufgeben müssen wir allerdings die Vorstellung vom Unbewussten als einem dem Bewusstsein gegenübergestellten und von ihm getrennten Objekt, wie Freud es beschrieb. Vielmehr ist das Unbewusste des Bewusstseins zweite Seite, die nur eben nicht evident wird; für Lacan schließlich ist das Unbewusste *strukturiert wie eine Sprache*.) Das heißt, die relevanten und auf das Bewusstsein (und *bewusste Bewusstsein)* nachhaltig einwirkenden, intraregulären Prozesse erreichen uns nie unmittelbar, sondern immer nur in Verweisung – zum Beispiel durch mythologische Narrationen, Initiationsriten, Symbolketten –, und dann erst, auf der Oberfläche ihrer pragmatischen Aktualität, als hervorgebrachte und «eingeschriebene» Gewissheit.

Am Ende sehen wir nur, was wir schon kennen, und denken, was wir schon wissen – und das nennen wir *Ressentiment*. Der Kitsch in der Kunst nun beginnt eben dort, wo sich das reflexive Objekt im Ressentiment widerspiegelt, *weil das Andere gar nicht gesucht worden und der schon gesprochenen Sprache keine sprechende Sprache gefolgt ist.* Niemand sonst ist imstande, die Folgen sprachlicher Redundanz zu durchbrechen und das Denkbare zu generieren, indem es das Ungedachte unbewusst streift, wie der Künstler in seiner Kunst (sofern sie zeichenhaft zu verstehen ist, weswegen ich hier nicht über Musik schreiben kann, obgleich sie vorübergehend auch in einem Zeichenbild erscheint) und der Autor in seinen Texten. Sie lassen sich auf ein Material ein, das auf der ersten Ebene der Rezeption keinen Gebrauchswert mehr hat und nach einem archaischen, unbekannten Bauplan neue Räume der Sprache und des Denkens eröffnet. (Allein auch deshalb lässt sich Kunst *genießen*, weil sie eine Kraft auf sich zieht, die keinen Verweis auf einen Wert hat und, wie die Liebe, *nur für sich ist.*) Dann, in der Summe aller bezeichneten und bezeichnenden Arrangements, antworten die Bilder und sprechen die Texte zurück; sie sind zu einem Resonanzraum, einem Spiegel geworden, der mehr zeigt als das Abbild einer sich spiegelnden Figur. Diese Differenz zwischen Intention und Produktion kann man nennen, wie man will: poetischer Mehrwert, signifikativer Überschuss, es ist beliebig und dient allenfalls einer Verständigung im Detail. Entscheidend ist, dass eine Geschichte (der Vergangenheit) über die Zeichen (der Gegenwart) uns zeigt, wer wir sind und (in Zukunft) sein können. Jeder historische Stoff verfügt über soziale, politische und kulturelle Fermente, die wieder aufgenommen und organisiert werden, sodass, wie in einem Schlangenei, kenntlich ist, was sich woraus ergibt – und das trotz chaotischer Binnenstrukturen und negativer Kausalsprünge. Nur finden wir dieses Potenzial eben nicht in den festgelegten Begriffssystemen der Wissenschaften oder Politik. Wir finden es nur in der Chiffre, wie sie die Kunst liefern kann. Von der Antike über die Renaissance bis ins frühe Mittelalter eines Thomas von Aquin waren wissenschaftliche, ethische und ästhetische Erkenntnis gleichgestellt und brachten sich gegenseitig hervor. (Platon vertrat sogar die Meinung, dass Disharmonien in der Musik die Gesellschaft destabilisiert und zu tiefen Krisen und Zerrüttungen führt, und die Dichter wollte er gleich ganz verbannen.) Aber spätestens mit der entwickelten Industriegesellschaft im 18. Jahrhundert ist der transzendentale Universalismus einem mechanistischen Verständnis von der Welt als einer Summe aller ihrer Teile gewichen, und die Maschine als neuer Gott war geboren (Julien Offray de La Mettrie: «L'Homme Machine», Paris 1748). Es war also nur noch eine Sache des Fleißes, die Dinge der Welt nach einem präfigurierten Bild zu gestalten, und die Kunst wurde eher etwas Beiläufiges, eine überschüssige Energie, eine leere, für sich selbst gezeichnete Note. Das hatte mit Bedeutungsverlusten erst einmal gar nichts zu tun, denn die Kunst war noch gar nicht unterschieden in funktional oder ästhetisch, didaktisch oder ornamental. Die Kohärenz der Gesellschaft aber zerfällt mit der Komplexität, in der sie sich entwickelt, und von ihrem institutionellen Regelwerk abgelöste Kreisläufe erzeugt, Prozessüberschüsse und Subsysteme, die immer unkalkulierbarere Folgen haben. (Unsere Nahrungskette, an deren Ende immer rätselhaftere Viren auftauchen und damit immer gefährlichere Krankheiten und Epidemien, ist ein schon paradigmatisches Beispiel dafür.) Mehr und mehr verkehren sich auch die Positionen der Verhältnisse von Kunst, Wissenschaft und Religion. Die Spannungsfelder verlagern sich. Verloren sie mit dem szientistischen Weltbild an religiöser Dichte und kamen in die Nähe von Technik- und Naturwissenschaften – London, Paris, Berlin, das ist ihre zeitliche und geographische Achse zwischen dem 19. und 20. Jahrhundert –, so kehren sie sich mit «dem Unbehagen in der Kultur» (Freud) wieder um und werden imaginär oder (in künstlerisch wertloserem Zusammenhang) spirituell. Die Maschine als Gott funktioniert allenfalls noch im Futurismus, bei Marinetti oder Léger, dann ist Schluss. Die Chiffre wird wieder zum Orientierungspunkt, durch den wir uns zu sehen bekommen, reflektieren und antizipieren. Solange jedenfalls, solange es auch ein Referenzsystem dafür gibt, in dem sich die Chiffre behaupten und mit Sinn aufladen kann – mit jenem Sinn nämlich, der außerhalb unserer Wirklichkeit liegt und den wir begehren. (Und das setzt natürlich voraus, dass die Gesellschaft eine Idee von sich selber behält, einen qualitativen Bezugspunkt in ihrer leeren materiellen Bewegtheit; und für diese Ideenproduktion bilden Kunst und Literatur ein enormes Potenzial – und sollten sich auch nicht zu schade dafür sein.) Alles nun, was in dieser entscheidenden Nahtstelle zur Globalisierung hätte geleistet werden können: die Rückeroberung eines *gefüllten Signifikanten* und damit auch die Utopie von Utopie, die kulturelle Erneuerung, die jeder anderen vorausgeht, die Etablierung der Zeichen – in ihrer Konsistenz noch immer festgehalten vom paradoxen Gleichgewicht der Kräfte – wurde verpasst (oder hat sich im System quasi selber verpasst). Ich stelle mir die fließenden Beziehungen in einem sprachlichen Zeichen vor wie ein Gefäß, das eine bestimmte Menge an Flüssigkeit in sich aufnehmen kann, während die Flüssigkeit hingegen nichts erzeugt, was sie festhalten könnte; sie ist immer abhängig von einem Gefäß. Das heißt: Der Signifikant kann ohne Signifikat sein, das Signifikat aber nicht ohne Signifikant. Das heißt weiter: Die Form kann auch leer bleiben und ihren Sinn aus sich selbst heraus betreiben – so wie man sich einen schönen Krug als Zierde ins Regal stellt und einfach nur anschaut. Das wäre dann der *reine Signifikant,* der in keinem Signifikat mehr aufgehen kann. Wie aber wollen wir Inhalte kommunizieren, wenn gleichsam alles gleichviel bedeutet oder auch nicht bedeutet? Die Abschaffung von Grundbegriffen einer positiven Erkenntnisfähigkeit, wie sie uns die Aufklärung einmal eingerichtet und mitgegeben hat, ist vielleicht schon der theoretische Vorbote einer Praxis, wie sie jetzt herrscht – ihr apokalyptischer Reiter sozusagen. Denn aus dem poststrukturalistischen Spiel mit dem Feuer der finalen Entwertung ist seit eben jener historischen Schnittstelle *2000 minus zehn Jahre* bitterer Ernst geworden (so wie ein Monster aus dem Fernsehen etwa, das einem plötzlich und leibhaftig auf der Straße begegnet). Der Unkenruf Fukuyamas *vom Ende der Geschichte* am Ende der Geschichte des 20. Jahrhunderts, er war sehr kokett und blind für alles, was ihm folgen würde; und, nebenbei gesagt, war er auch durchaus *geschichtlich.* Aber wenn wir diese Theorie wie eine Erzählung lesen und die Philosophie wie Literatur, dann hat sie uns gründlich gewarnt, ohne dass wir gewarnt werden wollten. Denn mit der verlorenen Gleichzeitigkeit zweier Ordnungen von Zeit, die sich gegenseitig affirmieren konnten, wurde nicht nur die Globalisierung und eine Gleichschaltung aller Märkte eröffnet, sondern ebenso eine Beschleunigung von Technologien der Entfremdung vorangetrieben, die unsere materielle und sinnlich nachvollziehbare Welt immer weiter zerstreuen – allein, weil ihnen jede Widerrede, jede «Notbremse» fehlt. *Die Substanz im Körper der Kunst* (und ich meine natürlich nicht allein deren Inhalt, sondern ihre produktive Struktur) stellt sich nicht länger dar; nicht, weil sie nicht vorhanden ist, sondern weil sie nicht mehr gelesen und gesehen werden kann. *Der verlorene Signifikant*, oder besser vielleicht: *Das gelöschte Zeichen* ist keine Krise wie die der Moderne vor gut einhundert Jahren, in der sich die Wörter in ihrer gestörten Äquivalenz präsentierten und das Schweigen zur natürlichen zweiten Seite des Textes wurde – *unser gelöschtes Zeichen* ist eine Todeserklärung für jede auf Sinn und Bedeutung zielende Entität. Das soll freilich nicht heißen, dass sich a priori keine Sinnproduktionen mehr herstellen lassen – sie haben nur einen Aufwand zu betreiben, der kaum noch geleistet (und verstanden) werden kann. Unser notorisches Reden über alles und überall, unser durchfallartiges Quatschen, medial vertausendfacht und in einem unendlichen Strom wispernder, wimmernder, klagender und seufzender Stimmen, die dahinjagen über unsere Köpfe wie Gewitterwolken beladen mit Jauche, sie sagen, in ihrer unbedingten Negativität, nur eines: dass es kaum noch einem Satz gelingt, seinen Sinn zu berühren. Von daher gibt es durchaus Grund, einmal den Fernseher einzuschalten und zu ertragen, was andere offenbar amüsant finden können: die Abwesenheit von nichtinszenierter Realität.

Im neunten Kreis der Medien

Um einen respektablen Standort der Kritik zurückzuerlangen, müssen wir anerkennen und zulassen, was sich der Beschreibung entzieht. Alles andere verharrt in einem auf Funktionalität und Profitabilität eingeschworenen Blick. Wir entkommen also unserer Verantwortung für unsere Verführbarkeit nicht, durch die wir nicht nur für dumm verkauft, sondern auch gehalten werden. Es gibt natürlich die leere Anrede, die für nichts steht als für genommene (abgewertete) Zeit – aber es gibt immer noch den bewusstseinsbegabten Empfänger, der eine Option haben und über eine Freiwilligkeit verfügen kann (respektive aller dispositiven Konditionierungen). Von daher sind mir die Empörungen unverständlich, wie sie infolge einer gut recherchierten Reportage der ARD über die Machart sogenannter *reality series* und *life shows*, die durchweg inszeniert, das heißt *gescripted* werden, beim Sender eingegangen sind; unverständlich ist mir nicht die Empörung an sich, sondern die diffuse Vermutung, diese *scene* als ein *to be staged* – in Szene gehen – könnte etwas anderes als gefälscht sein (gefälscht in Potenz, denn das Abbild selbst ist ja bereits derealisierte Realität). Aber im gleichen Moment, in dem ich es mit einer Fälschung zu tun bekomme, sobald ich medial interagiere und mich einlasse auf ein undurchschaubares Netz aus Beziehungen von verschiedenster Realitätsdichte und Referenz, muss auch ein Bedürfnis geweckt werden nach einer Tatsachenrealität und deren Erfassbarkeit. Im Modell der elektronischen Röhre ist es das Moment einer Quantifizierung von Energie, die ab einer bestimmten zu erreichenden Dichte «explodiert» und die Teilchen von der Kathode zur Anode schießt. Dieses Moment scheint es auch im medialen Derealisierungszusammenhang zu geben: dass eine hohe virtuelle Dichte umschlägt in vermeintliche Realität. Das ist der Augenblick einer Identifizierung mit dem Imaginären als einem Objekt. Die erfundene Sendung schaut uns so an, als wäre sie gar keine Sendung, weil wir für den Augenblick der Identifizierung vergessen haben, in einen Fernseher zu schauen und nicht aus dem Fenster auf einen Ausschnitt der Welt. Somit ergibt sich das Reale tatsächlich aus einem Schnittpunkt zweier nichtrealer Situationen; es ist dann so etwas wie ein produktives Missverständnis, das nur deshalb erfolgreich kommuniziert werden kann, weil die falschen Annahmen komplementär sind. (Nichts anderes stabilisiert neurotische Paare als eben diese Komplementarität; der Schlüssel passt, nur eben in einer anderen Tür, die beide für die richtige halten.) Damit verstehen wir etwas besser, was sich hinter der offensichtlich naiven Empörung verbirgt und dass wir eine gleichwohl ungewollte (und auch unbewusste) Allianz bilden mit allen diesen Techniken, die uns in die Entmündigung treiben. Wir schauen hin, nicht, weil wir hinschauen wollen, sondern weil wir es müssen; nicht konkret und auf die eine oder andere Sendung bezogen, sondern in Allegorie zu allem, was sich uns zeigt. Schließlich kann ja auch keiner permanent wegschauen, nur um der klaffenden Lücke im Betrachteten zu entkommen; sie wartet auf uns, egal, wo wir sind und wie wir uns bewegen. Natürlich gibt es Arte, 3sat, große Filme und gute Bücher – aber sie sind Inseln der Singularität, letzte rauschende Vorstellungen einer Sehnsucht nach Transzendenz. (Und sehr wohl ist zu spüren, wie sich die öffentlich-rechtlichen Sendeanstalten dem Privatfernsehen nähern und ihre kulturpolitische Agenda verfälschen, wenn es um Zuschauerzahlen und Marktanteile geht.) Die Quote aber, von der alles abhängt und durch die alle Unterscheidungen auf eine binäre Formel hin zusammenschrumpfen: einschalten oder nicht, spricht eine andere Sprache. Da werden fette Menschen mit dem Kran aus ihrem Schlafzimmer gehoben, weil sie selbst nicht mehr gehen können, versinken Trinker in ihrem eigenen Dreck, schlagen sich die Armen ihre letzten Zähne aus, versklaven Väter ihre Töchter – und alles in *Echtzeit*, ungeschnitten und gnadenlos hart. Dann kommt eine Hilfskraft vom Sender und räumt auf, bügelt weg, stopft die Löcher. Schuldenberater, Freizeitpsychologen, Hobbyköche – es geht immer und eigentlich *um nichts*. Es ist die reine Verbrennung von Zeit, aus Sicht der Konsumenten aber die wahnwitzige Annahme, Zeit erlebt zu haben und *in* Zeit gewesen zu sein, vorzukommen, vorgekommen zu sein. Und es sehen viele, es wollen viele sehen, nicht, weil sie unbefähigt für etwas anderes wären, sondern weil der leere Signifikant zum Repräsentanten einer entleerten, von Surrogaten umstellten Lebensrealität geworden ist – *weil sich hier die Leere mit Leere erfüllt*. Diese durchinszenierten *reality shows* haben nun nicht nur den voyeuristischen Betrachter, der durch ein symbolisches Schlüsselloch (die Kamera des Filmproduzenten) zuschaut, wie nichts passiert, außer dass sich eklige Materie auf- und ineinander schiebt – sondern sie leben auch von ihrem exhibitionistischen Gegenspieler, der sich bereit erklärt, als Erregungsvorlage seinen beschämenden Dienst zu verrichten. Man muss nur einmal sehen, wofür sich Menschen zur Verfügung stellen: Da schlagen sich Mutter und Tochter, weil die es mit deren Liebhaber trieb, da hängen die Jungs früh um halb acht mit einem Kasten Bier vor der Glotze, weil ihre Bude zwei Straßen weiter dichtgemacht hat – und so weiter, und so fort; wir lassen das jetzt, es uns vorzustellen. Das Erschreckende nur: Die Marionetten der obszönen Dramaturgie machen es freiwillig und *für nichts* (denn ihre Entlohnungen sind im Verhältnis zu den gewerbeüblichen Honoraren ein Witz). Ein Scout vom Sender hatte sie auf der Straße angesprochen, weil sie gerade eine Augenbinde trugen oder sehr komisch gingen, und schon – «komme ich dann auch ins Fernsehen damit?» – küssen sie noch dem letzten Regieassistenten die Füße. Egal, was die Nachbarschaft dazu sagt, die Freunde, die Familie: «Mama war im Fernsehen» – das und nichts anderes zählt. Und dafür verprügeln sie sich vor laufender Kamera und erfinden Geschichten, zu denen sie weder psychisch noch physisch überhaupt imstande gewesen wären. Warum stelle ich das so ausführlich dar? Weil es einen Vorhang öffnet, hinter dem nichts (mehr) ist – die kulturelle Erschöpfung in ihrer finstersten Erschöpftheit. Das einzige Feuer, nein, die einzige Glut, die sich hier noch ein Loch durch das Gewebe des Stumpfsinns brennt, ist das Begehren, gesehen und gehört zu werden, eine Antwort auf die Präsenz des (lautlos sprechenden) Körpers zu bekommen. Denn das ist die fundamentale Kränkung, die wir uns mit der Medialisierung des Lebens und seiner Erscheinungsräume eingehandelt haben: reales und symbolisches, stoffliches und virtuelles Produkt nicht mehr voneinander unterscheiden zu können. Wer die Entwicklungstrends kennt und weiß, wie hartnäckig an einer biotechnologischen Verschmelzung von Mensch und Maschine gearbeitet wird (der Computer als die strukturale Verlängerung des Gehirns und seiner Schaltmöglichkeiten), der sieht auch unser Problem gar nicht mehr und sagt: Wir sind doch jetzt schon Maschinen, die von Maschinen beherrscht sind; die menschliche Intelligenz ist *outsourcing*, der «Wissensbaum» kann *gegoogelt* werden, und die Interaktionsströme des Systems übernehmen unsere Softwareprogramme. Das ist die höllische Unsterblichkeit, die schon Dante Alighieri beschrieb; es ist die Münze, mit der wir unseren Sündenfall im Schöpfungsakt begleichen. Wer das Fortschritt nennt, ist schon infiziert wie eines dieser Aliens im *Science-Fiction-Horror*, die nach und nach – und da machen wir uns bitte auch gar nichts mehr vor – Wirklichkeit werden. Wundert es also, wenn sich Menschen zu fast allem bereit erklären, nur um *einmal* in Erscheinung zu treten und eine (wenngleich auch nur eingebildete) Antwort *auf die Präsenz ihres Körpers* zu erhalten? Die Soziologie nennt es «Resonanzerfahrung», die uns fehlt und simuliert wird wie in amerikanischen *comedy series*, wenn den Dialogen die Lachsalven eines abwesenden Publikums unterlegt sind. Und das ist auch die Leere in unserer Sprache, die ein Sprechen ohne Sprechenden und ein Bezeichnendes ohne Bezeichnetes produziert, eine Leere, die sich ausdehnt, je voller (je voll gestellter) unsere Welt wird. Alles, was wir an Evidenzverlust jeden Tag erleben – «überinformiert» wie wir sind –, ist die Entrückung des Realen in einen Hohlraum von Realität, in eine *Matrix* (wie im gleichnamigen Film). Das Hyperreale ist gewiss unser Produkt, aber es ist auch das kranke Geschöpf, das seinen

Schöpfer tötet. Wohin wir auch schauen: Verschiebungen, Interferenzen, Paradoxien – ob Klimawandel, Naturkatastrophen, zusammenbrechende Finanzmärkte oder rätselhafte Keime, Viren, Epidemien – wir *verstehen es nicht*. Wir haben keine Begriffe für diese neuen, sich selbst steuernden und uns überholenden Organisationsformen, die uns zu organisieren begonnen haben und so komisch werden lassen wie einen Major Tellheim bei Lessing. (Das Komische hier verstanden als das Tragische einer verlangsamten in einer beschleunigten Geschichte.) Oder das durch Ander Behring Breivik begangene Massaker in Oslo und auf der Insel Utøya, bei dem fast einhundert Menschen wild und wahllos niedergemetzelt wurden: Was sagt es anderes, als dass uns das Monströse nicht mehr *im Anderen* erreicht, in einem von uns losgelösten Feind, den man exekutieren kann, sondern im Zentrum eines *Wir-Selbst*, das zu einer Leerstelle wurde? Ja, wir hätten gern, dass der Täter «verrückt» ist und damit unserer Vernunft rational entzogen; aber ist er nicht aus den Labyrinthen *unserer* Texte hervorgegangen, wenn er ein Pamphlet von weit über 1000 Seiten hinterlässt, eine Art Metatext, der eine gewiss inkommensurable Erklärung für die Grundlosigkeit des Tötens unschuldiger Menschen enthält? (Und ist diese Inkommensurabilität nicht auch schon ein von uns abgeschriebener Text?) Der *leere Signifikant*, der einen Anlass außerhalb aller Anlässe erzeugt (wie die Antwort der Serienmörderin Jeanne Moulinet in Paris 1905, die auf die Frage, warum sie diese vielen armen Kinder umgebracht hat, gesagt haben soll: «Es war nur so eine Idee») – das ist es, worauf wir nicht vorbereitet sind. In Abgründe zu blicken, die in unseren Zeichensystemen, wie wir sie gebrauchen, kodiert sind, ist sicher eine der schwierigsten Verrichtungen und mit Strategien der Abwehr begleitet – so wie der Mob, wenn er den Sündenbock lyncht. Das ist der Ruf, der «große ontologische Schrei» (Joan Copjec) unserer *hightech generation*: Hier bin ich und habe einen Körper, der auf eine Antwort wartet (gleichviel, welchen Inhalts). Dafür entblöden sie sich, dafür töten sie sogar oder bringen sich selbst um. Denn es ist der einzige Sinn einer Stimme, *gehört zu werden*, und der einzige Sinn eines Satzes, *verstanden zu werden* – über alle Zwischenglieder eines *reinen Genießens* (Lacan) und falschen Verstehens hinweg. Dass wir nicht «adäquat» kommunizieren können und es leere Sinnfelder gibt, die aus den Differenzen eines Gemeinten und eines Geäußerten hervorgehen – darüber brauchen wir, nach mehr als einhundert Jahren *linguistic turn* und Psychoanalyse, nicht mehr ernsthaft zu reden; zu reden haben wir über die Vergesellschaftungsmonopole einer von Sinn entbundenen Kommunikation. Es gibt eine Form von alphabetischer Dummheit, die in der Geschichte der menschlichen Kognition so ziemlich einmalig sein dürfte und sowieso neu ist: über eine enorme Menge von Informationen zu verfügen, aber völlig außerstande zu sein, diese Mengen an Daten und Wissensbausteinen sinnvoll auszuwerten, sie in neue Zusammenhänge zu bringen und intelligent zu «verknüpfen» (alles das, was man «Bildung» nennen möchte und das Subjekt subjektiv formt). Der sprichwörtliche «Fachidiot» träfe zu dieser Beschreibung nicht einmal zu, da er ja wenigstens kompetent in einem (seinem) Fach ist. Zu Zeiten der erschaffenen Enzyklopädien ging man halt in die Bibliothek und fing im ersten Fach, Buchstabe A, an zu lesen (und war schon ein wenig blöd dabei). Die alphabetische Dummheit aber – so möchte ich das nennen –, hüpft quasi blind von Paradigma zu Paradigma wie der Laubfrosch von Pflasterstein zu Pflasterstein, ohne zu wissen, dass er sich auf einer Straße befindet. Das sind dann so die Cocktailgespräche, die mich augenblicklich zur Flasche greifen lassen, weil alle zu allem alles gleichzeitig sagen – wie unsere Vorzeigesprecher der Talkshows, die immer schon Bescheid gewusst haben, obwohl noch gar nichts passiert ist, und die ausnahmslos über alles Auskunft geben können, und sei es über das Liebesleben der Makaken in Neuguinea. Die Schlagwörter rauschen nur so an einem vorbei, aber sie schlagen nirgendwo ein und treffen ihr Ziel (das sie ja auch gar nicht mehr haben). Diese larvierte, aufgetakelte, intelligenzsimulierende Dummheit ist ein einziges Introjekt aller unserer Entleerungsdiskurse und zirkulierenden Ersatzobjekte; es ist die hohle Entsprechung auf eine allumfassende Nichtigkeit; und sie muss, da sie ein Wirtschaftsfaktor von Dimension geworden ist, reproduziert werden; reproduziert von einigen wenigen interagierenden Eliten, die für diesen Reproduktionsprozess sorgen, von dem sie am Ende einverleibt werden wie die Fangschrecken von ihrem Weibchen. Das ergibt dann diese soziale (und auch verlogene) *double bind scene*: «Ja, aber ich kann doch nichts tun», obgleich er, der nichts tun kann, ein wie auch immer ausgestattetes Mandat dafür hat, dass er etwas tut. So stehen sie außerhalb im innersten Zirkel der Macht und sehen den Verwüstungen teilnahmslos zu. Doch andererseits: Sie können tatsächlich nichts tun, ohne nicht in eine Struktur einzugreifen, die durch diesen Eingriff beschädigt oder gar zerstört werden würde; aber sie könnten die Folgen auch anerkennen und die Konsequenzen tragen, um das Unabänderliche eben doch zu verändern. Das allerdings bedürfte eines Subjekts, das über jene Wertbildungen verfügt, durch die aus Empörung soziales und politisches Handeln wird – und eben dieses Subjekt ist uns weitestgehend verloren gegangen. Die massenhaften Übergriffe randalierender Jugendlicher – wie jüngst in London – sind von keinem positiven Wert, sie sind insignifikativ und reflexhaft, so wie jemand seinen Fernseher zerschlägt, weil er die Programme schlecht findet. Wir haben zu lange eine mediale und kommunikative (oder eben nicht mehr kommunikative) Beschleunigung zugelassen, die zu einer vollkommenen Synchronisationsstörung auf der Empfängerseite geführt hat; wir können nichts mehr «verarbeiten» und schlucken unsere tägliche Nachrichten-Nahrung im Ganzen herunter (und bringen sie quasi im Ganzen auch wieder heraus.) Der «Referent» (der Gegenstand an sich), den die Philosophie lange Zeit so sträflich vernachlässigt hat, rächt sich auf seine Weise mit einer stillen, notorischen Präsenz. Egal, ob wir den hermeneutischen oder strukturanalytischen Modellen folgen – nicht nur die Literatur ist an einem (übrigens schon recht lange währenden) «Nullpunkt» (Barthes) angekommen, sondern die Zeichen (d.h. die Werte der Zeichen) selbst sind es, zu Objekten der kapitalistischen Warenwelt geworden und bis in ihre Morpheme und Grapheme hinein versprengt. Wir sind mit allem andauernd verbunden, aber es bedeutet rein gar nichts, denn wir können nichts mit diesen Verbindungen tun. Das Internet ist eine Deponie für wertlose «Infos». Wahr, halbwahr, falsch, keiner kann etwas verifizieren, und jeder gibt seinen Abfall in den gleichen großen Topf für die Nacht. Die Vorteile, schnell einmal *zu googeln*, wo man früher in die Bibliothek gehen musste, braucht mir keiner zu nennen – wobei der Weg des Suchens ja auch die Reflexionszeit verlängert und damit schon wieder das Resultat kontrolliert. Oder die immense Begehrensproduktion dadurch, dass wir stets auf das Perfekte verwiesen werden (woran wir dann scheitern). Die Nachteile, die intersubjektiven Verwüstungen, die nie mehr einzuholenden Asymmetrien zwischen Wunschproduktion und Erfüllung, Reizüberschwemmung und Adaptabilität (was immer mehr kommunikativen – d.h. sprachlichen – «Ausschuss» erzeugt und unser Problem des geschwächten Signifikanten/leeren Zeichens nur noch verschärft), all das wiegt allzu schwer dagegen. Es ist eine Illusion anzunehmen, man müsse nur «vernünftig» im Umgang mit den technologischen Angeboten sein, als wären es die Angebote nicht, die Vernunft schon lange in sich aufgenommen und abgeschafft haben; oder können wir leugnen, dass zum Beispiel das Handy nicht schon seinen Besitzer besitzt, wenn es ihn auf Schritt und Tritt zur Bedienung nötigt (das heißt in eine Konvention der Bedienung hineinzwingt, die er nur unter Androhung von Sanktionen verlässt), bis sie zur Sucht wird? Ganz abgesehen davon, dass diese Angebote auch zu Erwartungen werden und zu Kränkungen dort, wo diese Erwartungen uneingelöst bleiben (warum klingelt das Handy *nicht* usw.). Diese Einrichtung der Welt ist zu bedauern, aber nicht mehr sinnvoll zu kritisieren, denn es gibt keinen Ausstieg, den man einfach so öffnen und benutzen könnte – es gibt ja nicht einmal ein System der Kontrolle, das über die Systeme und Subsysteme, die irregulär sind und zu fremden destruktiven Ordnungen werden, Auskunft geben kann. Um es klar zu sagen: Ich spreche hier nicht für eine neue Romantik (auch wenn ich mich wie ein Romantiker fühle), und ich spreche nicht von der je unerkennbaren

Objektivität und Fremdheit des Repräsentanten, deren Konsequenz nur ein radikaler Subjektivismus sein kann – ich spreche von der aufgeklärten Position, in Modellen der Erkennbarkeit zu denken und im Zentrum dieser Modelle auf das nicht mehr Denkbare zu stoßen (das nämlich gedacht werden kann).

Verschwundene Korrektive. Eventkultur

Was nicht mehr ist, wird nicht lange vermisst – es ist schon zynisch, dass diese Wahrheit auch noch im Reim sich findet und damit des Glaubens tatsächlich würdig ist. Und gut sieht es für eine Literatur, die sich nicht anbiedernd an die Brust eines sofort alles und restlos verstehenden Publikums wirft (weil sie nur Bekanntes repetiert und Erwartbares bedient), wahrlich nicht aus. Gerade für Lyrik finden sich kaum noch Verlage, von Besprechungen in der Presse einmal ganz zu schweigen, und das bei umgekehrt proportionaler Produktion; als Lyriker kann man durchaus das Gefühl bekommen, einer schon etwas unanständigen Verrichtung nachzugehen, die eher nervt als belohnt wird (und einfach nur kostet). Von Essays brauchen wir gar nicht erst zu sprechen – durchgefallen, noch ehe sie das sind. Und auf der anderen Seite? Selbst ein namhafter Kritiker eines namhaften Feuilletons verteidigte unlängst einen von Klischees nur so triefenden Kolportageroman mit dem Argument, es wäre doch immerhin möglich, dass eben das die neue Literatur ist, *frei von Literatur zu sein*. Geschenkt, dass er sich hier schützend vor eine Autorin stellen wollte, die einfach keine ist und dennoch (oder gerade deshalb) Millionen Auflage macht – diese Geste verschleiert den Ernst nicht, mit dem wir solche Zugeständnisse an einen verlorenen Geschmack zu verstehen haben. Denn im umgekehrten Fall ist diese Schonung nicht garantiert und sorgt wohl eher für eine zweite Verbrennung der Bücher – aber ohne Feuer und gerettete Kopien irgendwo im friedlichen Ausland. Kunst ist immer auch Teil der Gesellschaft, die sie hervorbringt, und damit teilt sie ihr Schicksal – jedenfalls für die Dauer einer selben vergehenden Zeit. Vorher aber hat sie Einfluss genommen und das ihr (Un-)Mögliche getan, eine moralische Parallelwelt zu bieten und ein Navigator (des Unbewussten) zu sein. Nicht, weil sie *engagiert* ist, wirkt sie, sondern weil sie eine zweite bedeutende Ordnung begründet, die auf die erste einer sich selbst nicht erkennenden Welt reagiert. Und das schließlich ist ihr und durch nichts zu ersetzende *Engagement* (für das es nur leider kaum noch Bedarf gibt). Das war zu Zeiten eines starken Bildungsbürgertums bis vielleicht zum Ende des 20. Jahrhunderts gewiss einmal anders, als es ganz selbstverständlich ein Interesse an dieser «zweiten Ordnung» gab, weil es eben auch ein Interesse am allgemeinen Überleben gegeben hat – wenigstens im inneren Zirkel der Eliten. Heute sind wir nicht nur von einem Besitz an unserer Zeit abgeschnitten (die wie noch nie in der Geschichte der Menschheit an beiden Enden – der gelebten wie der erlebten Zeit – gleichzeitig «verbrennt»), sondern auch von den Ressourcen unserer Kultur (die sich uns kaum noch transzendental öffnet, sondern nur noch in der Weise stummer Objekte zu uns spricht, deren einziger Habitus ihre Legende ist). Damit haben wir unsere Instrumente verloren, unseren Blindenstock in der unendlichen Geschichte der Dunkelheit. Ein purer Zweckrationalismus hat uns zu Herrschern über gar nichts gemacht, denn nicht einmal das Geld – das letzte gültige Äquivalent für menschliche Leistung und Zeit – ist auch nur annähernd stabil. Die Asymmetrie von Wirtschafts- und Finanzkapitalismus (gemeint ist hier die Diachronie von Kapitalerschaffung durch eine materielle Produktion und deren Aktienvermarktung, die spekulativ und virtuell ist) wird die modernen Gesellschaften des Westens ebenso implodieren lassen, wie der Osten an seinem politischen Wahn implodierte. Wir können die Algebra des Finanzkapitals mit unseren Zeichencodes durchaus verstehen – das heißt wir haben Methoden, mit denen sich verstehen lässt, was für immer unverständlich bleibt. *Der leere Wert der Sprache* (das Zeichen, das keine Bedeutung mehr findet), was ist er anderes als die Summe fauler Aktienpakete? Der einzige Unterschied: Wir zahlen mit unserem (Rest-)Eigentum und degenerieren im Rhythmus der Sendefrequenzen, während die Finanzmanager frei von allen Haftungen bleiben und daran verdienen, dass nichts zu einem Sinn sich fügt. (Das wirklich unerträglichste Argument als Antwort auf die letzte Finanzkrise war: Die Banker bräuchten eine neue Moral! Das ist, als würde man einen Zahnarzt bitten, einem Haifisch das Gebiss zu erneuern.) Der Ruf der Aufklärung nach dem «mündigen Bürger» ist eine einzige Aporie, weil die Entmündigungspraxis nicht mehr nur positiv ist (wie bei Hegel, der das «Positiv» als eine Verkettung von Institutionen und deren Wirkungen beschrieb), sondern *dis*positiv und das gesamte Netzwerk interagierender Systeme, die auf das menschliche Bewusstsein wirken, einbezieht. Nur Systeme einer zweiten und dritten Ordnung könnten die Entmündigung – die Entmündigung im Zentrum des Wissens – substituieren (wie eben die Geisteswissenschaften, die Philosophie und die Kunst). Aber dafür müsste es eine Bedarfsgemeinschaft geben, die größer ist als ein paar Hundert nicht totzukriegender *Freaks*, die uns produzierende *Freaks* immer noch am (nicht existenziellen, das ja wohl sowieso nicht, aber geistig selbstvergewisserten) Leben halten. Dann wäre auch die immer demütigender werdende Legitimationspflicht der Kultur der Wirtschaft gegenüber ein wenig gelindert – um nicht gleich das große Wort eines großen Frankfurter Kulturpolitikers zu zitieren, der einmal (und immer wieder) von der «Bringschuld» der Gesellschaft sprach (leichte Schamesröte im Augenblick des Niederschreibens). Alles, was sich nicht sofort materiell ausdrückt, wird diskreditiert, gleichviel, dass auch materielle Errungenschaften zuerst einmal von Ideen getragen waren, von Vorstellungen und kreativen Prozessen. «Im Anfang war das Wort» – das haben wir doch irgendwo schon einmal gehört? Diese Sucht zur schnellstmöglichen Materialisierung ist eine kollektive Regression auf das Niveau der Analphase: Irgendetwas muss doch herauskommen am Ende der Kette, und wenn es nur der Stuhlgang vom letzten Gericht ist. Allein ein Wort wie «weicher Standortfaktor» in Zusammenhang mit einer Entschuldigung beim Stadtkämmerer dafür, dass die Kultur noch nicht abgestellt wurde, ist, obwohl gut gemeint, nur skandalös. Denn es sagt ja nichts anderes, als dass Kunst und Kultur einen, bitte schön, «erbaulichen» Charakter anzunehmen haben (in der DDR fragte man: wem nützten sie?), damit sich unsere arbeitenden Bürgerinnen und Bürger (Genossinnen und Genossen) von der Mühsal des Tages erholen (und leistungsstark bleiben). Kunst muss also an einen praktischen Zweck gebunden sein, um erhalten zu werden, anstatt ein essenzielles Bedürfnis der Menschen *an und für sich* zu befriedigen (und auf das produktive Nein zu verweisen, dass das große verborgene *Andere* ist). Es geht nicht darum, die sogenannte leichte Muse, das einfache

«Unterhaltenwerden» im Rhythmus schunkelnder Biertischgesellschaften, das angeblich so entspannend sein soll, schlechtzureden und in seiner – mit Verlaub – Überflüssigkeit vorzuführen; es geht auch nicht darum, wie mir ein Kollege auf einem recht albernen Literaturkongress einmal entgegenhielt: das Bedürfnis nach «Unterhaltung» gegen die sogenannte Hochkultur und ihren arroganten Vertretern in Schutz nehmen zu müssen (das die «Hochkultur» in Wahrheit doch niemals angegriffen hat, denn sie «unterhält» auf ihre Art ja wohl auch); nicht einmal Literatur, oder sagen wir besser: Bücher, die gut zum Einschlafen sind, werfe ich hier irgendjemanden vor (wobei ich dann lieber doch gleich ein passendes Schlafmittel nehme); es geht, umgekehrt, darum, dass alles, was nicht alsbald peinlichkeitsstiftend und schmutztriefend ist, als im pejorativen Sinne zu «kompliziert» abgetan wird, als elitär und verstiegen; es geht darum, dass «schwierig» ein Schimpfwort geworden ist und ein «schwieriger Autor» so etwas wie ein Werwolf, dem nachts die Reißzähne wachsen; es geht um eine allumfassende und überall anzutreffende und durch nichts zu überbietende Geistesfeindlichkeit, Intellektuellenfeindlichkeit, Denkfeindlichkeit; nicht, weil die ihre leere Zeit mit Leere vertreibenden Konsumenten (die ja so etwas wie die «heiligen Kühe» der Vergnügungsindustrie sind) eben mal unter sich bleiben wollen – denn das können sie ja ohnehin –, sondern weil die bloße Vorstellung von der Existenz einer anderen Form an die eigene abgehängte Hülle erinnert und bekämpft werden muss. Das ist dann wie in einer Szene bei Watzlawick, als jemand aus dem Fenster schaut, einen nackten Mann in seinem Garten entdeckt und ihm zuruft: «Ich möchte, dass Sie verschwinden, damit ich Sie nicht sehen muss!», um am nächsten Tag, als der Mann verschwunden ist, in den leeren Garten zu rufen: «Ich kann sie zwar nicht mehr sehen, aber ich weiß, dass Sie da noch irgendwo sind!», und um am dritten Tag schließlich das Haus zu verlassen und den Mann zu verfolgen (in der panischen Angst, ihn zu finden). Das Korrektiv ist verloren, der kulturelle Antagonist zu jenem *to relax with a cup of tea*, die Emanzipation einer singulären Widerstandsleistung (früher Avantgarde geheißen). Dieser Dammbruch der Mittelmäßigkeit hängt fraglos mit einem Verfall der Werte zusammen, mit der substanziellen Austrocknung bis zum Infarkt. Hier und dort zucken noch ein paar tapfere Muskeln, aber keiner weiß wirklich, ob diese Zuckungen nicht schon postmortal sind. Und dabei haben wir sie noch, die unzähligen Akademien und Institute, Theater und Museen, Verlage und Vereine, ein bedeutendes Netzwerk, eingerichtet, die Früchte der Aufklärung weiterzureichen und ein Fundament zu errichten, von dem aus die Gesellschaft eine Idee von sich selber erhält, einen Vorrat an Humanismus, Ethik und Moral – einen «Vertrag». Bedeutend kann aber nur sein, was hohe Quoten sichert und den «Rubel rollen lässt». Das und nichts sonst ist unsere heutige *Eventkultur* – performativ anstatt intensiv, leuchtend anstatt *er*leuchtend, laut anstatt tief. Sie dröhnt, weil sie ihre Sache verloren hat, so wie jemand schreit, weil er im Unrecht ist. Sie vereint eine Trauergemeinde, die eine Erlösung vom täglichen Leerlauf erwartet; sie ist die letzte soziokulturelle Möglichkeitsform, eine Sehnsucht nach Anschluss, nach Zugehörigkeit, nach Bindung zu stillen – und sie stillt sie nicht, sondern betäubt sie. Das Event hat keine Sachqualität, es hat nur Anlassqualität, und es muss «erzeugt» werden, während die Gemeinschaft von Interessierten immer schon da ist. Das Event schafft Kunst ab, weil es sich allein um Effekte bemüht, um Pointen, um alles, was schnell erfasst werden und in reine Aktualität aufgehen und verglühen kann – wie die Comedy im Unterschied zum Kabarett etwa, die, ohne je einen Hintergrund zu haben, auf nichts anderes verweist als auf den gerade möglichen Gag. Die manisch-expansive Steigerungslogik des Kapitals hat endgültig nun auch die Kultur erreicht und sie korrumpiert und in Geiselhaft merkantiler Interessen genommen, und *das Event* ist ihre vornehmliche Dramaturgie, ihre Maske; es ist die hoffnungslose Gewahrwerdung einer absoluten Bedeutungslosigkeit und Indifferenz aller Zeichen und eine gleichzeitige völlig aussichtslose Abwehr dagegen; und allein deshalb, weil sie den immer höher gesetzten Schwellenwert für Erregbarkeit überspringen muss, kann sie nur im Superlativen sein (im XXL-Format wie der neueste Dreifachburger bei McDonald's), und das ist dann schon die erste Form des Betrugs. Die *Eventkultur* – in ihrem hysterischen Vollzug, ihrem Exzess ununterscheidbar von einem Fußballspiel oder einer öffentlichen Hinrichtung auf dem Marktplatz vor fünfhundert Jahren – beleidigt und nimmt uns gefangen, frei nach Flaubert: Das Theater ist eine Erfindung der Polizei, um die Leute an einem sicheren Ort festzuhalten. Es darf also niemanden wundern, wenn die Subventionsmasse Kultur vor dem Hintergrund ihrer Verwahrlosung sukzessive einfrieren wird (denn *Events* tragen sich von selbst). Mit kleinen Einrichtungen fängt es an, mit alternativen Projekten und Galerien, die man schon immer nur so quasi nebenbei und aus der Portokasse mitfinanzierte und plötzlich entbehrlich findet. Es verschwindet nicht nur kulturelle Vielfalt und *différance*, durch die Werte sich überhaupt nur festigen können: *Es verschwindet der Gedanke an eine Notwendigkeit vom Unprofitablen* – und das ist die eigentliche Nachricht. Aber wir geben uns, als lebten wir noch in der Vergangenheit und sind doch schon in einer Zukunft, die über unsere Gegenwart verfügt. Denn das Tempo aller Systemveränderungen ist mit dem unserer Erkenntnisfähigkeit nicht mehr vereinbar, und die Regelwerke, die unser Leben bestimmen, greifen weit über uns hinaus – weiter, als Ernst Bloch es mit seinem Utopiebegriff hätte fassen können (weil sie nicht nur das Unerreichbare affizieren, sondern schon das *Nichts* hinter dem Unerreichbaren). Dieses Déjà-vu-Erlebnis, in einem Raum ohne Wände zu leben und ohne Kohärenz, hatte ich in einem Hotel zum *breakfast* morgens halb neun: Vor mir eine Leinwand, auf der – stumm – CNN lief; Bilder vom Reaktorunglück in Fukushima, dazu im Fließtext unterhalb der Bilder die Aktienkurse, neben mir zwei Eheleute im Streit um eine wohl schlecht verlaufene Familienfeier, die Frage einer Kellnerin von hinten mir über die Schulter gerufen: «Tee oder Kaffee?», vor mir jetzt verhungernde Schwarzafrikaner in den *news of the days*, im Untertext die Resultate vom Sport am Wochenende, ich: «Kaffee, bitte, und warme Milch!», bis plötzlich ein Handy so laut klingelte, dass in der Sekunde alle zu dem Platz seines Besitzers schauten. Es war jener schreckliche Klingelton, der einen alten Apparat simuliert, als der Kasten noch an der Wand hing und laut war wie das Räderwerk einer Dampflok – Jakob van Hoddis' «Weltende» war die reine Harmonie dagegen. Ich hatte klar das Gefühl, keine Gefühle zu haben, weil sich alle Informationen in ihrer Gleichzeitigkeit und gleichzeitigen Wichtigkeit (auf der horizontalen

Ebene ihrer Präsenz) so gegeneinanderstellten, dass nichts zu empfinden mehr blieb; es war eine Erloschenheit um mich herum, die aus der paradoxen Vielfalt hervorging; es war, als wäre nichts gewesen, obgleich dieses «Nichts-Gewesensein» Lebenszeit in Anspruch nahm und auch noch täuschte, indem es eine Fülle repräsentiert zu haben schien. Natürlich waren die Zeichen der Nachrichtenbilder so sehr präsent, dass jeder andere Sinn in diesem Moment keinen Platz mehr hätte beanspruchen können, hätte man sie konkurrierend aufeinander bezogen. Aber sie gehörten zu einer fernen, je unerreichbaren Dimension, zu einer den Betrachter in tiefe Verletztheit stürzenden Exterritorialität, die dadurch, dass sie nicht zu beeinflussen war, an Realitätswert nicht nur verlor, sondern über keinen verfügte (während die Geschehnisse im Restaurant ja durchaus zu beeinflussen waren). Das heißt, von der «gnadenlosen Präsenz» der Zeichen im Projektor blieb rezeptiv nichts übrig; mehr noch: Sie sorgte für eine Erregung, die für nichts zu verwenden war und sich bestenfalls kompensatorisch «verschob». Wir können es uns vorstellen wie eine aus vielen Affekten bestehende Blase, die solange in Umlauf bleibt, so lange eine Verlagerung ihrer Signifikanten möglich ist. Dann, an völlig falscher Stelle, «platzt» sie (entlädt sie sich). Die inadäquate «Entladung» affektiver Energie (oder «nichtsublimierter Triebkraft») ist das, was sich zur Metapher verdichtet, sobald die Szene vorbei ist. Die Auslöschung aller (disparaten) Informationen im rezeptiven Filter eines Empfängers, der die vielen unverbundenen Wahrnehmungsreize im Modus der Überforderung nivelliert und unreflektiert «durchlässt», ist eine Rückführung der Erkenntnis auf einen Nullpunkt – je mehr wir erfahren, umso weniger wissen wir. Das ist die große «Unansprechbarkeit», der wir ausgesetzt sind und die uns narzisstisch so erheblich tief kränkt. Und es ist die Kränkung der Kunst, die es sich noch vorgenommen hat, bei sich selber zu sein – nicht nur über keinen starken Signifikanten mehr zu verfügen, dem die Bedeutungen wie die Rinden eines Baumes wie von alleine zuwachsen, sondern auch kaum noch einen Resonanzraum zu finden, der die Bedeutungsproduktionen überhaupt erst ermöglicht. Es ist wie mit einem Film, der ohne Projektionsfläche, die ihn sichtbar werden lässt, abgedreht wird; es ist wie eine Stimme, der niemand «sein Ohr leiht», ein Text, den keiner lesen will. Von diesem Befund zu einer affirmativen Ästhetik, die sich dem Leerlauf der Zeichen geradezu andient, ist es weniger nur als ein sehr kleiner Schritt; und vielleicht, wenn man sich die aktuellen Produktionen so anschaut – fast sämtlich geeignet, ein Bestseller zu werden –, wohl schon vollzogen. Aber vielleicht warten wir ja auch erst einmal ab, was uns dazu die nächsten Memoiren eines 20-jährigen Fußballspielers sagen.

In Erinnerung an Bibliotheken. Ein Nachtrag

Um Energie zu erzeugen, muss Energie vorrätig sein. Dieser Energieerhaltungssatz gilt für die Kultur ebenso: Sie braucht ihre Institute und Institutionen, und sie braucht ihr symbolisches Kapital, mit dem sie produzieren kann. Wenn dieses Kapital nicht mehr existiert, weil es bis zur Unkenntlichkeit verschlissen wurde, bleibt im Grunde nur noch die Theatralik des Abgangs. Das Gigantische wird dann zu einem letzten Manöver der Blendung, und es verrät nur, dass nichts mehr von selber zu leuchten vermag. Die simulierte Verzückung, die Sakralisierungen des Banalen, alles umsonst: Das Licht ist nicht hell, sondern grell, und die Farben schmerzen das Auge. Je unbedeutender ein Anlass, umso größer also wird er «gemacht», und es sind immer die Wichtigsten der Wichtigen unter den Gästen und die Begabtesten unter den Begabten der Künstler selbstredend und sowieso; es ist ein ständiges Emblemetauschen, eine wilde, naive, kindische Bedeutungshuberei, die in der größten Peinlichkeit endet (sofern sie als diese überhaupt noch bemerkt wird und auffliegt). Auf dieser Baustelle ohne Material kommen wir nicht weiter. Vielleicht aber können wir uns rückbesinnen auf das, was in den Bibliotheken lesbar und verständlich ist und eine Vorausschau auf unsere künftige (oder vergangene) Vergangenheit schon bot. Nicht, dass frühere Generationen klüger oder gebildeter waren – sie verfügten nur über andere Möglichkeiten des Sprechens, des Gesprochenen, des im

Gesprochenen Entdeckten. Diese Freilegung eines Wissens, das schon einmal gewusst war, kann ein Anfang sein, auch die Zeichen in ihrer Leere neu aufzufüllen und damit wieder brauchbar zu machen. Dann (und nur dann) hat die Gegenwart mehr als sich selbst.

Beerfurth im Odenwald, Juni 2011

Von der Sinnlosigkeit dieser Dinge
Über Literaturzeitschriften (heute)

Anfang eins

In einer Zeitschrift über den Sinn einer Zeitschrift zu schreiben ist etwa so, als würde man mit einem Metzger über das Grundrecht der Tiere verhandeln. Natürlich möchte man am liebsten nur Lobendes sagen, und wenn man es nicht tut, lässt es das Medium stillschweigend aus. Die Frage also, die derart an mich gerichtet wurde: *Was können Literaturzeitschriften heute bedeuten*, ist ihrer Form nach paradox und im Grunde nicht zu beantworten – jedenfalls nicht so, dass die Antwort nicht ebenso ein Paradoxon wäre. Nun gibt es den interessanten Effekt, dass sich ein Medium auch mit dem Gegenteil seiner Referentialität auseinandersetzt, es duldet, es vielleicht sogar auf eine sich selbst vergessende Art produziert. Im Internet gibt es Foren, in denen über den Sinn des Internets durchaus ernsthaft nachgedacht wird, und ihre Resultate bestechen nicht so sehr dadurch, dass sie eine neue Ebene der Einsicht eröffnen, sondern in ihrem performativen Verlauf die Antworten liefern, die ihnen argumentativ nicht zugänglich sind. Oder einfacher: Sie bilden eine Zerrissenheit ab, von der sie nichts wissen. Wir können also sicher davon ausgehen, dass sich jedes Medium nur in einem anderen darstellen lässt – und damit wäre mein kleiner Aufsatz eigentlich auch schon zu Ende.

Anfang zwei

Über die Bedeutung von Literaturzeitschriften zu befinden schließt naturgemäß ein, auch über die der Literatur nachzudenken. Denn wie könnte eine Zeitschrift wichtiger sein als das, was sie vertritt? Ihr Schicksal ist somit das ihres Gegenstandes – mit ihm steigt oder fällt sie, wird gewürdigt oder verworfen. Und wenn ich jetzt meine, dass die Literatur kaum mehr imstande ist, im digitalen Strom fortwährender Sinnerschöpfungen und Zeichenzerstörung für Nachhaltigkeit zu sorgen und eine innere gegen eine äußere Zeit zu behaupten, dann kann dieser Zustand für Zeitschriften ja unmöglich angenehmer sein. Wir sehen von Buchmesse zu Buchmesse und von Halbjahr zu Halbjahr betroffen mit an, wie sich eine Sturzflut von Büchern über uns entleert und gleich auch wieder begräbt, was oft noch nicht einmal die Gelegenheit fand, aus seiner Schutzfolie zu kommen. Der Tod der Bücher durch Bücher ist dabei nicht einmal das Schlimmste, sondern der Tod der guten Bücher durch das verheerende Ausmaß der schlechten und einer damit einhergehenden Wert- und Orientierungslosigkeit. Und als wäre dieses Desaster nicht schon furchterregend genug, muss es seine Spuren auch noch im Internet bilden und dort unendlich distribuieren. Mehr noch, die digitalisierte Produktion bei Umgehung aller qualitativen und editorischen Standards vereinfacht es enorm, die Kanäle vollzustopfen mit Quark aus der Alditüte und die Grenzen von Sinn und Unsinn komplett zu verwischen. Die vielbeschworene neue Freiheit, wie sie das Internet angeblich bietet, ist oftmals nur eine Freiheit der Dilettanten, ein Produkt in die Welt zu setzen, das auf konventionellem Wege niemals die selektiven Zirkel der Herstellung überstünde. Vielleicht kann man jetzt schon sagen: Wohl dem, der nicht schreibt oder sonst wie mit den Sachen der Kunst beschäftigt ist. Dann erlebt er wenigstens die Indifferenz nicht, in der alles erscheint, um nur noch marktkompatibel verwaltet zu werden ohne auch nur den geringsten Anspruch auf ästhetischen Wert. Kürzlich sagte mir eine Autorin tatsächlich, dass ihre gruseligen Rechtschreibfehler im selbstgebastelten Taschenbuch für ein paar Euro und zwanzig das Dutzend, auf die ich sie recht beschämt hinwies, sie nicht interessieren, solange sie «so viele begeisterte Leser habe», die sie sämtlich über Facebook und Amazon bedient. Wie nun könnte man ihr klarmachen, dass sie keine Schriftstellerin ist, sondern nur etwas geschrieben hat, und dass die Leser auch keine Leser sind, sondern nur Käufer einer Verpackung? Gar nicht, weil der Verkaufsweg ihr schon recht gegeben hat und die Schwelle der professionellen Vorauswahl erfolgreich übersprungen wurde. Den Rest erledigt ein habituierter Narzissmus, der den Kritiker – in diesem Falle mich – abwehrt mit Unterstellungen wie Neid und Arroganz. Spätestens jetzt gibt es keinerlei Gesprächsgrundlage mehr; jemand hat einen Haufen gelassen und hält ihn für Gold. An dieser Stelle ist nun auch die Literatur als Wissen vom Unbewussten und Idee des Imaginären herabgewürdigt zu einer Nummer in der Quatschcomedy. Nicht, weil es diese eine hier zitierte Erscheinung gibt, die man ja auch nicht zu beachten braucht, sondern weil sie im Schwarm auftaucht, in täglichen Hundert- oder Tausendschaften, die das Medium aus sich selbst heraus produziert – und wenn es nur die Abfälle sind, die es im Unterordner aufhebt und unablässig wiederverwertet. Es sind Wucherungen, skripturale oder phonematische Skiunfälle auf den Pisten einer vergewaltigten Sprache. Natürlich gibt es eine seriöse Kritik, Instanzen zur Verteidigung des Rechtes, entsetzt sein zu dürfen in Anbetracht aller dieser kulturellen und geistigen Abstürze. Aber hören wir sie? Oder sind sie nicht schon auch übertönt von einer mit Schau- und Zeigelust gefütterten Betriebsmaschine? Hinter allem, was kein Event ist, steht ein Betriebswirt und rechnet gleich durch, was es kostet. Überhaupt kann man sich des Gefühls kaum erwehren, die Welt bestehe nur noch aus Betriebswirten und Netzwerkbetreibern, und das nimmt auch dem emphatischsten Kulturangestellten komplett den Elan. Die Pseudodiagnose *burn out* ist eine durchaus normale Reaktion auf die zirkulierende Leere und Resonanzlosigkeit unseres täglichen Handelns – sofern man nicht gleich die Seiten vertauscht und die Simulation als ein letztes Ereignis betrachtet, dass die Geschichte für uns noch bereithält. Wie nun könnte die Literatur – und mit ihr alle, die sie vertreiben – nicht betroffen sein von diesem Affektverlust und veränderten Interessenhintergrund? Und wie könnte es geschehen, dass sie sich ihren Umständen nicht soweit (über)anpasst, dass sie ihr Wesen verliert und ihren Begriff von sich selbst? Zumal sie ja kein System außerhalb der Systeme sein kann, in denen sie sich bildet und durchsetzt. Das nun ist ihre zweite Sinnlosigkeit: nicht nur freigestellt zu sein, einen Sinn zu bestimmen (denn das ist ihr Vorzug), sondern diese Freiheit dadurch wieder zu verlieren, dass sie mit keinem Sinn mehr gefüllt werden kann (und das ist ihr Ende). Oder aber, sie widersetzt sich und begreift ihren eigenen Paralleltext zu den Texten, die über sie herrschen; dann kann sie zwar abgeschafft werden – nicht aber zugrunde gehen.

Ende eins

Die Bezeichnungen Sinn und Sinnlosigkeit sind doppelt bedeutend insofern, als sie antonym verwendet werden können. Sinn*losigkeit* ist nämlich auch zu verstehen im Sinne eines von *Sinn freigestellten Wesens.* Denn dort, wo dieses Wesen (sein *Wesentliches*) an keinen Zweck mehr gebunden werden kann, erlebt es sich in seiner eigenen Wahrheit – einer Wahrheit *für nichts* (und somit für alles). Das schätzen und lieben wir an Literatur: dass sie Sinn produziert, ihn aber niemals auch preisgibt. Wo sie ihn selber erkannt haben will, ist sie tautologisch und stirbt. In dieser unendlichen Spirale aus Semantik und Rhetorik, Regel und Regelverzug entfaltet sich jede literarische Form, und sie ist immer Bezeichnung und Auslassung zugleich. Die «Prager Schule» um Roman Jakobson und Jan Mukařovský hatte schon in den 1930er Jahren die Theorie dafür geliefert, dass kein poetischer Text eindeutig sein kann und festzulegen ist auf einen ihn zu einem Abschluss bringenden Sinn. Zu Zeiten eines radikal instrumentalisierten Verständnisses von Kunst, gerade auch in der Sowjetunion, aus der Jakobson kam, war das äußerst mutig. Jakobson prägte schließlich auch den Begriff der «Plurifunktionalität», der besagt, dass jede Sprachfigur ihre Bedeutung verändert, sobald sie in einem neuen semiologischen Umfeld erscheint. Für Literatur nun, so Jakobson, und für Lyrik im Besonderen, verändert sich der Sinn einer sprachlichen Figur mit jedem neu eingeführten Signifikanten; er «dreht» sich um die Achse der metonymischen und/oder metaphorischen Referenz (auch «Verschiebung» oder «Verdichtung» genannt). Diese achsiale Beweglichkeit, die keinen «stehenden» Ort, kein Ende findet, arbeitet wie ein Generator, der seine erzählten oder gezeigten Stoffe *immer nur in einem einzigen Moment* wahr werden lässt. Die Vorstellung von der Unwiederholbarkeit sich wiederholender Ereignisse, wie ihn die Vorsokratiker schon einmal diskutiert haben, findet mit der Prager Schule ihre literaturtheoretische Entsprechung und mündet im Axiom einer unendlichen Entfaltung des Zeichens (Semiose). Über keinen Sinn zu verfügen heißt also ganz und gar nicht, auch sinnlos zu sein. Die Falte im Stoff einer Gardine hat auch keinen Sinn – aber eben darauf kommt es an, wenn man sie hängt. Vielleicht ist so auch die Idee von der Bügelfalte in der Hose entstanden, nämlich zu zeigen, dass sie noch zu etwas anderem zu verwenden ist als eben nur für den praktischen Gebrauch. Es sind die Überschüsse, die zu einer neuen Ordnung werden und eine Substanz begründen, die vorher unbekannt war. Und genau an dieser Stelle entscheidet sich auch das Schicksal von Literatur: ob sie dem Material der Erzählung eine Perspektive abgewinnen kann, die vorher unbekannt war, und ob sie einen Überschuss erzeugt, der zu einem neuen Ort wird oder eben nicht. Dieses Wagnis übernimmt jede Literatur, die ihren Namen verdient, nämlich diesen Ort auch zu verpassen und vergeblich zu sein. Ihre Erfüllung hängt dabei vom anderen ab; nur in ihm ereignet sich der Text in seiner einmaligen Wahrheit. Insofern also ist *Sinnlosigkeit* die Voraussetzung für Sinn, das heißt nur durch sie kann eine Substanz als substanziell überhaupt erfahren werden. Denn am Überschuss erkennen wir den Charakter des Gegenstandes, da er zum Objekt wird und den Modus der Differenz einleitet, und nicht am Gegenstand selbst. Paul de Man ging sogar soweit zu behaupten, dass sich Literatur durch ihre Dichotomie von Inhalt und Form fortwährend an sich selber erschöpft und lesbar nur dadurch wird, dass sie auf etwas verweist. Das kann man richtig finden oder auch nicht; wichtig ist hier das unbedingte Zusammenspiel zweier disparater Energiefelder, die das Somatische, Gemeinschaftliche, Historische durch ein sprachliches Netzwerk bis ins einzelne Unbewusste hinein miteinander verknüpfen. Fällt eine dieser Funktionen aus, die in ihrem produktiven Widerspruch poetische Spannung erzeugen, Aporien kenntlich machen, das Unmögliche sagen, bricht die Sprache als Literatur in sich zusammen; sie kollabiert an ihrem Anspruch der Überschreitung und der verschobenen Grenzen des Sagens. Kurz: Sie wird zum Idiolekt. Jetzt verstehen wir besser, warum die geforderte Sinnlosigkeit ihren Bedeutungsgrund braucht, um als Generator wirken und einen Mehrwert sichern zu können, oder warum sie an ihrem eigenen Überschuss scheitert. Bildlicher noch: Eine Maske, hinter der nichts ist, verbirgt nur noch, nichts mehr zu haben, das sie verbergen könnte. Wenn der Schwindel auffliegt, vielleicht weil sie verrutscht, ist sie auch keine Maske mehr, sondern nur noch wertlose Pappe.

Ende zwei

Alles, was wir sagen konnten über das Wesen der Sprache im Zusammenhang mit Literatur, ihrem Bedingungs- und Erschöpfungshintergrund, findet seine natürliche Fortsetzung im Objekt eines Buches oder einer Zeitschrift und aller ihr zugehöriger Institutionen. Die Initiatoren des Literaturbetriebes und Herausgeber einer Zeitschrift sind Teilnehmer und Produzenten in einem und den gleichen Zirkeln von Erfolg und Misserfolg ausgesetzt wie jeder Autor (mit seinen Texten) selbstredend auch. Und sie suchen, wenn sie denn überhaupt etwas suchen und nicht nur den Rechenschieber, dasselbe andere, auf das Literatur sich eingelassen hat und wodurch sie ihre Unersetzbarkeit beansprucht. Eine Zeitschrift ist dabei der erste Verbündete eines noch unerprobten Textes; sie ist quasi der vorderste Schützengraben einer sich noch behaupten müssenden Literatur, gleichviel, ob sie renommierte oder nicht renommierte, bekannte oder nicht bekannte Autoren präsentiert. Denn es gibt keinen Text, der seine Bestätigung schon aus sich selbst heraus mitbringt, auch wenn die Voraussetzungen dafür durch Vorinformationen und Ressentiments sicher sehr verschiedene sind. Genau das nun ist ihre Risikofreude, ihre Lust am Abenteuer des freien Entdeckens neuer und vorher nicht für möglich gehaltener Denk- und Sprachgegenstände, und eben hierin ist die Zeitschrift für Literatur auch ein wesentlicher Produzent des Produzierten. Sie ist, wenn es für dieses Wort noch eine Verwendung geben kann, Avantgarde, und nicht wenige erfolgreiche Bücher sind ihren Weg über die Zeitschrift gegangen, die Teile schon einmal vorgestellt und bekannt gemacht hat. Und je renommierter die Edition, umso nachhaltiger die Resonanz. Ansehen aber muss man sich verdienen, durch Wagnisse, Risikobereitschaft, kritisches Bewusstsein und Maßstäbe für Qualität. Dann erst hat ein Label auch eine Vorausbedeutung, von der ein Autor profitieren kann. Aller Anfang ist eine Null – das gilt für eine Zeitschrift wie für einen literarischen Text. So sind es zuerst einmal auch Autoren, die eine Zeitschrift zu einer Zeitschrift machen, ehe eine Zeitschrift dann Autoren machen kann. Bedeutungen werden gebildet und bauen sich über viele aufeinander abgestimmte Prozesse von Zustimmung und Verwerfung nur sehr langsam auf; sie brauchen ebenso Zeit wie der Text – und das gerade auch dann, wenn er ästhetisch etwas Neues anbietet. Man kann spekulieren, ob Flauberts Roman «Madame Bovary» so berühmt geworden wäre, hätte er nicht einen juristischen Skandal provoziert, durch den die bürgerliche Welt von ihm überhaupt erst erfuhr. Und es war eine Zeitschrift, die für dieses Aufsehen sorgte: die «Revue de Paris», herausgegeben von Maxime Du Camp, einem alten Freund Flauberts. Er brachte in mehreren Folgen einen Vorabdruck heraus, übersprang dann aber die berühmte «Kutschenszene», in der Léon und Emma ein Liebesspiel haben; eines indes, das man aus der Innenwelt des Fiakers niemals zu sehen bekommt, weil der Erzähler sie unerzählt lässt und nur von außen beschreibt, wie das Fahrzeug ziellos und schlingernd, einmal schnell und einmal langsam, wie im Geschlechtsakt, davonfährt. Herausgeber und Autor zerstritten sich darüber. Flaubert empfand die Auslassung als Bevormundung, und Du Camp hatte Angst um seine Zeitschrift. Schließlich einigten sie sich darauf, auf diese fehlende Szene hinzuweisen, damit der Leser keinen logischen Anschluss vermisst – und genau darauf reagierte nun die Zensur nach Erscheinen des Buches und stützte ihre Anklage auf Blasphemie und Sittenwidrigkeit. Der Ausgang ist bekannt: Flaubert gewann den Prozess, weil sich sein Verteidiger auf die erzählte Leerstelle berief und dem Staatsanwalt – selbst Verfasser dubioser Gedichte – eine schmutzige Phantasie unterstellte. Das Bemerkenswerte an diesem Prozess aber nun ist, dass er sich einer doppelten Auslassung verdankt: der rhetorischen Stilfigur, die eine Aussage umschreibt und ein semiotisches Netz so um sie legt, dass sie sich selber aussagt, und der kenntlich gemachten Auslassung dieser Auslassung in dem Journal. Ein besseres Beispiel dafür, was eine Zeitschrift alles bewirken kann, fällt mir im Augenblick nicht ein. Und es ist zugleich auch eines, das den Skandal zur Voraussetzung für Berühmtheit werden lässt, wie ihn die Medien der Moderne erstmalig produzieren. Davon können wir heute nur träumen.

Nachbemerkung eins

Literaturzeitschriften gibt es, seit es eine ästhetisch differenzierte, kritische Diskussion über Literatur gibt – also seit der Aufklärung im 18. Jahrhundert. Ihr Ziel war der mit Professionalität geführte Diskurs, den man früher, als es die technologischen Mittel des Einzelblattdrucks so noch nicht gab, in den literarischen Salons hielt (die wiederum ein Produkt der europäischen Debattenkultur des ausgehenden 17. Jahrhunderts vor allem in Frankreich und England waren). Zu den wichtigsten deutschen Zeitschriften der ersten Generation zählen die «Briefe, die Neueste Literatur betreffend», die von Gotthold Ephraim Lessing, Moses Mendelssohn und Friedrich Nicolai zwischen 1744 und 1759 in Berlin herausgegeben wurden, die «Allgemeine Literatur-Zeitung», begründet und herausgegeben von Friedrich Justin Bertuch und Christoph Martin Wieland in Jena, Halle und Leipzig, die es von 1785 an auf immerhin 64 Jahre brachte und in der alle renommierten Autoren der Zeit publizierten (in regelmäßiger Folge Goethe, Schiller, Kant,

Fichte und Alexander von Humboldt), und – ich grüße zwischen den Zeilen – «Die Horen», die es, Schiller sei Dank, in den Jahren 1795 bis 1797 schon das erste Mal gab, ehe sie seit 1955 in wechselnder Herausgeberschaft neu aufgelegt wurde. In Herwarth Waldens «Der Sturm», Berlin 1910 bis 1932, erschien der komplette Expressionismus, der eine solche Vielzahl an Autoren hervorgebracht hat, die einmalig bis heute ist, und sicher als eine mit Phantasma aufgeladene Antwort auf den Schock der Moderne erklärt werden kann. Dann die von 1899 bis 1936 in Wien erschienene Zeitschrift «Die Fackel» mit Stammautoren wie Peter Altenberg, Frank Wedekind und dem Herausgeber Karl Kraus, oder, gleichsam legendär, «Die Weltbühne», die Kurt Tucholsky und Carl von Ossietzky in den Jahren 1905 bis 1933 in Berlin herausgaben, ebenso die «Neue Rundschau», die 1890 gegründet wurde und heute über den S. Fischer Verlag in Frankfurt am Main als eine der ältesten deutschen Zeitschriften für Literatur und Ästhetik kursiert, mit einem Wort: wo die europäische Kultur ihre Hochzeiten hatte, glänzte in ihrem Licht das Verlags- und Zeitschriftenwesen; und beides brachte sich gegenseitig hervor, wie wir es über den Bedeutungszuwachs für einen noch unbekannten Autor durch den Publikationsort ebenso herausgestellt haben wie in der Umkehrung des noch unbekannten Publikationsortes durch seine Autoren.

Nachbemerkung zwei

Einen Mangel an Literaturzeitschriften können wir heute sicher auch nicht beklagen. Sie sind so zahlreich und ihrer

Qualität nach verschieden wie die Welt der Bücher im Allgemeinen es ist. Von A wie «Akzente» bis Z wie «Zwischen den Zeilen» gibt es hochwertige Editionen, die eine noch immer vorhandene Leserschaft mit neuen Texten bekannt macht. Für junge und im Literaturbetrieb noch nicht angekommene Autoren kann nichts wichtiger sein, als sich über Literaturzeitschriften einen Namen zu machen. Seminare, Wettbewerbe und Textwerkstätten kommen hinzu – dichter kann ein Netz der Entdeckung und Förderung von literarischem Nachwuchs nicht sein. Dennoch gibt es einen verheerenden Leerlauf aller dieser ihrem Wesen nach zu begrüßenden Formate, und er ergibt sich aus einer kulturellen Erschöpfung, die vielleicht noch nie so groß war wie heute. Ein Textabdruck, eine Auszeichnung, ein gewonnener Schreibwettbewerb: so flüchtig wie der Fließtext einer Zahnpastawerbung im Livestream der Lufthansalobby. Mit leeren Zeichen lassen sich eben keine Bedeutungen füllen, die mehr sind als es ein abgerufener Signifikant in einer endlosen Kette von Signifikanten. Es ist ein dermaßen hoher Produktionsaufwand im Prozess von Sinnentfaltung zu leisten, der auch noch zweifach de-kodiert werden muss (nämlich auf Sender- *und* Empfängerseite), dass von erfolgreichen Akten der Kommunikation auf der Ebene des Imaginären kaum mehr die Rede sein kann. Kunst ist immer Verständigung über das Abwesende, und sie kann auch nur stattfinden im Abwesenden selbst, das seine Referenten im Werk gefunden hat. Wir aber leben in einer Welt von erbarmungsloser Präsenz und Gleichzeitigkeit, wie sie die elektronischen Medien uns eingerichtet haben, und sie bedienen allein das Reale in seiner blinden Kontingenz. Deshalb auch die oft schon hysterische Bedeutungshuberei, die einen Hering für einen Hummer verkauft; es ist eben immer mehr Arbeit zu leisten für auch nur das geringste Interesse.

Ende drei

Zwischen Augustinus von Hippo und der Scholastik im Hochmittelalter herrschte in Europa geistige Leere. Da sind 800 Jahre fast gar nichts – nur Machtkampf, Kriege und Pest. Von unserer Ödnis wissen wir noch nichts. Denn «ich denke, wo ich nicht bin, also bin ich, wo ich nicht denke», sagt Lacan.

Prag, Februar 2013

Es gibt keine Tagebücher
Die Tautologie der Indiskretion

Ich habe einen persönlichen Grund, über eine Gattung der Literatur nachzudenken, die es sich erlaubt, Dinge und Wesen der Welt auf ihre Wörtlichkeit zurückzuführen und zu behaupten, ein Satz könnte identisch mit seinen Absichten sein: *Tagebücher**. Nun ist dieser Begriff alles andere als kohärent und bedeutet «Zeitmitschrift» ebenso wie inszenierte Authentizität, Fakt wie Fiktion, Chronologie von Ereignissen wie das Erscheinen der Ereignisse im Sprachbau eines sie erzählenden Subjekts. Von den *Confessiones* des Augustinus von Hippo über die assyrischen Tontafelkalender bis zur Memoirenliteratur der Renaissance reichen die Spuren dieser besonderen, nach einem Wissen hinter dem Wissen greifenden Form, wobei sich, und ab dem 19. Jahrhundert verstärkt, die Lineatur von Objektbeschreibung zur Selbsterklärung immer weiter verschiebt und das Ich in der Sprache vor der Sprache selber erscheint. Aus der Chronologie von Geschichte wird eine Kartographie der Person. Nicht was ist, ist entscheidend, sondern was wie und weswegen wirkt. Das geht natürlich mit dem deutschen Idealismus einher und seinem Verständnis vom absoluten Subjekt. So wird ein Satz ermöglicht, der einer Ironie der Ironie nahekommt und mit dem Friedrich Hebbel am 23. März 1835 sein berühmtes Tagebuch eröffnet: «Ich

* Fritz J. Raddatz: Tagebücher 2002 – 2012, Reinbek 2014

fange dieses Heft nicht allein meinem künftigen Biographen zu Gefallen an, obwohl ich bei meinen Aussichten auf die Unsterblichkeit gewiss sein kann, dass ich einen erhalten werde.» Bemerkenswert an ihm ist das Bewusstsein der eigenen Täuschung. Denn schon mit dieser kurzen Notiz ist jede Naivität, ein Buch im Spiegellabyrinth des sich selbst zur Darstellung bringenden Ichs könnte ein verborgenes Objekt sein, desavouiert. Die Kränkung, die einem Kind widerfährt, wenn es seine kleinen großen Geheimnisse einem Quartheft anvertraut hat und eben dieses Heft entwendet und gelesen wird, ist die der Überführung des Selbstgespräches in einen öffentlichen Bereich. Die Formel «Liebes Tagebuch» ist hier wie die Beschwörung einer zur Totalität erfassten Diskretion, und sie schließt ein, das angesprochene Ding zu verlebendigen und subjektiv auszustatten. Deshalb die oft raffinierten Verschlüsse, Schleifen und Knoten, die ein solches Tagebuch absichern sollen und doch nur eine Illusion davon liefern, es auch zu können. Dem Blick des anderen aber entgeht es in keiner Stunde, und das nicht etwa, weil es offen herumliegt (denn das ja nun gerade nicht), sondern weil es in seinem tiefsten Wesen den Blick des anderen sucht, wenngleich in der Abwendung und paradoxen Figur einer Flucht. Und eben das ist die Dichotomie, die Hebbel erkennt: Es gibt nichts zu erzählen, wofür ein Erzähler selbst die Begründungen liefert; mit anderen Worten: *Es gibt keine Tagebücher*, sondern allenfalls das Spiel mit einer Form, die eine Form zu sein vorgibt. Das hatte mich schon in früher Jugend so sehr enttäuscht, als ich erfuhr, dass mein Lieblingsbuch «Robinson Crusoe» von Daniel Defoe eine Erfindung gewesen ist und der einsame Held nur die Attrappe eines einsamen Helden. Nun ist ein Roman in der Struktur eines Tagebuches noch nicht dasselbe wie ein Tagebuch in der Struktur eines Romanes, aber die simulierten Verbindlichkeiten und Authentizitätseffekte sind durchaus verwandt. Diesen Schleier der Illusion – der antiken Maske vergleichbar – schiebt Hebbel zur Seite wie die geheimnisvolle Hand den Vorhang in Jan Vermeers «Die Malkunst», um uns in das Innere eines Raumes zu führen, in dem ein Maler und sein Modell nicht wissen, dass sie gesehen werden, wie sie (es) sehen – nämlich den Fetisch ihres Begehrens. Jede Sprache ist ein Appell, und dieses Wissen dringt Hebbel klar ins Bewusstsein. Nein, will er sagen, ich schreibe natürlich nicht nur für mich, sondern für mich in der Weise, es für andere zu tun. Und so geschieht, dass die Entblößung einer Entblößung zu einem Grund wird: Denn ich, sagt er weiter, bin selbst die Bedeutung, die vom Bedeutsamen spricht. Das ist die konsequente Ratifizierung eines Wissens darüber, dass Sprache immer erst im anderen Wahrheit werden kann und vorher nichts ist als ein leeres Syntagma, eine beliebige Kette von Signifikanten, die jederzeit reißen und auseinanderfallen kann; und das ist auch die Verabredung, die er mit seinem Publikum trifft (denn jetzt weiß der Leser, was er alles *nicht* erwarten darf: die reine Scham, den Abgrund des Realen, das schmutzige Andere). Dieser Chiasmus von Intimität und Verweigerung derselben dadurch, dass sie sich ihrer Zensur und Darstellungsform sicher ist, liefert eine Leseanleitung, wie sie klarer nicht sein kann. Und natürlich gibt es auch eine ästhetische Substitution für den Ausfall an diversen und nie ganz erfreulichen Beschämungsmotiven – die historische Referenz. Einfacher noch: Der Mann hat etwas von Wichtigkeit zu sagen (oder meint es jedenfalls) und kokettiert nicht herum, dass sich ein Unterhemd auch von alleine auszieht, wenn man es nur lange genug sexuell anschaut.

Das genau ist der Schnittpunkt, an dem sich das Tagebuch (als Zeitdiagnose) von einem Tagebuch (als exhibitionistisches Persönlichkeitsstück) trennt. Es kann sich nämlich nicht selbst überlassen bleiben, wenn es im gleichen Erfahrungsraum erscheint, aus dem es hervorgegangen ist, oder es wird indiskret und eben auch juristisch relevant. – Oder aber man verschiebt die zeitliche Achse und überlässt es der Nachwelt, sich einen Reim darauf zu machen, wenn sie wie bei Kafka um Jahrzehnte später einen Eintrag vom 2. August 1914 lesen muss: «Deutschland hat Russland den Krieg erklärt. – Nachmittag Schwimmschule.», um irritiert darüber zu sein, wie asynchron die Bewegungen der literarischen Sprache mit denen ihrer Anlässe sind und wie unverbunden Historie und Subjektivität. Es gibt also einen klar umrissenen Grund, wenn sich Schriftsteller dagegen entscheiden, Chronotopos und Chronologie eins werden zu lassen. Und es gibt noch einen zweiten, der mindestens gleichsam schwer wiegt: In keiner anderen Gattung nämlich sind die Funktionen des Lesens dermaßen labil und unabgesichert wie in der Tagebuchliteratur. Denn gerade hier genügen schon wenige Signale, und die gesamte Bedeutungsarchitektur zerfällt von der figurativen zur wörtlichen Rede wie die Metapher zur Metonymie. Was eben noch literarisch und durchaus in Allegorie zu verstehen sein konnte, wird durch ein einziges Zeichen in sein Gegenteil gedrängt und denunziert das Objekt. Fiktion ist immer erzwungene Kontinuität auf Kosten von Wahrheit (hier als Tatsächlichkeit verstanden). Das aber sagt noch lange nicht, dass Tagebücher wahrer sind allein dadurch, dass es, worüber gesprochen wird, gibt oder gab. Im Gegenteil. Je überprüfbarer der Wahrnehmungs- und Bildbereich ist, umso größer wird die Differenz von Sein und Beschreibung. Die Faktizität des Materials zieht immer ins Faktische herab und sabotiert das Imaginäre. Nun fliegt auch ein Stein, wenn man ihn wirft; aber eben nie wie ein Vogel. Das hebt das Recht der benannten und/oder beschriebenen Personen auf, Figuren zu sein und stellvertretend für etwas anderes zu stehen (wie eben in einem Roman). Mit einem Wort: Sie sind wehrlos dem kannibalischen Instinkt eines Autors erlegen und müssten nun auch die Chance auf den Zeugenstand haben (und sei es nur, um mit der blassen Marginalie zu sagen: Nein, *so* war es nicht – was wiederum nicht heißen soll, dass es anders war, denn sicher ist eines: Es war *ganz anders*; und das auch ist die Falle, in die jede sogenannte realistische Erzählprosa tappt, die *über* anstatt *von* etwas spricht).

Es wurde schon oft gestritten darüber, was Literatur darf oder kann oder vielleicht sogar muss, und nichts davon, was auf eine Freiheit verweist, die für sie unablässig ist, soll hier infrage gestellt werden. Denn darum lesen wir: um zu entdecken, wo die Grenzen hinter den Grenzen verlaufen und was nach der Leere kommt. Das ist nicht billig zu haben und braucht gewiss auch die Kraft zur Fremd- und Eigenverletzung. Aber diese Ungeheuerlichkeit, mit und durch Sprache die Realität für den Moment ihres Gebrauchs auszulöschen, kann nicht ohne Legitimation bleiben, und sie kann nur transzendental sein. Misslingt der Versuch, im Einzelnen das Ganze und in der Erscheinung das Prinzip aufzuzeigen, erfüllt sich diese Ungeheuerlichkeit nur mit sich selbst und richtet ein symbolisches Blutbad an. Wir haben es dann mit der abgestandenen Klebrigkeit des Alltäglichen zu tun, das immer blind ist, mit Gerüchen, die wir nicht riechen, mit Bildern, die wir nicht sehen, mit einem Wissen, von dem wir nichts wissen wollen. Nichts Menschliches sei uns fern; nur gibt es eben auch dafür einen Grund, es hin und wieder an den Rändern und im Verborgenen zu halten (und es ist wohl derselbe, den auch das Kind hat, wenn es sein Tagebuch weit unter sein Kopfkissen schiebt). Dass es ein voyeuristisches Interesse an Tagebüchern gibt, hängt mit der schon im frühen Kindesalter etablierten Spaltung der Ichfunktion zusammen. Dann nämlich, sobald soziales und imaginäres Ich parallel zueinander koexistieren, zeichnet sich der Riss auf, der beide ursächlich trennt. Das ist der Genuss, die *jouissance* des Tagebuchlesers: mitzuverfolgen, wie die Spaltung sich selber erfährt und im Spiegel eines Spiegels erscheint. Dass wir am imaginären Dabeisein, Zusehen, Mitempfinden auch ein Bedürfnis stillen, das nicht mehr nur ästhetischer, sondern eben auch affektiver Natur ist, hat allerdings zur Bedingung, dass es diese Schutzzonen der Intimität, des Allein- und mit Sich-sein-Könnens überhaupt gibt. Die Überschreitung braucht immer die Regel, an der sich ihre Handlungslogik nachvollziehen lässt. Das nun aber ist das grandiose Dilemma der heutigen Tagebuchliteratur: dass sie sich auf eine Verdrängung der Wahrheit beruft, die nicht mehr verdrängt werden kann, weil die Differenzen des Ichs in einer Matrix von digitaler Gründlichkeit über uns hinweg längst schon geschlossen worden sind. Oder einfacher: Die Zukunft ist immer schon da. Es gibt eine Antwort des Hightechgiganten Mark Zuckerberg auf die Frage, wie man es auf *Facebook* mit der Speicherung der Daten und dem Schutz der Privatsphäre halte, die an Zynismus nicht zu übertreffen ist: «Ich verstehe Ihre Frage nicht. Wer nichts zu verbergen hat, hat auch nichts zu befürchten.» Doch, jeder hat ständig und immerwährend etwas zu verbergen und eben auch zu befürchten, weil er – erzwungenermaßen – in gespaltener und zweckaufgeteilter Weise existiert. Vor diesem Hintergrund verliert das Tagebuch seine Funktion und wird tautologisch. Oder was, bitte, soll denn mitgeteilt werden, wenn es das Nackte nicht mehr gibt, weil keiner mehr angezogen ist und jeder Skandal daran scheitert, dass er durch kein Dispositiv mehr skandalös werden kann? Wenn alles *gepostet* und *getwittert* wird und die belegte Zunge am Morgen sofort auf den *Smartphones* der Tausend Freunde erscheint, welches Tabu gäbe es hier noch zu brechen, welche Geschmacklosigkeit zu überbieten, welche sexuelle Begierde ans Licht einer notorisch unterbefriedigten Öffentlichkeit zu bringen? Die Maske fällt ab und zeigt, dass hinter ihr nichts ist. Der einzige Skandal, den wir heute noch haben, ist der, keiner zu sein. Je mehr nun ein Tagebuch aufruft und zur Sichtbarkeit bringt, umso weniger kann es noch sagen, denn die Fülle entleert sich am entleerten Material. Doch zwei Wege scheinen begehbar: 1.) Die Obsessionen des Verfassers von Tagebüchern kehren sich in ihr Gegenteil um und reagieren auf die Zumutungen einer dauernden Präsenz aller Dinge mit einem selbstangezeigten Verschweigen (das wäre die Aposiopese), oder 2.): Sie sind so gut geschrieben, das aus allem ein Überschuss an Sprache entsteht und damit a priori Literatur. Aber das entscheidet eine Instanz, auf die wir keinen Zugriff mehr haben.

Istanbul, April 2014

Istanbul
Fragmente einer Erfahrung

Lang ist
Die Zeit, es ereignet sich aber
Das Wahre.

Hölderlin

Ich möchte von einem Paar blauer Schuhe erzählen, die neu und ungetragen neben mir auf dem Fußboden stehen und die ich wieder weggeben werde, weil sie mir überhaupt nicht gefallen. Warum aber habe ich sie gekauft? Eben das weiß ich nicht. Vielleicht hatte ich kurz vorher ein Plakat mit Schuhen gesehen, die mir, im Unterschied zu diesen, gefielen. Dann stand ich plötzlich vor einem Regal und griff zu. Irgendwie so. Aber das war schon am Ende des Tages, der ganz anders begann. Mit einer Empörung über die zynischen Reaktionen Erdoğans auf das Grubenunglück in Soma. Mit der Absicht, zum Taksim zu fahren und dabei zu sein, wenn sich auflehnt, wer zur Auflehnung imstande ist. Und um ins Theater zu gehen, so als würde mein Stück, das der Unruhen wegen kurzfristig abgesagt wurde und in dem es am Beispiel zweier ostdeutscher Penner in einem westdeutschen Stadtpark zwanzig Jahre nach dem Mauerfall um die Abschaffung der Freiheit geht und ihrem trostlosen Warten «auf gar nichts», vielleicht doch noch gespielt. Gerade deshalb und gerade deswegen, weil sich wiederholt, was ich Wiederkehr der Geschichte nenne, und die, wenn sie geschieht, nur ein Déjà-vu-Erlebnis ist. Wie ich es schon einmal erlebte, in den Straßen von Brighton Beach, einer russischen Enklave im Süden Brooklyns, die mich in ihrer maroden Beschaffenheit so sehr an den Osten erinnerten, dass ich bald glaubte, ich wäre wieder in Leipzig der Vorwendezeit und nicht in New York.

Jetzt also Istanbul, eine Kultur zwischen den Kulturen, ein Panorama der Verschiedenheit, der Interferenzen und Schnittflächen einander rivalisierender Religionen und Ideologien. Dafür ist die Kulturakademie Tarabya, in der ich für einige Monate leben und arbeiten kann, ein wahrhaft paradiesischer Ort. Gelegen auf dem Gelände der Sommerresidenz der deutschen Botschaft mit orientalischem Garten, großzügiger Parkanlage, einem nicht ganz pathosfreien Soldatenfriedhof zu Ehren der Gefallenen des Ersten Weltkriegs und Blick auf den Bosporus, der zum Schönsten gehört, das ich kenne. Nachts, wenn ich nicht schlafen kann, weil ich den Tag und was er brachte noch immer nicht verstand, sehe ich von meinem Schreibtisch aus den Schiffen hinterher, die abgedunkelt durch die Dunkelheit der Stunden treiben, lautlos ihren fernen, geheimnisvollen Zielen entgegen. Am Tage kann man ihre Fracht erkennen, sieht die hoch gestapelten Container, in denen, so erfahre ich später, auch Flüchtlinge kauern. Schwarzafrikaner oder eben auch Syrer, wie sie mit zerschossenen Körpern und verbrannten Gesichtern an den Hauswänden von Beyoğlu oder Fatih sitzen und ihre verstümmelten Hände für ein Almosen ausstrecken. Die Rhetoriken des Bettelns sind hier, im Zentrum Istanbuls, die erbarmungswürdigsten, die man sich vorstellen kann. Eine noch recht junge Frau, Zigeunerin allem Anschein nach, kroch wie eine Hündin auf allen vieren zwischen dem Menschenstrom dahin, öffnete immer wieder den Mund und stieß ihre Zunge hervor, so als wollte sie etwas sagen, das zu sagen ihre Sprache unterdrückt. Vielleicht: Nehmt mich mit nach Europa, nach Paris, Berlin oder London. Da Begehren immer das Begehren des anderen ist, verhält sich der Maßstab für Wohlstand parallel zu den herrschenden Standards. Die sind, wenn ich zur Metrostation Haciosman unterwegs bin, von wo aus man in gut zwanzig Minuten am Taksim sein kann, auch hier nicht gerade unterbemittelt. Ich komme an hoch abgesicherten Villen vorbei, die alle ihre Wachdienste haben und einen oder auch zwei Rolls Royce vor der Tür. Ein Autogeschäft in der Nähe hat sich auf Jaguar und Maserati spezialisiert und erfreut sich einer lebhaften Kundschaft. Das alles zeigt, wie sich an den sozial bevorzugten Rändern einer von Korruption und Autoritarismus durchzogenen Gesellschaft das Kapital vervielfacht und vermehrt – auf Kosten der Arbeiter und einfachen Leute naturgemäß.

So nun stehe ich am Taksim-Platz, um zu jenem Theater zu laufen, das mein Stück nicht aufführen konnte und vielleicht doch geöffnet hat aus Solidarität mit den demonstrierenden Massen. Die Begegnung mit den Theaterleuten ein paar Tage zuvor war in einer Weise bewegend, wie man es als Autor nicht allzu oft erlebt. Kurz: Sie brannten darauf, es spielen zu können, denn es war, unter den Umständen, wie sie hier herrschen, *ihr* Stück geworden. Ich habe den Satz noch im Ohr, wie einer der Schauspieler, der bis vor Kurzem eine Anstellung am unterdessen abgewickelten Staatstheater hatte, mit leiser, verzögerter Stimme sagte: «Auch wir wissen nicht, an welchen Orten wir leben, wie wirklich oder unwirklich das alles ist.» Und dann sah er mich an mit einem Blick, der tiefe Trauer ausdrückte und sprechend war wie ein Buch, das nur noch vom Scheitern handelt. Das war er, der Moment von wiederholter Geschichte, die sich natürlich nie wiederholt, da, wie Descartes es in seiner Lektüre des Heraklit sagt, keiner zweimal dasselbe verrichtet: Ich sah in diesem Blick die Blicke meiner illusionslosen Freunde in der späteren und schon zerfallenen DDR, und ich sah mich selbst in einem Spiegel mit diesem ganz und gar hoffnungslosen Blick. Diese stumme Intensität eines sprechenden Körpers, für die es keine Zensur mehr gibt und keine Form der Verbote, sie ist auch auf den Straßen Istanbuls, in den Bussen und Metros, den Cafés, Restaurants und Geschäften allgegenwärtig. Wenn es je einen Dichter gab, der genau dafür die poetischen Entsprechungen fand, dann war es der viel zu früh verstorbene Wolfgang Hilbig aus Meuselwitz bei Leipzig – und das schon allein mit seiner Erzählung «In der Schillerstraße».

Literatur verhält sich, wenn überhaupt, nur selten synchron zum historischen Ereignis, das sie reflektiert und substanziell nachformt. Dafür gibt es einen einfachen Grund: Sie entsteht nämlich nicht aus einer wie auch immer gut gemeinten Absicht und einem (nur eingebildeten) Wissen heraus, sondern aus der Wiederkehr des Verdrängten, die der Funktion des Erinnerns eher entspricht als dem auf Chronologie und Faktizität gestützten Gedächtnis und seiner protokollarischen Prosa. Das macht sie zum einen labil, da sie mehr imaginiert als belegt und mehr behauptet als beweist, zum anderen aber liefert sie adäquate Strukturen, in denen das Wesentliche als von der Wirklichkeit abgelöst erscheint und die Kontingenz des Realen zu einer Wahrheit des Augenblicks werden kann. So nun passiert, dass aus

Reflexion Antizipation und aus Phantasma Realität wird, da sie die Lineaturen des Möglichen nachgebildet hat und den (laut Wissenschaft auf drei bis vier Sekunden taxierten) Moment der Jetztzeit überspringt. Nichts anderes meint die Metapher: Große Ereignisse werfen ihre Schatten voraus. Literatur verfügt, gleich einer stehen gebliebenen Uhr, deren Zeiger zweimal täglich die richtige Zeit anzeigen, über zwei Schnittstellen, an denen sie sich mit Geschichte verknüpft: erstens am Ort ihres Ursprungs, der immer auch historisch kontextuiert ist, und zweitens in jener durchaus seltenen Übereinkunft von symbolischer Referenz und kollektiver Aneignungsweise im Vollzug eines politischen Handelns. So auch kann, da Stoff und Stofflichkeit, Sujet und Intention für Literatur nie dasselbe bedeuten, ein Stück, ein Roman, ein Gedicht einerseits zeitlos sein und Zeit überdauern im stillen Warten auf sich selbst, andererseits aber immer dann zu einem Initiator für Bewegungen werden, sobald sie die Geschichte im akuten Verlauf ihrer Blindheit eingeholt hat. Die Literatur ist der Ort, der schon besetzt ist, noch ehe er sich tatsächlich ereignet; sie ist das ironische «Ich bin schon hier» des gedoubelten Igels im Wettlauf gegen den Hasen im Märchen der Brüder Grimm.

In den Seitenstraßen der İstiklâl stehen schwerbewaffnete Polizisten mit aufgestellten Schilden und Schlagstöcken in der Hand. Weitere Kolonnen der Polis, flankiert von Panzerfahrzeugen und Wasserwerfern, marschieren aus Richtung Gezi-Park auf und riegeln die Innenstadt ab. Das Kültür Merkezi, einst das größte Kulturzentrum Istanbuls, dient heute als Waffenlager und Polizeistation. Es ist eine Androhung von Gewalt, die selbst zur Gewalt wird und jede Regung der Menschen begleitet bis tief in die Träume, die

Albträume werden, hinein. Wer jetzt noch gehen will, muss gehen. Wie 1989 in Leipzig, am Montag, dem 9. Oktober. Ich bringe meine Frau und unser gerade geborenes Kind in Sicherheit und kehre in den Kessel der Demonstranten zurück. Es ist still, angespannt still, wie kurz vor einem Gewitter, von dem man nicht weiß, wann und wie heftig es ausbricht. Nur die Blicke der Menschen sind beieinander und verbinden, was der Augenblick trennt. Es herrscht Angst, die keinen Namen mehr hat und kein zur Furcht gebanntes Objekt. Aber es geht auch niemand, es kehrt keiner um, es bricht keiner die Magie des geschlossenen Kreises. Es ist eine Entschlossenheit in dieser Angst, die nicht mehr aufzubrechen oder zu vereinnahmen ist und unabwendbar wurde wie ein Gesetz der Natur. Ich bin in Leipzig und stehe in Istanbul, es ist Herbst 1989 und doch 2014 im Mai. Denn wir sind nicht, wo wir denken, und wir denken nicht, wo wir sind. Es gibt keine Zeit und keinen Abschluss von Geschichte, solange sie von Subjekten gestaltet und getragen wird. Die etwas in Mode gekommene These, dass Subjekt sei nichts als eine Erfindung des deutschen Idealismus, vorgetragen von einer szientistischen Philosophie der Effizienz im vorauseilenden Gehorsam eines selbstverliebten Finanzkapitalismus, sie zu kommentieren fehlt hier der Platz. Möglicherweise sind ihre Verfechter schon ein Bestandteil der Maschinen, die sie so euphorisch begrüßen. Die Gegenwart ist ein leerer, blinder Fleck, von dem wir nichts wissen, und je ausgelagerter unsere Systeme werden, die nur noch einer Exponentialfunktion folgen, umso unwahrscheinlicher wird jede Emergenz. Der Zufall, das Spiel, die Assoziation, das waren immer auch die Garanten der Evolution. Mit dem Algorithmus der Bedürfnisproduktion vermehrt sich nur noch, was ist. Oder wie es Aristoteles sagt: Ein voller Raum lässt Bewegung nur in Kreisbahnen zu. Das wäre dann Nietzsches Wiederkehr des Immergleichen ohne Hoffnung auf Erlösung und Gnade.

Ein Geschoss schlägt neben mir ein. Ich gehe vorsichtig weiter, so als wüsste ich nicht, dass Krieg immer auch Abwesenheit von Sprache bedeutet und damit von Logik und Berechenbarkeit. Nur gut, dass es noch den Menschen in seiner Auflehnung gibt, in seiner Durchdrungenheit vom Willen nach Veränderungen, der alle Theoreme vom verworfenen Subjekt gleich selber verwirft. Mag sein, dass es mehr Reflexe als Handlungen sind und dass die erregten Körper den Grund ihrer Erregung nicht kennen, weil ihnen ein Text fehlt. Aber wenn diese wahrscheinlich lebensverkürzende und oft nur ruinöse Schreiberei, die sich in all den Distributionen eines hysterischen Marktes bis zur Unkenntlichkeit erschöpft und verliert – und die ich dennoch nicht lassen kann, da ohne sie alles noch erbärmlicher wäre –, nur einen Funken von Sinn haben soll, dann eben den in Augenblicken wie diesen. Und zeitgleich zu den Demonstrationen und Exzessen der Macht plündern Konsumenten aus aller Herren Länder die Basare und stürmen die Boutiquen auf der Jagd nach den zwanzig T-Shirts zum Preis von nur einem. Vielleicht, so kommt es mir schlagartig vor, stehen ja die Polizisten nicht der Demonstranten halber einsatzbereit am Straßenrand, sondern im Auftrag einer prosperierenden Wirtschaft, auf dass jeder, der einen Laden betritt, ihn nur mit einer Tüte voller Sachen wieder verlässt. Es sind Substitutionen des Unglücks, von denen schon Flaubert in «Madame Bovary» zur Mitte des 19. Jahrhunderts erzählte, als die erzeugten Ströme des Begehrens noch um vieles sichtbarer waren. Jetzt ist vor lauter Sichtbarkeit nichts mehr zu sehen und vor lauter Transparenz nichts mehr transparent. Außer ein Paar blauer Schuhe vielleicht, die von einem Ding zur Metapher wurden für alles, was wir nicht wissen. Sie gefallen mir nicht. Aber das sagte ich schon.

Istanbul, Juni 2014

Was gewesen sein wird
Eine Interpretation

Matrix America

X
(Brighton Beach)
für Horst Samson

Immerhin verstehe ich
ein wenig vom russischen Wesen,
und auch kyrillische Schrift
kann ich lesen.

Aber was ich nicht verstehe,
warum ich die Vergangenheit
in der Gegenwart
als Zukunft sehe.

War das nicht alles
einmal schon,
in ferner Zeit, geschehen?
Und ein Hohn

der Geschichte?
Die gerissenen Wände,
die kalten Hände
der alten Frau am Straßenrand?

Was war das für ein Land,
dem wir entkamen
und das uns dennoch überlebt,
weil alles weiterstrebt

und nur die Form sich ändert?
Ich gebe auf
und werde es nicht wissen.

Allein die Toten
werden uns vermissen.

Der Gedichtzyklus «Matrix America», den ich im Herbst 2010 in New York schrieb, traf mich wie eine Antwort, auf die ich nicht vorbereitet war. Das ist insofern nicht ungewöhnlich, da Gedichte keine Absicht verfolgen, sondern Ereignisse sind und hereinbrechen in die Ordnung der Sprache wie der Fuchs in einen Hühnerstall. «X – (Brighton Beach)» nun beendet diesen Zyklus, und erklären sollte ich vielleicht nur noch, dass Brighton Beach eine russische Enklave im Süden von Brooklyn ist und eine *subway station* vor Coney Island (meinem Lieblingsort in New York).

Soweit der einfache Teil. Nun beginnt der im Grunde recht paradoxe Versuch, das Geschriebene auch selber zu lesen und das Unverständliche daran – seinen poetischen Überschuss – auf einen Sinn hin zu deuten. Kurz: Zum Verfasser des Textes, der schon einmal doppelt erscheint, nämlich als reflektierendes Subjekt im zeitlichen Jetzt der Entstehung *und* als ein historisches, das diesem Entstehungsmoment vorgängig ist, kommt eine weitere Spiegelung hinzu: die des Interpreten des Interpretierten. Der

Autor wird zum Rezipienten und ergänzt jene Leerstellen im Text, die auf signifikante Weise hervorzubringen ja nun gerade seine literarische Potenz war. Ebenso könnte man sagen: Er spielt Schach mit sich selbst. Denn das Erscheinen des Unbewussten im Bewusstsein des Textes ist eine Funktion des anderen (Lesers) und nicht mehr des anderen Ichs. An dieser so bezeichneten Stelle müsste ich nun konsequent sein und enden mit der Bemerkung: Alles, was ich weiß, steht in den Versen, so wie auch ein Maler von seinem Bild sagen könnte: Alles, was ist, ist auch sichtbar. – Das stimmt, und es stimmt nicht. Denn es unterschlägt, dass das Sichtbare seine Sichtbarkeit nicht nur im Wissen, sondern auch im Entdecken begründet, und dass das lernbegabte Ich eine Entwicklung durchläuft, die mit Ereignis, Entwurf und Erkenntnis einhergeht und keinen psychophysischen Zustand beschreibt, der unabänderlich ist. Wäre es anders, gäbe es keine Wirkungsgeschichte der Literatur und bliebe das Blinde stets blind. Und so lese ich jetzt, was ich nicht wusste, als ich es schrieb. Ich bin der festen Überzeugung, dass Texte, und poetische zumal, Menschen verändern, weil sie erfassen und gestalten in gleicher Weise, reflexiv und antizipatorisch in einem sind.

Genau das nun ist auch die Kernaussage in diesem Gedicht, sein innerster Motor, der es vorantreibt: «Aber was ich nicht verstehe, / warum ich die Vergangenheit / in der Gegenwart / als Zukunft sehe.» Lacan nennt es antizipierte Nachträglichkeit, was hier zur zweiten Strophe wurde und wofür es in der deutschen Grammatik das Futur II gibt: *Es wird gewesen sein*. Aber was ist das für ein Stoff im Gedicht, der *gewesen sein wird* und sich im Moment eines Blickes auf «die gerissenen Wände, / die kalten Hände / der alten Frau am Straßenrand» (und ja, «kalte Hände» kann man «sehen», wenn sie blau angeschwollen sind) bis zum Schlusssatz (der zugleich auch die einzige Gewissheit im Textganzen bildet: «Allein die Toten / werden uns vermissen.») entfaltet? Wir wissen, dass im Wahrnehmungsspektrum eines Individuums der Modus für Gegenwart bei drei bis fünf Sekunden liegt; alles davor oder danach wird durch ein symbolisches Raster der Erfahrung oder Erwartung gefiltert. Das nun ist für dieses Gedicht insofern relevant, als es diesen festen Punkt eines Gegenwartsbildes tatsächlich gibt und er auch ganz konkret und topologisch erscheint. Zugleich aber friert dieser Moment des Sehens und Gehens ein unendliches Verweisungssystem aller Zeitformen ein, der von einer erschreckenden Unabschließbarkeit der Geschichte berichtet. Ebenso, wie wir einerseits und rational gut begründet in Abschlüssen denken, bleiben die Körper, die immer zu einer Historie gehören und politisch kontextuiert sind, von jener Erregung durchströmt, die sie einmal affektiv ausgefüllt hat (sagt mir das Gedicht). Und wenn es diese Reproduktion von Vergangenem nun auch persistent gibt, kann nur der Tod die Spirale ins Unendliche stoppen – er aber steht bereits hinter aller Semantik und verschließt sich jedem Verständnis.

Fokussiere ich mich noch näher heran, entdecke ich natürlich den mir biografisch zugedachten politischen Raum, der DDR hieß und den ich, wie sehr ich mich auch winden und es verabscheuen mag, nicht abstreifen und loswerden kann. Und das ist der Finger in der Wunde auf einem Gemälde von Caravaggio: Ich möchte nämlich nicht. Ich möchte nicht und nie mehr daran denken, was wie und warum geschah, und immer, sobald ich ein Gedicht oder einen Essay, ein Theaterstück oder einen Roman beendet habe, dessen Entstehungsgrund eng verstrickt bleibt mit der deutsch-deutschen Geschichte, wie sie synchron zu meinem Leben verlief, sage ich mir: Jetzt ist es aber auch gut damit, um gleich, vielleicht schon im nächsten Text am nächsten Tag, wieder eingeholt zu werden wie von einem fortwährenden Fluch. Und genau das: Diese Unhintergehbarkeit von wiederholter Geschichte im Augenblick der absoluten Dauer, wie ihn nur ein Gedicht einfangen kann, war die Antwort, auf die ich in New York nicht vorbereitet war. Aber ich hätte es besser wissen müssen, denn das Gedicht korrespondiert mit einem anderen, das «Mit Heine» heißt und kurz nach dem Zusammenbruch der DDR und des politischen Ostens entstand. Dort nämlich steht: «Als fremder Brief mit sieben Siegeln // ist mir im Herzen fern das Land. / Doch hinter allen starken Riegeln / ist mir sein Name eingebrannt.»

Istanbul, März 2014

Drucknachweise der Erstveröffentlichungen

EINS

«Emma. Ein Weg», Sonderzahl, Wien 2005

Die Originalzitate folgen der Übersetzung von Wolfgang Techtmeier, in: «Madame Bovary», Rütten & Loening, Berlin, 1980

ZWEI

«Diktatur der Sprache. Sprache der Diktatur», Eröffnungsvortrag eines Victor-Klemperer-Kolloquiums in Dresden, 18. Oktober 2012, in: SINN UND FORM, 3/2013

«Kafka lesen», in: AKZENTE, 6/2013 und in: Franz Kafka: «Die Verwandlung», TEXTURA, C.H.Beck Verlag 2014

«Pragtagebuch», in: Ostragehege Nr. 71, Dresden 2013

«Büchner. Die letzten Worte», in: Katalog zur Ausstellung: «Georg Büchner, Revolutionär mit Feder und Skalpell», Institut Mathildenhöhe, Darmstadt 2013

«Nicht immer sieht es so schön aus, / wenn die Biegsamkeit überlebt. Rede zur Verleihung des Rainer-Malkowski-Preises 2008», Bayerische Akademie der Schönen Künste, München, 24. November 2008

DREI

«New York against the world», in: Neue Zürcher Zeitung, 8. Mai 2011

«Es wächst nicht zusammen, was nicht zusammen gehört», in: «Durchgefressen und durchgehauen. Schriftstellerinnen und Schriftsteller gratulieren der SPD zum 150. Geburtstag», Hrsg. von Joachim Helfer und Klaus Wettig, Steidl Verlag, Göttingen 2013

«Das Ende der Provokationen. Eine Zustandsvermutung», in: die horen, Ausgabe 248, Göttingen 2012

«Von der Sinnlosigkeit dieser Dinge», in: die horen, Ausgabe 250, Göttingen 2013

«Es gibt keine Tagebücher. Die Tautologie der Indiskretion», in: Neue Zürcher Zeitung, 26. Juli 2014

«Istanbul. Fragmente einer Erfahrung», in: Frankfurter Allgemeine Zeitung, 26. Juli 2014

«Was gewesen sein wird. Eine Interpretation», in: Frankfurter Allgemeine Zeitung, 7. Februar 2015

Bildnachweis und Dank

Bildnachweis

Promenade au pays d'Emma Bovary: Office de Tourisme
Ry I–XIII, Weg I–III, Croisset I–IV: Ute Döring
Historisches Material I, II, V, VII, VIII: Chirurgische Kupfertafeln, Weimar 1824–1847
Historisches Material III, IV: Chirurgischer Atlas, Tübingen 1854
Historisches Material VI: «Bourgery l'opération du pied bot», Musée Flaubert et d'Histoire de la Médecine
Nachwort I, II : Auschwitz, Zambon Verlag, Frankfurt am Main 1995

Dank

Der Autor dankt Madame Arlette Dubois vom Musée Flaubert in Rouen für die Schenkung der Abbildung «Bourgery l'opération du pied bot» sowie der Hessischen Landesbibliothek in Darmstadt für die freundliche Hilfe. Ein Dank ebenso dem Darmstädter Förderkreis Kultur für die Unterstützung bei der Realisierung des Buches.